高等院校经济专业“十四五”规划教材

U0960183

保险学

主编　马芬芬

天津大学出版社
TIANJIN UNIVERSITY PRESS

内容提要

本教材内容丰富，涵盖保险基本原理、各类保险产品、保险市场运作及保险监管等方面。特色显著，理论与实际案例紧密结合，深入浅出地阐述复杂概念，注重培养学生的实践应用能力和分析问题能力。同时，配有思政德育课堂和思考题，增强学习效果。本教材适用于高等院校保险学专业及相关经济、金融专业的学生，也可为保险从业人员提供系统的理论参考和业务指导。

图书在版编目（CIP）数据

保险学 / 马芬芬主编. -- 天津 : 天津大学出版社, 2024. 9. -- (高等院校经济专业“十四五”规划教材).
ISBN 978-7-5618-7851-4

Ⅰ. F840

中国国家版本馆CIP数据核字第2024BP4253号

出版发行 天津大学出版社
地　　址 天津市卫津路92号天津大学内（邮编：300072）
电　　话 发行部：022-27403647
网　　址 www.tjupress.com.cn
印　　刷 河北鑫彩博图印刷有限公司
经　　销 全国各地新华书店
开　　本 787mm×1092mm　1/16
印　　张 18
字　　数 443千
版　　次 2024年9月第1版
印　　次 2024年9月第1次
定　　价 49.00元

本书编委会

主　编：马芬芬（榆林学院）

副主编：崔瑜琴（榆林学院）

申雅琛（西安欧亚学院）

葛联迎（西安欧亚学院）

参　编：马变芬（陕西极致合创信息科技有限公司）

前　言

保险学作为一门研究保险及相关经济活动规律的学科，在现代经济社会中发挥着至关重要的作用。本保险学教材编写时，旨在为读者呈现全面且系统的保险知识体系。首先强调保险学重要性，它是风险管理的关键手段，对经济稳定和个人保障意义重大。其次从基础概念入手，逐步深入到保险市场、各类险种及经营运作等方面。注重理论与实践结合，融入大量实际案例助理解。本教材具有如下特色。

（1）案例丰富

本教材中穿插了大量来自实际保险市场的案例，这些案例涵盖了不同险种、不同业务场景以及不同规模的保险公司。通过对案例的深入剖析，帮助学生将抽象的保险理论知识与实际操作相结合，更好地理解保险原理在实践中的应用，培养学生的分析问题和解决问题的能力。

（2）知识体系完整

教材内容按照保险学的内在逻辑关系进行编排，从基础概念到市场运行，再到具体险种和业务操作，最后到行业发展趋势，形成了一个完整的知识链条。每个章节之间既相互独立又紧密联系，使学生能够逐步深入地学习保险学知识，构建起系统的知识框架。

（3）逻辑清晰

在阐述各个知识点时，注重逻辑推理和论证，采用由浅入深、循序渐进的方式进行讲解。先介绍基本概念和原理，然后在此基础上展开相关内容的讨论，使学生能够轻松理解和掌握复杂的保险学知识，提高学习效果。

本教材具有广泛的适用范围，适用于以下各类人群和教学场景。高等院校保险学专业及相关经济、金融专业学生，保险从业人员，对保险感兴趣的社会人士。

书在编写的过程中，编者参考了国内外大量的相关文献资料和教材，采用了保险行业的从业人员提供的实际工作案例，在此向文献的原作者和保险行业的从业人员表示深切的感谢！

尽管我们在编写教材时尽了最大努力，但由于保险学领域的不断发展和变化，以及我们自身水平的限制，教材中可能仍存在一些不足之处。例如，在案例的选取上，虽然我们力求涵盖各种类型和场景，但可能仍无法完全满足不同读者的需求。我们将认真对待不足之处，并在今后的修订中不断完善和改进，以提高教材的质量和适用性。希望广大读者能够在使用过程中提出宝贵意见和建议，共同推动保险学教材的发展和完善。

Contents 目录

第一章

危险管理与保险

学习目标

了解：了解危险管理的基本概念、主要流程和重要意义；了解保险的起源、发展历程及在现代社会中的广泛应用。

熟悉：熟悉常见的危险类型及其特点；熟悉保险的主要种类、基本条款和常见保险产品。

理解：理解危险管理与保险之间的紧密联系和相互作用；理解保险的基本原则及其在实际业务中的体现。

掌握：掌握危险识别、评估和应对的基本方法和技巧；掌握运用保险工具进行风险转移和保障规划的实际操作。

1.1 危险概述

1.1.1 危险—纯粹风险

危险毫无疑问是纯粹风险，它更是产生保险所必须具备的前提和深深扎根的根源。

例如，在生活中，各种自然灾害带来的危险就是纯粹风险。如地震、洪水等，而正是这些危险的存在，促使了人们对保险的需求，进而推动了保险行业的产生和发展。再比如，一些疾病带来的风险也是纯粹风险，这也是健康保险产生的重要前提和根源。人们为了应对可能的疾病带来的经济损失，会选择购买相应的保险来获得保障。保险作为金融中介，有效地连接了投保人（风险承担者）和资本市场（资金运用场所）。它促进了资金在不同主体之间的流动和配置，使得风险得以分散和转移，为经济的稳定运行提供了支持。

1. 风险的概念

风险是指在特定的客观情况下和特定的期间内，某种损失发生的不确定性。它包含两个关键要素。一是不确定性，即损失是否发生、何时发生、发生的程度等都是不确定的；二是潜在损失，存在着导致经济损失、身体损害、声誉受损等各种不利后果的可能性。

例如，投资股票面临着市场波动带来的风险，未来股价的走势是不确定的，可能会让投资者遭受资金损失。再如，人们在进行户外探险活动时，可能会面临意外事故的风险，导致身体受伤，这也是一种不确定性以及潜在损失的体现。风险广泛存在于各个领域和生活的方方面面，我们需要对风险有清晰的认识和评估，以便更好地应对和管理它。

2. 风险与危险

风险：是指在特定情况下，某一事件导致不利后果的可能性以及这种可能性的大小。它强调的是不确定性和潜在的损失或负面影响，既包括可能带来损失的情况，又包括可能带来收益的情况，其结果具有多种可能性。比如，投资一项新业务，可能成功获得高额回报，也可能失败导致亏损，这就是风险。

危险：通常更侧重于表示可能导致严重损害、伤害或灾难的情况，往往具有较大的危害性和紧迫性。危险的后果往往更倾向于负面和不利的。比如，火灾、地震、交通事故等危险情况，一般会直接带来较为严重的损失。

可以看出，风险的范围相对更广泛，涵盖了危险；而危险是风险中那些具有较高潜在危害的部分。例如，在海上航行，既有遭遇风暴等危险带来严重损失的风险，也有因贸易顺利获得丰厚利润的风险；而悬崖边就是一种明显的危险区域，稍有不慎就会有坠落的危险。

1.1.2　危险的定义及特性

危险的定义：危险是指可能对人、财产或环境造成严重损害、伤害或破坏的情况或事物。

危险的特性包括：客观性，危险是客观存在的，不会以人的意志为转移，比如，自然灾害的发生；潜在性，危险在一定条件下才会显现并产生实际影响，可能一直处于潜伏状态；损失性，一旦发生危险，往往会带来不同程度的损失，如身体受伤、财产损失等；不确定性，何时发生、以何种形式发生以及会造成多大的损害通常是不确定的；普遍性，广泛存在于各个领域和生活的各个方面；可变性，随着环境、条件等的变化，危险的程度和性质也可能发生变化；相关性，与特定的情境、行为等密切相关，不同的行为或情境可能引发不同的危险。

1. 客观性

人们在实际情况中是根本不可能将危险完全消灭的。与此同时，危险的客观性十分显著地体现在它能运用客观的尺度进行测度。也就是说，可以依据概率论的相关原理和方法来精确地度量危险发生的概率究竟有多大。

比如，在现实生活中，虽然我们努力采取各种措施去防范和应对危险，但诸如自然灾害、意外事故等危险始终是无法彻底消除的。就像地震，无论我们做了多少准备工作，都无法确保其绝对不会发生。而对于一些危险事件，我们确实可以通过对大量历史数据的分析，利用概率论来计算出其大致的发生概率。像某些地区发生洪水的概率，或者某类工业事故发生的概率等，这就是危险客观性在测度方面的具体体现。

2. 损失性

损失性是指，危险所带来的后果，必定会是导致人们遭受到某种形式的损失。

具体而言，危险一旦发生，其产生的后果几乎毫无例外地会致使人们在经济方面、身体方面、心理方面或者其他重要方面承受一定的损失。比如，火灾这样的危险，可能会让人们的财产遭受重大损失；严重的疾病危险，可能会损害人们的身体健康，甚至危及生命；而一些重大的意外事件，可能会给人们的心理带来难以磨灭的创伤。这些都充分说明了危险的后果，往往会以不同的方式给人们造成各种各样的损失。且这种造成损失的必然性，是危险的一个显著特征。

3. 不确定性

危险的不确定性包括以下几方面。一是损失究竟是否会发生这一点是充满不确定性的，也就是说，我们无法确切知晓损失到底会不会出现；二是损失发生的具体时间是无法明确确定的，它可能随时发生，也可能在某个未知的时刻降临；三是损失发生的地点同样具有不确定性，在任何地方都有可能出现导致损失的情况；四是损失的规模大小是难以准确预测和确定的，可能是轻微的，也可能是极其严重的；五是损失的承担主体是不明确的，也就是说，到底由谁来承担这份损失是具有不确定性的，可能是个人，可能是某个组织，也可能是整个社会来共同承担。

例如，对于一场可能发生的自然灾害，我们不知道它会不会真的发生，即便发生了，也不确定它会在什么时候、什么地点出现，会带来多大的损失，以及最后由哪些人来承受这些损失。再比如，在一场商业风险中，是否会有损失、损失何时何地发生、损失大小以及由谁来承担，在事情未发生之前都是难以准确判断和确定的。

4. 普遍性

危险的普遍性突出地表现为危险是无处不在的。无论是在我们日常生活的方方面面，还是在社会的各个角落，都可能隐藏着危险。同时，危险也是无时不有的。无论是白天还是黑夜，无论是在当前的这一刻还是在未来的任何一个时刻，危险都有可能悄然降临。

具体而言，是指在我们的生活中，从日常的出行，可能会遭遇交通事故的危险；到工作场所，可能面临各种职业伤害的危险；再到居家环境中，也可能存在火灾、电器故障等危险。而且，危险并不会只在特定的时间段出现，可能在我们毫无防备的瞬间就发生了。比如，突然袭来的自然灾害，或是意外发生的安全事故等。这都充分说明了危险的普遍性，它真的是广泛存在于我们生活的每一个空间和每一个时段。

5. 社会性

既然危险着重强调的是损失这一方面，那么很显然，它是与人类社会的利益直接紧密相关联的。

因为当危险存在并可能引发损失时，这必然会对人类社会的各种利益产生影响。比如，经济利益，危险可能导致财产受损、经济活动受阻，从而直接影响人们的财富状况。再比如，人身安全利益，危险可能造成身体伤害甚至危及生命，这与每个人最根本的生存利益息息相关。还有社会秩序利益，大规模的危险可能引发社会动荡，破坏正常的社会秩序和稳定。所以，危险由于其与损失的紧密联系，必然会对人类社会广泛的利益产生直接且深刻的作用和影响，这种关联性是非常显著和重要的。

6. 可测性

危险的可测性，是指可以在概率论以及数理统计的坚实基础之上，通过运用损失分布的相关方法，来精确地计算危险损失发生的具体概率，即明确危险损失出现的可能性究竟有多大；同时，也能计算出损失的实际大小程度，了解可能造成的损害程度究竟达到什么水平；并且还能对损失的波动性进行分析和计算。也就是，掌握损失在不同情况下的变化情况和不稳定程度。

例如，在对一些自然灾害的风险评估中，我们可以基于大量的历史数据和统计分析，利用损失分布的方法，计算出在特定地区发生某种强度地震导致损失的概率，以及可能造成的房屋损坏、人员伤亡等损失的大小范围；还能了解到这种损失随着时间或其他因素变化而呈现出的波动情况，从而为制定应对策略和措施提供科学依据，更好地应对危险带来的潜在影响。

7. 可变性

危险的可变性具体指的是，危险的本质属性、其涉及的数量规模以及是否会实际发生等这些方面，在特定的一定条件之下是处于变化状态的。

也就是说，危险并非是一成不变的。比如，随着科技的发展和安全措施的不断完善，一些原本被视为具有较大危险性的情况，其危险的性质可能会发生改变，变得相对不那么危险了；危险的量也可能因为各种因素的作用而发生增减。比如，环境的改变、人们行为的变化等。而且原本看似不会发生的危险，可能由于某些新的条件出现而变得有可能发生，或者原本可能发生的危险，在某些条件变化后其发生的概率大大降低。这种危险的可变性提醒着我们要以动态的眼光去看待危险，随时根据条件的变化来重新评估和应对危险。

1.1.3　危险的构成要素

一般而言，在通常情况下，构成危险的要素，主要包含这几个方面，即危险因素、危险事故、危险损失以及危险载体。

具体而言，危险因素是构成危险的基础和源头。它往往是那些潜伏着的、有可能引发危险的各种因素。比如，存在安全隐患的设备、不稳定的环境状况等；危险事故则是危险实际展现出来的具体事件或情形，是危险因素积累到一定程度后的爆发。像突发的火灾、爆炸等；危险损失是危险事故所导致的一系列后果，包括人员的受伤或死亡、财产的损毁、环境的破坏等；而危险载体则是危险所依附或作用的具体对象，它可以是具体的人、物品、特定的场所或区域等。例如，在一场因电路故障引发的火灾中，电路故障就是危险因素，火灾本身是危险事故，火灾造成的人员伤亡和财产损失就是危险损失，而发生火灾的建筑物以及里面的人员和物品等就是危险载体。这些要素相互关联、相互作用，共同形成了危险的完整构成体系。

1. 危险因素

危险因素指的是那些能引起或者有力地促使危险事故发生，并且导致损失进一步增加或者扩大的具体原因以及特定条件。

也就是说，危险因素扮演着关键的角色。它们是触发危险事故出现的诱导因素。比如，一些不安全的操作行为、存在缺陷的设备设施、恶劣的自然环境状况等，都可能成为危险因素。同时，这些危险因素还会在危险事故发生后，起到让损失不断增加或者持续扩大的作用，可能会使得原本相对较小的危险事故最终演变成更为严重、损失更大的状况。例如，在一个工厂中，工人的违规操作就是一种危险因素，它可能直接引发生产事故。而在事故发生后，这种违规操作可能会继续影响救援或处理过程，导致事故的损失不断加大。比如，引发更大面积的火灾、导致更多设备的损坏等。危险因素的存在和作用，提醒着我们要高度重视对它们的识别、分析和防控，以尽可能降低危险事故发生的概率以及减少可能带来的损失。

根据危险因素的具体性质，一般情况下，通常可以把其划分为有形危险因素和无形危险因素这两大类别。

有形危险因素，又被称为实质危险因素。它所指的是那些能直接导致或者显著增加某一危险事故发生的可能性或机会，以及能扩大损失程度的物质方面的因素，或者说是引起损失的机会和损失程度的那些客观存在的条件。比如，存在故障的机器设备、不稳定的建筑结构、恶劣的路况等，这些都是有形的、能实际感知到的危险因素。它们的存在，会极大地提升危险事故发生的风险以及可能导致的损失规模。

无形危险因素，也可以将其称作人为危险因素。这种危险因素通常与人的心理状态或者行为表现有着紧密的关联。它一般主要包括道德危险因素和心理危险因素这两种具体类型。道德危险因素往往涉及人们在道德层面的问题。比如，故意的违规行为、不诚信的操作等。心理危险因素则更多地与人们的心理状况相关。比如，过度紧张、疏忽大意、冒险心理等。这些无形危险因素虽然不像有形危险因素那样直观可见，但却可能在很多情况下对危险的产生和发展起到关键的推动作用，同样不容忽视。

例如，在一个工作场所中，老化的电线等属于有形危险因素，而员工的侥幸心理、违规操作等就属于无形危险因素。我们在进行危险分析和防范时，需要同时关注这两种类型的危险因素，全面保障安全。

2. 危险事故

危险事故又常常被称作危险事件，它具体所指的是那些能引发损失或者导致损失进一步增加的直接性的或者外在表现出来的事件。

也就是说，危险事故是损失产生的直接导火索或诱发因素。如果不存在危险事故，那么损失就基本上不可能出现。所以，从这个角度而言，危险事故在整个过程中扮演着至关重要的角色，它是致使损失发生的关键媒介或者中间环节。比如，一场突发的火灾，这就是一个典型的危险事故。它直接导致了财产的损失、人员的伤亡等后果；或者一次严重的交通事故，也是危险事故，由此带来了车辆损坏、人员受伤等损失。危险事故的发生往往具有突然性和不可预测性，这也正是其危险性所在。正因为如此，我们需要高度重视对危险事故的预防和应对，通过各种措施尽量减少其发生的可能性，以及在其发生时能及时有效地进行处理，以降低损失的程度。

3. 危险损失

危险损失指的是那种偶然才会发生的、并非是预期之中的、也不是处于计划之内的经济价值的减少或者是灭失的情况。

具体而言，危险损失的出现往往带有很强的随机性和意外性，它并非是人们预先设想或安排好的。并且这种经济价值的减少或灭失，可能是突然降临且让人措手不及的。同时，由灾害事故所导致的危险损失，还可以进一步细分为直接损失和间接损失这两种不同的类型。直接损失主要是那些在灾害事故发生的当下，就能直观看到和感受到的经济价值的损失。比如，财物的损毁、人员的伤亡等；而间接损失则相对更为隐性和复杂，它可能包括因为灾害事故而引发的后续一系列经济方面的影响。比如，生产的停滞、业务的中断、市场份额的减少等所带来的经济价值的损失。例如，一场突如其来的地震，建筑物的倒塌、设备的损坏等属于直接损失，而由于地震导致企业长时间无法正常生产运营，由此带来的利润损失等则属于间接损失。对危险损失的深入理解和准确区分，有助于我们更全面地评估灾害事故的影响，从而更好地制定应对策略和采取相应的措施来降低损失。

4. 危险载体

危险的载体实际上就是指危险的直接承受主体，也就是危险事故直接所指向的具体对象。

这意味着危险的载体是直接面对和接纳危险所带来影响的存在。根据这一定义，可以将危险载体划分成人身载体和财产载体这两种主要的类型。人身载体显而易见，就是指人类自身，人会成为危险直接施加作用的对象。比如，在一些灾害事故中，人的生命安全会受到威胁；而财产载体则包括各种各样的物质财富。比如，房屋、车辆、设备、物资等，这些财产可能会因为危险事故而遭受损害或损失。

例如，在一场火灾中，身处其中的人员就是人身载体，而被火灾波及的建筑物、物品等就是财产载体。对危险载体的明确认知和分类，有助于我们更精准地分析危险的影响范围和后果，从而能够更有针对性地制定防范和应对措施，以更好地保障人身安全和财产安全。

危险要素之间存在着特定的关系：危险因素起着引发作用，会导致危险事故的产生。

具体而言，正是因为有了危险因素的存在，才会引发后续一系列的变化和后果。这些危险因素就像是一个触发点，引发了危险事故的出现。而危险事故一旦发生，紧接着就会引起危险损失。这种危险损失可能是多方面的，包括人员伤亡、财产破坏、经济受损等。并且，这些危险损失最终是由危险载体来承受的。

危险载体作为直接与危险接触的对象，不得不承担着这些损失带来的影响和后果。例如，当存在一些不安全的操作因素（危险因素）时，可能就会引发一场生产事故（危险事故），进而导致人员受伤、设备损坏（危险损失），而受到伤害的人员以及被损坏的设备等（危险载体）就承受了这些损失。充分理解和把握危险要素之间的这种关系，对于我们深入认识危险的本质、有效预防和应对危险具有极为重要的意义。

1.1.4 危险的种类

1. 自然危险与社会风险

自然危险

自然危险主要是由自然界的各种力量和现象所引发的危险情况。这包括前面提到过的像地震、洪水、台风、海啸、雪灾、旱灾、泥石流等各种自然灾害。这些自然现象通常具有不可控性和突发性，其发生往往不以人的意志为转移。它们可能会对人类的生命、财产、生活和社会经济发展造成巨大的破坏和损失。

社会风险

社会风险则是在人类社会活动和社会运行过程中产生的各类风险。例如，战争、暴力冲突、恐怖袭击、社会动荡、治安问题、大规模传染病疫情（如非典、新冠疫情等，虽然有自然因素，但社会传播和应对方面体现出社会风险特征）、重大安全生产事故、金融动荡、经济危机、贫富差距过大引发的社会矛盾、信息安全问题、网络犯罪等。

这些风险主要是由于人类社会的制度、结构、行为等方面的因素所导致的，与人类的活动和决策密切相关，对社会的稳定、安全和发展有着重要的影响。它们可能会影响到社会的秩序、公平、和谐以及人们的生活质量和福祉。

2. 静态危险与动态危险

静态危险

静态危险是在社会经济运行平稳、处于正常状态的情况下发生的危险。它是由两方面的因素导致，一方面是自然力的无规律、不规则运动。比如，地震、海啸等自然现象的突然爆发，这些自然力量的不可预测性和随机性带来了危险；另一方面是人们的不当行为或过错。比如，疏忽导致的火灾、操作失误引发的事故等。这种危险相对而言，更具有稳定性和常态性，在常规的社会经济环境中较容易出现。

动态危险

动态危险则与社会、政治和经济等领域的变动紧密相关。它是由于社会的变革、政治局势的变化以及产业政策等的调整直接引发的危险。比如，社会结构的重大调整可能带来就业困难等风险，政治动荡可能导致经济不稳定和社会秩序混乱，产业政策的大幅修改可能使一些企业面临困境甚至破产。动态危险具有较强的动态性和变动性，往往与社会大环境的变化密切相关，其产生和影响具有一定的复杂性和连锁性。

3. 基本危险与特殊危险

基本危险

基本危险是指那些在较大范围内普遍存在且影响众多社会个体的危险。这些危险通常具有广泛性、普遍性和不可避免性。它们并非由某个具体个人的行为或决策引起，而是源于更宏观的因素。比如，自然界的强大力量（如大规模的自然灾害）、社会经济结构的固有问题、大规模的公共卫生事件等。其影响范围广，可能涉及整个地区、国家甚至全球，而且个体往往难以凭借自身力量有效应对或阻止其发生。

特殊风险

特殊风险则是相对局限于特定个体或特定群体的风险。它通常是由一些较为特殊的、具体的因素引起的。比如，个人在特定情况下的疏忽或错误行为导致的事故、特定企业面临的独特经营风险、特定地区可能遭遇的局部性灾害等。这种风险具有较强的针对性和个别性，与特定的人、事、物紧密相关，其后果主要由涉及的特定对象来承担。相较于基本风险，其影响范围相对较窄。

4. 财产危险、人身危险、责任危险与信用危险

财产危险：是指因财产可能面临的各种直接损失或损坏的风险。这包括财产因火灾、盗窃、自然灾害等原因导致的价值减少或灭失。比如，房屋被洪水冲毁、车辆被撞坏、企业的货物遭受损失等。

人身危险：主要涉及人的生命、身体和健康方面可能遭受的风险。例如，疾病、意外伤害、死亡等对个人身体造成损害或危及生命的情况，这些风险可能影响个人的生存和生活质量。

责任危险：是指个人或组织因为对他人负有法律责任，在未能履行责任时可能产生的风险。比如，因疏忽导致他人受伤或财产损失而需承担赔偿责任，或者企业因产品缺陷对消费者造成伤害而面临的法律责任等。

信用危险：指在经济交往中，一方因对方不能履行合同义务或信用承诺而遭受损失的风险。比如，借款人可能无法按时归还贷款，导致贷款人面临资金损失；企业在交易中可能遭遇合作伙伴的违约，影响自身的经济利益和声誉。

1.2 危险管理

1.2.1 危险管理概念与危险管理成本

1. 危险管理概念

危险管理是一个全面且持续的过程。它是对可能出现的危险进行系统的认识、衡量和处置的理念与方法。

首先，它包含了对各种潜在危险的精准识别，无论是来自自然环境、社会经济变动，还是人为因素等方面。接着，要对这些已识别的危险进行详细的评估，包括危险发生的可能性大小以及可能导致的后果严重程度。

在此基础上，制定并实施一系列应对策略。这些策略可以包括采取预防措施以降低危险发生的概率。比如，加强安全设施建设、完善规章制度等；制订应急计划以在危险发生时能迅速有效地应对，减少损失；合理安排资源来应对可能的危险后果等。

同时，危险管理还强调对整个过程的监控和调整。随着环境和条件的变化不断优化管理措施，以确保对危险的管理始终保持有效性和适应性。它的目标是通过科学合理的手段，最大限度地降低危险对个人、组织或社会带来的不利影响，保障人们的生命、财产安全和正常的生产生活秩序。

2. 危险管理成本

所谓的危险管理成本，具体所指的是因为危险本身的存在以及在危险事故发生之后，人们必然需要支出的费用以及预期经济利益所出现的减少情况，这其实就是危险所带来的代价。通常而言，它一般涵盖了以下三个方面的内容。

其一，是危险损失的实际成本，也就是在危险事故发生后，那些切实可见的、直接因危险而导致的物质财富损失、人身伤害治疗费用等实际产生的支出；其二，是危险损失的无形成本或机会成本，这包括因危险事故可能给人们带来的心理创伤、社会声誉的受损、潜在发展机会的丧失等无形的损失；其三，还包括处理危险的费用。比如，为了预防危险发生而投入的资源，如安全设施建设、培训费用等，以及在危险发生后进行救援、善后、赔偿等方面所花费的费用。

对危险管理成本的全面认识和准确评估，对于有效进行危险管理、合理配置资源以及制定科学的应对策略都具有至关重要的意义。

1.2.2 危险管理的过程

危险管理的整个过程，通常会涵盖一系列关键的环节和步骤。首先，便是要明确危险管理的目标，即要清晰地界定通过危险管理想要达成什么样的具体结果和状态，这为后续的所有行动提供了方向和指引。接着，便是至关重要的危险识别环节。要全面、细致地去发现和辨别可能存在的各种危险，不放过任何潜在的风险因素。随后，进行危险衡量，对已识别出的危险进行深入分析，评估其发生的可能性以及可能导致的严重后果。

在此基础上，进入危险处理阶段，也就是对危险对策进行选择和实施，根据具体情况选取合适的应对策略，如规避、降低、转移或自留等，并切实地将这些策略付诸实践。最后，不能忽视的是对危险管理效果的评估。要对整个危险管理过程所采取的措施以及最终达成的结果进行综合评价，检验其是否有效达到了既定目标，以便从中总结经验教训，为今后的危险管理工作提供参考和改进依据。通过这些环节的依次推进和有机结合，能够实现对危险较为系统和有效的管理。

1. 危险管理目标的确定

损失发生前的危险管理目标在于：其一，极力减少或者完全避免损失的出现，要运用各种手段和措施，将损失发生的可能性压制到最低限度，同时也把损失的严重性尽可能地降低；其二，努力减轻和彻底消除人们所面临的精神压力，让人们在面对潜在危险时能保持相对稳定的心理状态。

而对于损失发生后的危险管理目标则是：要想尽一切办法，尽可能地降低直接损失和间接损失；通过有效的应对策略和行动，让相关情况尽快恢复到损失发生之前的原有状况。

在确定危险管理目标的过程中，应充分考虑这些具体情况。首先是目标的现实性。即所设定的目标要符合实际情况和客观条件，具有可实现的基础。其次是目标的明确性。目标必须清晰明确，不能模糊不清，以便于准确理解和执行。再次是目标的层次化。要根据不同的层次和方面来设定具体目标，形成一个有层次的目标体系。最后是目标的定量化。要尽可能地将目标用具体的数据和指标来进行量化表述，这样更有利于衡量和评估目标的达成情况。只有综合考虑这些情况，才能制定出科学合理、切实可行的危险管理目标。

2. 危险识别

危险识别是危险管理中的关键环节。它是指通过各种方法和途径，系统地、全面地去发现、辨认和确定可能存在的各种危险及其来源、性质、特征等。

这一过程需要运用多种技术和分析手段。比如，对历史数据和案例的研究，对当前环境、业务流程、人员活动等方面的详细考察。危险识别不仅仅是简单地发现表面上显而易见的危险，更要深入挖掘那些潜在的、不易察觉的风险因素。

它可以包括对自然环境因素（如自然灾害）、人为因素（如操作失误、恶意行为）、技术因素（如设备故障、系统漏洞）、社会经济因素（如市场波动、政策变化）等多方面的排查和分析。

通过有效的危险识别，能为后续的危险衡量、处理以及效果评估等，提供准确的基础和依据；帮助人们更好地理解面临的风险状况，从而制定出更有针对性和有效性的危险管理策略。

3. 危险衡量

危险衡量主要是针对某种特定危险，对其损失概率和损失程度进行细致的估算工作。这一过程旨在评价该危险对预定目标所产生的不利影响以及这种影响的具体程度。其重要意义在于，为选择合适的危险处理方法以及进行科学的危险管理决策提供坚实的依据。有时候，危险衡量也会被称作危险评价。

对于危险的衡量，通常涵盖了三个主要方面的内容。其一，损失概率。它又被称为损失机会，具体所指的是在一定的时间范围内，危险损失实际发生损失或者预期发生损失的数量，与所有可能发生损失的数量之间的比例关系。通过对这一比值的分析，可以初步了解危险发生损失的可能性大小。其二，损失程度。这是用于衡量标的物在发生一次危险事故时的平均损失额度，它直观地反映了危险所导致的损失的量级。其三，损失的变异性，也就是损失的波动程度，通常情况下，这种变异程度是通过损失变量的方差或标准差来进行度量的，它能展现出危险损失的不稳定程度和变化特征。通过对这些方面的全面考量和准确评估，能更加深入地认识危险的本质和潜在影响，从而为有效的危险管理提供有力支持。

4. 危险处理

危险处理指的是针对经过了仔细的危险识别以及精确的危险衡量之后所呈现出的危险问题，采取相应对策并予以实施的整个过程，这是危险管理中至关重要的关键环节。

首先是危险对策概述。危险对策总体上一般分为两类，一类是控制型危险对策，另一类是财务型危险对策。控制型危险对策侧重于通过各种手段来直接控制危险的发生和发展。比如，加强管理、完善制度等；财务型危险对策则主要从财务角度来应对危险。比如，通过保险等方式来转移风险或进行经济补偿。

其次是危险处理的常见方法。其中，危险回避是指通过避免参与可能导致危险的活动来规避风险；损失控制是采取措施降低损失发生的可能性或减少损失的程度；危险转移是将危险及其可能带来的损失转移给其他主体；危险自留则是经济单位自行承担危险所带来的后果。

在选择危险对策时，既要紧密结合危险的实际状况，全面考虑危险的性质、严重程度等因素，又要充分依据经济单位自身的资源状况，综合权衡危险对策的可行性和实际效用。只有这样，才能选出最适合的危险对策。

需要特别强调的是，在危险管理中，危险识别具有显著的连续性特点。因此，危险识别、危险衡量和危险处理在时间顺序上并非是完全截然分开的。事实上，这三个环节的工作有时是按照顺次的方式依次进行的；但在很多情况下，也会出现穿插进行的情况。它们相互关联、相互影响，共同构成了完整的危险管理体系。

5. 危险管理评估

危险管理评估主要是针对所采用的危险对策的适用性以及效益性还有实施的具体情况，进行全面深入的分析、细致的检查、必要的修正以及科学的评估。这一过程旨在准确把握所采取对策是否真正适合当前的危险状况，其发挥的效益究竟如何，以及实施过程中是否存在问题并加以改进。

具体而言，危险管理的效益可以理解为所获得的安全保障与所付出成本之间的比值。也就是说，是实施该危险对策后，可减少的危险损失与该危险对策的实施费用以及机会成本总和的比值。如果这个比值越大，那么就表明效益越好。并且，当这个效益比值大于 1 时，就意味着该危险对策是具有可行性和可取性的。

此外，在进行危险管理评估时，还特别应该注重长期的效果。不能仅仅局限于短期的成果或效益，而要从更长远的时间维度去观察和分析危险对策对整体危险管理的持续影响，要考量其在长期过程中是否依然能保持良好的适用性和高效的效益性，是否能为组织或个体带来稳定且可靠的安全保障。这样，才能确保危险管理评估的全面性和准确性，为进一步优化危险管理提供坚实的依据。

1.3 危险与保险

1.3.1 危险与保险的关系

1. 危险对保险的影响

首先，危险的存在是保险得以产生和不断发展的重要前提条件。正是因为在人们的生活和社会活动中，存在着各种各样不可预测且可能带来损失的危险，才使得人们对一种能提供经济保障、分担风险的机制产生了强烈的需求，而保险正是这样一种机制。如果没有危险的存在，人们便不会有对保险这种风险转移和分散工具的迫切需要，保险也就失去了其产生和存在的基础。

其次，危险的发展变化是保险发展的客观依据。随着社会的变迁、科技的进步以及人类活动范围和方式的不断改变，危险的形式、程度和范围也在不断发生变化。这些变化促使保险不断地进行调整和完善，以适应新的危险状况。

保险的产品设计、保障范围、费率厘定等方面，都需要紧密依据危险的发展态势来进行。只有这样，保险才能真正有效地应对各种不断涌现的新危险，更好地发挥其保障功能，满足人们在不同时期、不同环境下对风险保障的需求。可以说，危险的动态发展为保险的持续发展提供了最直接的客观依据和动力。

2. 保险对危险管理的影响

保险在危险管理中充当着传统且极为有效的危险财务转移手段。在面对各种潜在危险和可能发生的损失时，保险通过其特定的运作模式和机制，为人们提供了一种将财务风险进行转移的重要途径。它能将个体或组织所面临的危险可能导致的经济负担，分散到众多的参保人之中，从而在很大程度上减轻了单个主体独自承担风险的压力，让人们在遭遇危险时，有了一定的经济保障和依靠。

同时，保险是最能适应危险的不确定性与不平衡性发生规律的一种合理机制。危险本身具有极大的不确定性，其何时发生、以何种形式发生、造成多大的损失等都是难以准确预知的。而保险通过集合大量的风险单位，利用概率统计等方法，较好地应对了这种不确定性。并且，危险在不同时间、不同地域、不同情况下的发生往往是不平衡的，有些时候可能较为集中，有些时候则相对较少。

保险能够根据这种不平衡性，灵活调整其保障策略和资源配置，以更有效地适应这种变化规律，为人们提供持续而稳定的风险应对方案，在危险管理中发挥着不可或缺的关键作用。

3. 互制与互促关系

一方面，保险经营效益在很大程度上会受到危险管理技术的制约。危险管理技术的先进与否直接影响着对危险的识别、评估和应对能力。如果危险管理技术不够完善，可能导致对风险的判断不准确，无法精准地制定保险费率，进而影响保险企业的盈利水平。同时，在面对复杂多变的危险情况时，若缺乏有效的危险管理技术，可能会导致赔付率升高，增加保险经营的成本和压力，从而对保险经营效益产生负面的影响。

另一方面，保险的发展与危险管理的发展是相互促进的关系。随着保险的不断发展，其在风险管理方面的需求也日益增长，这就推动了危险管理技术的不断进步和完善。保险企业为了更好地控制风险、提高经营效益，会积极探索和采用新的危险管理方法和技术。而危险管理的发展，又为保险提供了更坚实的技术支持和保障，使得保险能更好地发挥其风险分散和经济补偿的功能，从而吸引更多的客户，促进保险市场的进一步扩大和繁荣。两者相互依存、相互作用，共同推动着行业的进步和发展。

1.3.2　可保危险

保险人在对危险进行考量和评估时，通常会将危险明确地划分为可保危险与不可保危险这两大类别。在这当中，只有可保危险才是保险客户能进行转嫁并且保险人能予以接受承保的危险。

具体而言，作为可保危险，需要满足以下条件。

（1）危险损失必须能用货币来进行准确的计量。只有这样，才能在保险合同中明确地规定赔偿金额或补偿标准，使得保险的保障作用具有实际的可操作性和确定性。

（2）危险的发生要具有偶然性。也就是说，危险的出现不是必然会发生的，而是存在一定的随机性和不确定性，这样才能体现出保险的风险分担功能。

（3）危险的出现必须是意外的。不能是投保人或被保险人故意造成或预期之内的，而是在正常情况下无法预料到的突然事件导致的。

（4）危险必须是大量标的均有遭受损失的可能性。这样才能通过集合众多标的来分散风险，确保保险的可持续性和稳定性。

（5）危险应有发生重大损失的可能性。如果只是一些轻微的、无关紧要的损失，可能并不适合通过保险来进行保障，而重大损失的可能性则使得保险的存在更具意义和价值。

总之，只有当危险满足这些特定的条件时，才能被认定为可保危险，从而成为保险保障的对象，在保险市场中发挥其应有的作用。

【思政德育课堂】

26 人罹难！台湾旅游大巴事故保险赔付超千万

【思考题】

1. 在危险管理过程中，如何有效识别潜在的风险？结合具体案例，分析保险在其中的作用。

2. 在危险管理过程中，保险是如何帮助降低企业面临的财务风险的？

3. 对于个人而言，怎样通过合理规划保险来提升危险管理水平？

4. 比较不同危险管理策略与保险方案的优缺点。

5. 探讨在复杂多变的商业环境中，保险如何适应危险管理的新需求？

6. 当面临系统性风险时，保险在危险管理中能发挥怎样的独特作用？

7. 从危险管理角度而言，如何确定最优的保险保障额度和保险条款？

新冠疫情下的黑天鹅与灰犀牛

第二章

保险概论

学习目标

了解：知道保险的基本分类和常见险种。

熟悉：熟悉保险市场的基本构成和主要参与者。

理解：理解保险的基本原理和功能，如风险分散、经济补偿等。

掌握：掌握保险理赔的流程和注意事项。

2.1 保险的概念

2.1.1 保险的定义

1. 最初的保险概念

最初的保险概念可以追溯到古代，当时人们通过互助的方式来分担风险。例如，在一些部落或社区中，人们会共同筹集资金来帮助那些遭受灾害或损失的人。随着时间的推移，这种互 助形式逐渐演变成了现代保险的雏形。

在中世纪的欧洲，海上保险开始兴起。商人们为了保护他们的货物和船只免受海上风险的影响，开始与保险公司签订合同，并支付一定的保险费，以获得在货物损失或船只沉没时的赔偿。现代保险的概念，最早可以追溯到 17 世纪的英国。

总体而言，保险的最初定义，可以概括为一种通过互助或合同的方式，来分担风险和提供经济保障的机制。随着时间的推移和社会的发展，保险的定义和功能也在不断地演变和扩展。

2. 保险的定义

保险是一种风险转移机制，投保人根据合同约定，向保险人支付保险费，保险人对于合同 约定的可能发生的事故因其发生所造成的财产损失承担赔偿保险金责任，或者当被保险人死亡、伤残、疾病或者达到合同约定的年龄、期限等条件时，承担给付保险金责任的商业保险行为。

从经济角度而言，保险本质上是一种用于分摊意外事故损失的重要财务安排。在日常生活 中，人们面临着各种潜在的风险和不确定性。例如，自然灾害、意外事故、疾病等，这些都可能 导致巨大的经济损失。保险通过将众多投保人的风险集中起来，形成一个风险池。当个别投保 人遭遇损失时，由整个风险池来共同承担，从而实现了风险的分散和损失的分摊。这种财务安 排不仅为个人和企业提供了经济保障，还促进了社会经济的稳定和发展。

从法律角度而言，保险是一种具有法律效力的合同行为。在保险合同中，投保人向保险人 支付一定的保险费，保险人则承诺在特定条件下承担赔偿或给付保险金的责任。这种合同安排 是基于双方的自愿和协商，具有明确的权利和义务关系。保险合同的法律效力确保了投保人的 合法权益得到保障，同时也对保险人的行为进行了规范和约束。在法律的框架下，保险为人们 提供了一种可靠的风险转移机制，使人们在面对风险时能获得经济上的支持和补偿。

从社会角度而言，保险是社会经济保障制度的重要组成部分。它在保障人民生活、促进社 会稳定、推动经济发展等方面发挥着不可替代的作用。保险通过为人们提供风险保障，减轻了 个人和家庭在遭遇意外事故和疾病时的经济负担，提高了人们的生活质量和安全感。同时，保 险也为企业提供了风险管理和保障服务，促进了企业的稳定发展和经济增长。在社会生产和社 会生活中，保险犹如一个“精巧的稳定器”，通过分散风险、补偿损失，维护了社会的和谐与 稳定。

从风险管理角度而言，保险是一种有效的风险管理方法。它通过风险转移和风险分散的方 式，将个人和企业面临的风险转移给保险公司，从而降低了自身的风险水平。在风险管理过程 中，保险不仅提供了经济补偿，还可以通过风险评估、风险预警等手段，帮助投保人识别和防 范风险，提高风险管理的能力和水平。保险作为一种风险管理工具，为人们提供了一种科学、合理的风险应对策略，有助于人们更好地应对各种风险挑战。

2.1.2　保险经济活动的基本特征

1. 风险分担

在保险中，众多投保人将各自面临的不确定风险汇聚起来。每个投保人只需缴纳少量保 费，就可将自己可能遭受的巨大风险转移给整个保险群体 。这样的做法体现了保险的风险分 担机制，即通过汇集众多投保人的风险，将单个投保人的风险分散到整个保险群体中，从而 降低了单个投保人因风险发生而遭受严重经济损失的可能性。通过这种方式，投保人可以在 不必承担全部风险的情况下获得保障，同时也为整个社会提供了一种风险分散的机制。这种风险分担机制是保险的核心价值之一，它为投保人提供了一种在不确定的世界中管理风险的 有效方式。

2. 大数法则运用

大数法则是保险运作的重要基础。通过对大量同类风险单位的观察和统计，保险人可以 较为准确地预测风险发生的概率和可能造成的损失程度。依据这些数据来合理确定保险费率，确保保险业务的可持续性和公平性。这使得保险定价和运营更具科学性和稳定性，避免了盲 目性和不确定性。具体而言，大数法则要求保险人必须有足够数量的风险单位来进行准确的 预测。只有当保险人拥有足够多的投保人时，才能根据历史数据和统计分析来确定合理的保 险费率。通过运用大数法则，保险人可以更好地管理风险，为投保人提供更可靠的保障。同 时，也为保险行业的稳定和发展提供了重要的基础。

3. 经济补偿功能

当约定的风险事件实际发生并导致被保险人遭受损失时，保险发挥其经济补偿的关键作 用。它按照事先约定的条件和金额，给予被保险人相应的资金赔付，帮助其恢复经济状况、弥补损失。这种补偿功能是保险的核心价值所在，能让被保险人在遭遇不幸后获得一定的经 济支持，减少风险带来的冲击和负面影响。具体而言，保险的经济补偿功能，可以帮助被保险 人在遭受损失后迅速恢复生产和生活。例如，在财产保险中，如果被保险人的房屋因火灾或 其他灾害而受损，保险可以赔付相应的修复或重建费用；在人身保险中，如果被保险人因疾 病或意外事故导致身体残疾或死亡，保险可以提供相应的经济补偿，以帮助其家庭维持生活。此外，保险的经济补偿功能，还可以帮助企业在遭受损失后迅速恢复生产和经营，减少因灾害 或事故导致的经济损失。

4. 资金融通功能

保险在收取保费后，会形成一笔资金。这笔资金在一定程度上可以进行投资和运用，为经济发展提供资金支持。同时，一些长期保险产品，也为投保人提供了一种储蓄和投资的渠道。通过资金的合理配置和运用，保险促进了资金在不同领域的流动和增值，对金融市场和经济发展起到积极的推动作用。具体而言，保险人可以将收取的保费进行投资，如购买债券、股票、房地产等，以获取投资收益。这些投资收益可以用于支付保险赔付、维持保险公司的运营和发展，以及为股东创造价值。此外，一些长期保险产品，如养老保险、教育金保险等，也为投保人提供了一种储蓄和投资的渠道。投保人可以通过缴纳保费，在未来获得一定的养老金或教育金，实现长期的财务规划和保障。

2.2 保险的性质

2.2.1 保险的性质

（1）互助性。保险的互助性是其非常重要的一个性质。在保险机制中，数量众多的投保人共同参与，他们各自缴纳一定的保费，从而汇聚形成一个规模较大的保险基金。这样一来，当其中一小部分投保人不幸遭遇特定风险并产生损失时，就可以从这个共同建立的保险基金中获得相应的经济补偿。这种模式充分体现了大家齐心协力、相互帮助、共担风险的特点，通过集体的力量来减轻个体在面临风险时可能遭受的重大经济冲击，使得每个投保人在一定程度上都能得到其他投保人的支持和保障，从而实现整个群体的风险分担和互助共济。

（2）经济性。保险具有显著的经济性。它本质上是一种旨在提供经济保障的活动，通过一系列的运作和机制，来对可能出现的风险进行有效的管理和分散。当风险实际发生并导致经济损失时，保险能及时发挥作用，按照约定给予投保人相应的经济补偿，帮助其恢复经济状况、减少损失带来的负面影响。这种经济性不仅体现在对个人和家庭的经济生活保障方面，对于企业的稳定运营和经济发展也至关重要。它可以帮助企业避免因突发风险事件而导致的巨大经济困境，维持生产经营的连续性，对整个社会的经济稳定和发展都有着不可忽视的作用。

（3）契约性。保险活动是严格建立在保险合同基础之上的，具有强烈的契约性特征。在保险关系中，投保人和保险人通过签订保险合同，明确而详细地规定了双方在保险事务中的权利和义务关系。合同中会明确保险标的、保险责任、保险期限、保险金额、保险费率等关键要素，为双方的行为和责任划定了清晰的界限。这种契约性确保了保险活动的规范性和公正性，双方都必须按照合同的约定履行各自的职责，一旦出现符合合同约定的情况，保险人就有义务按照承诺给予投保人相应的保障和补偿。保险合同是保险关系的核心和基础，它的存在保障了保险活动的有序开展和投保人的合法权益。

（4）科学性。保险的运行需要运用科学的原理和方法，具有明显的科学性。其中，概率论和大数法则等科学理论在保险中起着至关重要的作用。通过对大量风险事件的统计和分析，运用概率论可以计算出风险发生的概率和可能导致的损失程度，从而为合理厘定保险费率提供依据。大数法则则表明，随着参保人数或风险单位的增加，实际发生的损失结果会趋近于预期的平均损失。这使得保险人能基于科学的计算和预测来确定保险产品的价格和保障范围，以确保保险业务的可持续性和公平性。此外，保险还涉及到精算、风险管理、统计等多个学科领域的知识和技术，通过科学的方法来实现对风险的精确管理和保障的合理提供。

（5）补偿性。当被保险人遭受保险合同约定的风险损失时，保险人会依据合同约定，对被保险人进行经济上的弥补。这是因为保险的初衷之一，就是为了在意外发生后，尽可能使被保险人的经济状况恢复到风险发生前的水平。通过补偿，让被保险人在面临灾害、事故等不利情况后，能借助保险金获得一定的财务支持，以减轻损失带来的冲击。例如，在财产保险中，如果投保的财产遭受火灾、盗窃等损失，保险人会按照保险金额给予相应的赔偿，帮助被保险人修复或重置受损财产；在人身保险中，如发生疾病、意外伤害导致医疗费用支出或收入减少等情况，也会给予相应的补偿支付。这种补偿性体现了保险对被保险人利益的保障和维护，使其能在风险过后有一定的经济依靠来重新开始或继续正常的生活和生产经营活动。

2.2.2 保险与类似活动的比较

（1）保险与赌博的比较。保险和赌博都是基于不确定性的活动，但它们有着本质的区别。首先，保险的目的是为了提供风险保障和经济补偿，而赌博的目的则是为了获取财富或娱乐。在保险中，投保人支付保费是为了在风险发生时获得经济补偿；而在赌博中，参与者支付赌注是为了赢得更多的赌注。其次，保险是一种合法的商业活动，受到法律和监管的严格约束，而赌博在许多国家和地区都是非法的活动，受到法律的严格禁止。再次，保险的风险是可以通过科学的方法和技术进行评估和管理的，而赌博的风险则是完全不可预测和不可控制的。最后，保险的赔付是基于合同约定和法律规定的，而赌博的结果则是完全随机和不确定的。

（2）保险与储蓄的比较。保险和储蓄都是个人理财的重要方式，但它们有着不同的特点和功能。首先，保险的主要功能是提供风险保障和经济补偿，而储蓄的主要功能是积累财富和资金。在保险中，投保人支付保费是为了在风险发生时获得经济补偿；而在储蓄中，存款人将资金存入银行是为了获得利息收益。其次，保险的风险是由保险公司承担的，而储蓄的风险则是由存款人自己承担的。在保险中，保险公司会根据风险评估和精算技术确定保险费率；而在储蓄中，银行会根据市场利率和自身的经营情况确定存款利率。再次，保险的期限通常是固定的，而储蓄的期限则是灵活的，可以根据存款人的需要随时支取。最后，保险的赔付是基于合同约定和法律规定的，而储蓄的利息收益则是基于存款利率和存款期限的。

（3）保险与担保的比较。保险和担保都是为了保障债权人的利益，但它们有着不同的特点和功能。首先，保险的目的是为了提供风险保障和经济补偿，而担保的目的则是为了保证债务人履行债务。在保险中，投保人支付保费是为了在风险发生时获得经济补偿；而在担保中，担保人提供担保是为了保证债务人履行债务。其次，保险的风险是由保险公司承担的，而担保的风险则是由担保人自己承担的。在保险中，保险公司会根据风险评估和精算技术确定保险费率；而在担保中，担保人会根据债务人的信用状况和担保金额确定担保费率。再次，保险的期限通常是固定的，而担保的期限则是根据债务的期限确定的。最后，保险的赔付是基于合同约定和法律规定的，而担保的履行是基于债务人的违约行为的。

（4）保险与救济的比较。保险和救济都是为了帮助受灾群众和弱势群体，但它们有着不同的特点和功能。首先，保险的目的是为了提供风险保障和经济补偿，而救济的目的则是为了帮助受灾群众和弱势群体解决生活困难和恢复生产生活。在保险中，投保人支付保费是为了在风险发生时获得经济补偿；而在救济中，救助者提供救助是为了帮助受灾群众和弱势群体解决生活困难和恢复生产生活。其次，保险的风险是由保险公司承担的，而救济的风险则是由救助者自己承担的。在保险中，保险公司会根据风险评估和精算技术确定保险费率；而在救济中，救助者会根据受灾群众和弱势群体的实际情况确定救助金额。再次，保险的期限通常是固定的，而救济的期限则是根据受灾群众和弱势群体的实际情况确定的。最后，保险的赔付是基于合同约定和法律规定的，而救济的救助是基于救助者的意愿和能力的。

2.3 保险的功能和作用

2.3.1 保险的功能

1. 保险的基本功能

（1）经济补偿功能。这是保险最为本质和核心的功能。在人们面临各种风险导致财产损失、人员伤亡或经济困境时，保险能够根据事先约定的合同条款，给予相应的经济赔偿或给付。例如，在财产保险中，当火灾、洪水、盗窃等灾害发生后，保险公司会按照保险金额对受损财产进行补偿，帮助被保险人恢复生产生活；在人寿保险中，被保险人不幸离世后，其受益人可以获得一笔可观的保险金，以缓解经济压力。这种经济补偿功能对于保障个人、家庭和企业的稳定具有至关重要的意义。通过保险，人们可以将不确定的风险损失转化为确定的保险赔付，从而在风险发生后得到一定程度的经济保障，避免因风险而导致生活陷入困境或企业破产倒闭。经济补偿功能体现了保险作为一种风险转移和分散机制的重要作用，它使得社会成员能够共同分担风险，降低个体所面临的风险损失程度。

（2）资金融通功能。保险在聚集大量保费的同时，也形成了一笔可观的资金。保险公司可以将这些资金进行投资运用，如购买债券、股票、房地产等，以实现资金的保值增值。这种资金融通功能对于金融市场的稳定和发展具有重要意义。一方面，保险资金的投资为资本市场提供了长期稳定的资金来源，促进了资本市场的繁荣；另一方面，保险公司通过合理的投资组合管理，可以提高资金的使用效率，增加保险资金的收益，从而更好地履行保险赔付责任。此外，保险资金的融通还可以促进实体经济的发展，为企业提供融资支持，推动经济的增长和创新。资金融通功能使得保险不仅具有保障功能，还具备了一定的金融属性，成为金融市场中不可或缺的一部分。

2. 保险的派生功能

（1）社会管理功能。保险在社会管理中发挥着重要的作用。首先，通过强制保险的推行，如机动车交通事故责任强制保险、工伤保险等，可以规范社会行为，保障公共利益。例如，交强险的实施，促使机动车驾驶人更加注重交通安全，减少交通事故的发生：工伤保险，则保障了劳动者在工作过程中的合法权益，促进了劳动关系的和谐稳定。其次，保险可以在灾害救助、扶贫帮困等方面发挥积极作用。在重大自然灾害发生后，保险公司可以迅速启动理赔程序，为受灾群众提供及时的经济援助，帮助他们恢复生活和生产。最后，保险公司还可以通过参与社会公益事业、开展风险管理培训等方式，提高社会公众的风险意识和应对能力，促进社会的和谐发展。社会管理功能体现了保险在维护社会稳定、保障公共利益、促进社会和谐等方面的积极作用，使保险成为政府进行社会管理的重要辅助手段。

（2）风险防范功能。保险不仅仅是在风险发生后进行经济补偿，更重要的是通过风险评估、风险定价、风险控制等手段，帮助被保险人识别、评估和管理风险。保险公司拥有专业的风险管理团队和技术手段，可以为被保险人提供有针对性的风险管理建议和服务。例如，在财产保险中，保险公司可以对被保险人的财产进行风险评估，提出改进安全防范措施的建议，从而降低风险发生的可能性；在人寿保险中，保险公司可以根据被保险人的健康状况和生活方式，提供健康管理和疾病预防的建议。通过风险防范功能，保险可以提高社会整体的风险防范水平，减少风险损失的发生，促进社会的可持续发展。同时，保险公司在风险管理过程中积累的大量风险数据和经验，也为政府和社会提供了重要的决策依据，有助于制定更过程中积累的大量风险数据和经验；也为政府和社会提供了重要的决策依据，有助于制定更加科学合理的风险防范政策和措施。

保险的功能

2.3.2　保险的作用

1. 保险的宏观作用

（1）促进经济发展。保险通过提供风险保障和资金融通功能，对经济发展起到了积极的推动作用。一方面，保险可以帮助企业和个人转移和分散风险，降低风险损失对经济活动的影响，从而鼓励投资和创新，促进经济的增长。例如，在国际贸易中，出口信用保险可以为出口企业提供收汇风险保障，帮助企业开拓国际市场，促进国际贸易的发展。另一方面，保险资金的融通可以为实体经济提供长期稳定的资金来源，支持基础设施建设、企业融资等领域，推动经济的发展。此外，保险行业本身也是国民经济的重要组成部分，其发展可以带动相关产业的发展，创造就业机会，促进经济的繁荣。通过促进经济发展，保险为社会创造了更多的财富和价值，提高了人民的生活水平。

（2）维护社会稳定。保险在维护社会稳定方面发挥着重要作用。当自然灾害、意外事故等风险事件发生时，保险可以迅速启动理赔程序，为受灾群众提供及时的经济援助，帮助他们恢复生活和生产，缓解社会矛盾。例如，在重大自然灾害发生后，保险公司积极履行赔付责任，为受灾地区提供大量的救灾资金和物资，帮助受灾群众渡过难关。此外，保险还可以通过提供养老、医疗、失业等社会保险，保障公民的基本生活需求，促进社会公平正义，维护社会的和谐稳定。通过维护社会稳定，保险为社会的长治久安提供了重要保障。

（3）优化资源配置。保险通过风险评估和定价机制，可以引导社会资源向低风险、高收益的领域流动，从而实现资源的优化配置。例如，在财产保险中，保险公司会根据不同地区、不同行业的风险状况，制定不同的保险费率，从而引导企业和个人加强风险管理，降低风险水平。在人寿保险中，保险公司会根据被保险人的年龄、健康状况等因素，确定不同的保险费率，从而引导人们养成健康的生活方式，提高生活质量。通过优化资源配置，保险提高了社会资源的利用效率，促进了经济和社会的协调发展。

（4）推动科技创新。保险可以为科技创新提供风险保障和资金支持，促进科技创新的发展。在科技创新过程中，往往面临着技术风险、市场风险等诸多不确定性因素，保险可以通过提供科技保险等产品，为科技创新企业提供风险保障，降低创新风险对企业发展的影响。例如，科技研发保险可以为企业的研发活动提供保险保障，一旦研发失败，保险公司将给予一定的经济补偿。此外，保险资金也可以通过股权投资、债权投资等方式，为科技创新企业提供资金支持，推动科技创新成果的转化和应用。通过推动科技创新，保险为经济的可持续发展提供了强大的动力。

（5）提升社会风险管理水平。保险作为专业的风险管理机构，在提升社会风险管理水平方面发挥着重要作用。保险公司通过长期的风险管理实践，积累了丰富的风险管理经验和技术，可以为社会提供专业的风险管理服务和建议。例如，保险公司可以通过风险评估、风险预警等手段，帮助企业和个人识别、评估和管理风险，提高社会整体的风险管理水平。此外，保险公司还可以通过参与社会风险管理体系建设、开展风险管理培训等方式，提高社会公众的风险意识和应对能力，促进社会的和谐发展。通过提升社会风险管理水平，保险为社会的安全稳定提供了重要保障。

2. 保险的微观作用

（1）为个人和家庭提供经济保障。对于个人和家庭而言，保险是一种重要的风险管理工具。它可以在人们面临各种风险，如疾病、意外事故、自然灾害等时，提供经济上的补偿和支持。例如，人寿保险可以在被保险人不幸身故时，为其家人提供一笔可观的经济补偿，以维持家庭的生活水平；健康保险可以帮助支付高额的医疗费用，减轻个人和家庭的经济负担；财产保险可以在财产遭受损失时进行赔偿，保障个人和家庭的财产安全。通过购买保险，个人和家庭可以在一定程度上降低风险对其生活和财务状况的影响，增强经济安全感和稳定性。这种经济保障作用不仅有助于个人和家庭应对突发情况，还可以促进家庭的和谐与稳定，为个人的发展和幸福创造良好的条件。

（2）帮助企业分散风险。企业在经营过程中面临着各种风险，如火灾、盗窃、自然灾害、责任事故等。这些风险可能导致企业财产损失、生产中断、法律责任等问题，严重影响企业的生存和发展。保险可以为企业提供风险分散的途径，通过购买财产保险、责任保险、营业中断保险等，企业可以将部分或全部风险转移给保险公司。当风险发生时，保险公司将按照合同约定进行赔偿，帮助企业恢复生产和经营。此外，一些保险产品还可以为企业提供风险管理咨询和服务，帮助企业提高风险管理水平，降低风险发生的可能性。通过保险的风险分散作用，企业可以更加专注于核心业务的发展，提高竞争力和经济效益。

（3）促进个人和企业的财务规划。保险不仅是一种风险转移工具，还可以在个人和企业的财务规划中发挥重要作用。对于个人而言，通过合理规划人寿保险、养老保险、教育金保险等，可以实现财富的积累和传承，为未来的生活和子女教育提供保障。对于企业而言，保险可以作为一种财务管理工具，通过购买保险来降低风险成本，优化财务结构。例如，企业可以通过购买责任保险来降低潜在的法律责任风险，避免因巨额赔偿导致企业财务困境；企业还可以利用保险资金进行投资，实现资产的增值和保值。通过保险在财务规划中的作用，个人和企业可以更好地管理财富，实现长期的财务目标。

（4）提供社会稳定和安全保障。保险在微观层面上也有助于维护社会的稳定和安全。当个人和家庭面临风险时，保险的经济保障作用可以避免因经济困难而引发的社会问题，如贫困、失业、犯罪等。对于企业而言，保险的风险分散作用可以保障企业的正常生产和经营，维护社会经济的稳定。此外，保险行业本身的发展也可以创造就业机会，促进经济的增长。通过保险的社会稳定和安全保障作用，整个社会可以更加和谐、稳定地发展。

2.4 保险的分类

2.4.1 按照保险标的分类

1. 人身保险

人身保险是以人的生命或身体为保险标的的保险。包括人寿保险、健康保险和意外伤害保险等。人寿保险主要保障被保险人在身故时，其指定的受益人可以获得一笔经济补偿。健康保险则关注被保险人的身体健康，如医疗保险、重大疾病保险等，可以帮助支付医疗费用。意外伤害保险则针对因意外事故导致的身体伤害进行赔偿。人身保险对于个人和家庭而言非常重要，可以提供经济保障和风险防范。

2. 财产保险

财产保险是以财产及其相关利益为保险标的的保险。包括火灾保险、海上保险、汽车保险、责任保险等。财产保险旨在保障财产所有者在财产遭受损失时能够获得经济补偿，以恢复财产的价值或减少损失。例如，火灾保险，可以在房屋或其他财产遭受火灾损失时，进行赔偿；汽车保险，可以在车辆发生事故或遭受损坏时，提供维修费用和赔偿。财产保险对于企业和个人的财产安全具有重要意义。

2.4.2 按照保险性质分类

1. 商业保险

商业保险是由保险公司经营的，以盈利为目的的保险。商业保险提供了广泛的保险产品和服务，以满足不同客户的需求。商业保险的保费通常根据风险评估和精算原理确定，保险公司通过收取保费并进行投资运营来获取利润。商业保险在市场经济中发挥着重要作用，为个人、企业和社会提供了多样化的风险保障。

2. 社会保险

社会保险是由国家或政府组织实施的，以保障社会成员基本生活需求为目的的保险。包括养老保险、医疗保险、失业保险、工伤保险和生育保险等。社会保险通常通过强制或半强制的方式要求社会成员参加，保费由个人、企业和政府共同承担。社会保险的目的是通过社会统筹和互助共济的方式，保障社会成员在面临各种风险和困难时能获得基本的生活保障和经济支持。社会保险是社会保障体系的重要组成部分，对于维护社会稳定和公平具有重要意义。

2.4.3 按照保险实施方式分类

1. 自愿保险

自愿保险是指投保人根据自己的意愿和需求，自主选择是否购买保险以及购买何种保险的保险形式。在自愿保险中，投保人可以根据自己的风险状况、经济实力和保险需求等因素，选择适合自己的保险产品和保险公司。自愿保险的实施方式较为灵活，投保人可以根据自己的情况随时调整保险计划。

2. 强制保险

强制保险是指根据法律法规或政府规定，某些特定的人群或活动必须参加的保险。强制保险的目的是为了保障社会公共利益和公众安全，通过法律的强制力确保某些风险得到有效的管理和控制。例如，机动车交通事故责任强制保险（交强险）是我国法律规定所有机动车必须购买的保险，其目的是为了保障交通事故中受害人的合法权益。强制保险通常具有一定的普遍性和强制性，对于维护社会秩序和公共安全具有重要意义。

2.4.4 按照保险业务承保方式分类

1. 原保险

原保险是指保险人与投保人之间直接签订保险合同，建立保险关系的保险形式。在原保险中，保险人直接承担保险责任，负责对保险标的进行赔偿或给付。原保险是保险业务的基础形式，大多数保险业务都属于原保险。

2. 再保险

再保险是指保险人将自己承保的部分或全部风险责任转移给其他保险人的保险形式。再保险的目的是为了分散保险人的风险，提高保险人的承保能力和风险管理水平。再保险通常在保险人之间进行，通过再保险合同确定双方的权利和义务。再保险对于保险市场的稳定和发展具有重要意义，它可以帮助保险人更好地管理风险和扩大业务规模。

2.4.5 按照保险金额确定方式分类

1. 定值保险

定值保险是指保险合同双方当事人在订立保险合同时，约定保险标的的价值，并以此作为确定保险金额的依据。在定值保险中，保险金额在保险合同签订时就已经确定，不会因为保险标的的实际价值发生变化而改变。定值保险通常适用于一些难以确定实际价值的保险标的，如艺术品、古董等。

2. 不定值保险

不定值保险是指保险合同双方当事人在订立保险合同时，不确定保险标的的价值，而是在保险事故发生后，根据保险标的的实际损失情况确定保险金额。在不定值保险中，保险金额通常根据保险标的的实际价值和保险事故的损失程度来确定。不定值保险是最常见的保险形式，适用于大多数财产保险和人身保险。

【思政德育课堂】

剖析山西永聚煤业火灾事故中的保险因素

【思考题】

1. 保险的概念是什么?
2. 保险的定义包含哪些要素?
3. 保险具有怎样的性质?
4. 保险的特征主要体现在哪些方面?
5. 保险的功能具体有哪些?
6. 保险的作用对于个人和社会有何意义?
7. 保险可以分为哪几类，分类依据是什么?

透过无锡纺织厂火灾审视保险保障

第三章

保险的基本原则

学习目标

了解：知道保险的基本原则包括哪些，对每个原则有初步的印象和认知。

熟悉：清楚各个基本原则的大致内涵和主要内容，能列举一些常见的体现这些原则的保险案例。

理解：深刻领会每个原则背后的原理和意义，明白各个原则之间的相互关系和相互影响。

掌握：可以熟练运用保险的基本原则来分析和解决复杂的保险问题。

3.1 最大诚信原则

3.1.1 最大诚信原则的概念

最大诚信原则是保险合同的基本原则之一。它要求保险合同当事人在订立和履行保险合同的过程中，必须最大限度地保持诚意、恪守信用，不隐瞒有关保险标的的重要情况，不欺骗对方。

具体而言，对投保人而言，要如实告知与保险标的相关的重要事实，不故意隐瞒或虚报；对保险人而言，要明确说明保险合同的条款内容，特别是免责条款等。

例如，投保人在投保时必须如实告知自己的健康状况、职业风险等信息，如果故意隐瞒重大疾病史，日后在理赔时可能会被拒赔；而保险人在销售保险产品时，应清晰地向投保人解释保险责任、理赔条件等关键信息，不能误导投保人。最大诚信原则旨在确保保险合同双方都能基于真实、准确的信息进行交易，维护保险市场的公平和稳定。

3.1.2 规定最大诚信原则的原因

1. 由保险经营的特殊性决定的

在保险经营中，保险人不可能对每一个投保人及保险标的的具体情况都了如指掌。投保人对保险标的的风险状况通常更为清楚，若投保人不秉持最大诚信如实告知，保险人很难准确评估风险和确定合理保费，可能导致不公平的交易。比如，在人寿保险中，投保人对自己的既往病史等关键信息的掌握程度远高于保险人。

保险所保障的风险本身具有不确定性，保险人需要依靠投保人提供的准确信息来进行风险预测和管理。如果投保人故意隐瞒或误报重要信息，可能使保险人对风险的判断出现偏差，进而影响整个保险经营的稳定性。例如，投保人隐瞒房屋曾发生过重大火灾的历史，会让保险人对房屋的风险程度产生误判。

保险合同具有射幸性质，即投保人缴纳少量保费，有可能获得远远超过保费的赔偿。这就要求投保人必须以最大诚信来对待保险交易。否则，可能出现投保人利用信息优势进行欺诈获利的情况，破坏保险经营的公平性。比如，故意制造保险事故来骗取高额赔偿。

很多保险标的非常复杂，如大型设备、工程项目等，保险人很难全面深入了解其所有细节，这更需要投保人如实提供相关信息，以保障保险经营的顺利进行。如果投保人对保险标的的复杂情况不如实说明，保险人可能在不知情的情况下承担了过高的风险。

2. 保险合同的附和性，要求保险人的最大诚信

从由于保险合同大多是附和性合同，条款由保险人预先拟定，投保人通常只能选择接受或不接受。如果保险人在拟定条款时不秉持诚信，可能会设置一些隐藏的不利于投保人的条款，而投保人难以察觉。例如，一些免责条款可能表述模糊或隐藏在大量文本中，这就需要保险人以最大诚信来明确告知，确保投保人清楚知晓自己的权利和义务。投保人在这种情况下处于相对弱势地位，可能会担心保险人利用合同优势损害其利益。只有保险人严格遵守最大诚信原则，如实解释条款，才能让投保人放心签订合同，增强投保人对保险合同的信任。

附和性容易导致信息传递的不充分。保险人有责任以最大诚信将合同的关键内容准确无误地传达给投保人，避免投保人因为对合同的误解而做出错误的决策。比如，对于一些重要的保障范围和理赔条件，保险人必须清晰地向投保人说明。

只有保险人充分体现最大诚信，才能在一定程度上弥补合同附和性带来的不公平隐患，使得保险合同双方的权利和义务在实质上更加公平合理，保障保险交易的顺利进行和保险市场的稳定。

3. 保险所保障的风险充满不确定性，要求保险人的最大诚信

保险所保障的风险充满不确定性，这种不确定性使得保险人对真实情况的把握更为困难。一方面，保险人需要投保人最大诚信地告知相关信息，才能对风险进行相对准确的评估和定价。如果投保人不诚实，可能导致保险人对风险程度出现严重误判。比如，投保人隐瞒了家族病史这一重要信息，会让保险人无法正确预估被保险人患病的潜在风险，从而影响保险经营的稳健性。

另一方面，不确定性可能导致保险事故发生后的情况复杂多变。投保人在事故发生后，如果不诚信申报，可能会给理赔带来诸多问题。例如，夸大损失程度或编造虚假的事故原因，这就违背了保险设立的初衷，也会给保险人带来不必要的损失。只有双方都坚守最大诚信，才能在这种不确定性中尽量保证公平公正的处理，让保险机制能够有效运行；保障被保险人在面临不确定风险时能得到合理的保障，同时也维护保险人的合法利益。

3.1.3　最大诚信原则的基本内容

1. 告知

投保人应如实告知与保险标的相关的重要事实。这意味着投保人必须将自己知晓的、可能影响保险人决定是否承保以及确定保险费率的所有重要信息，毫无保留地告知保险人。例如，自身的健康状况、职业风险、既往病史、家族遗传病史等。如果投保人故意隐瞒或虚假告知这些关键信息，保险人可能会在后期理赔时发现并拒绝赔付，因为这破坏了

双方基于诚信建立的保险合同关系。

同时，保险人也有告知义务。保险人要向投保人明确说明保险合同的条款，尤其是那些可能影响投保人决策的重要内容，如保险责任、免责条款、理赔程序等。保险人必须以清晰、易懂的方式进行告知，确保投保人能理解合同的具体内容和自身的权益义务。如果保险人没有充分履行告知义务，导致投保人对合同存在误解而签订合同，在后续可能引发纠纷时，投保人可以主张自己的合法权益。总之，在告知方面，投保人和保险人都需要以最大诚信来对待，以保障保险交易的公平、公正和顺利进行。

保险人的告知形式有两种：明确列示和明确说明。明确列示，保险人会以清晰的列表形式，将一些关键信息、重要条款、免责事项等明确地罗列出来。投保人通过仔细阅读这些列示的内容来了解相关规定。这种方式较为直观，能让投保人快速获取关键信息，但可能存在投保人对某些条款理解不够深入的情况。例如，在保险合同中专门设置一个章节，详细列出各项重要规定和限制条件。

明确说明，保险人会通过口头或书面的详细解释，对一些复杂的、容易产生歧义的条款进行逐一讲解和说明。这要求保险人具备良好的沟通能力和专业素养，确保投保人真正理解合同内容。比如，保险代理人面对面地向投保人详细阐释某些特殊条款的含义和影响，或者通过书面的解释性文件对关键条款进行深入剖析，帮助投保人掌握其精髓。这种方式有助于投保人更深入地理解保险合同，但可能受到保险人解释水平和投保人理解能力的影响。

总体而言，明确列示和明确说明都是为了更好地履行告知义务，使投保人在充分了解保险合同的基础上做出理性决策，从而维护保险交易的公平性和合法性。

2. 保证

保证是投保人或被保险人在保险合同中所作的承诺，包括对某一事项的作为或不作为的保证。具体而言，它可以是对行为的保证。比如，保证遵守特定的操作规程、安全规定等；也可以是对事实状态的保证。例如，保证保险标的的特定属性在某一期间内维持不变，或者保证不存在某些特定情况。保证大体可分为以下两种。

承诺性保证：投保人或被保险人对某些作为或不作为的承诺。例如，投保人保证在保险期间内，遵守特定的安全规定。如对房屋进行定期维护以降低火灾风险，或者被保险人保证不从事高风险的运动等。如果违反了这些承诺，保险人可能会根据合同规定采取相应措施。如拒绝赔付或解除合同。

确认性保证：对过去或现在的事实状况的保证。比如，投保人保证在投保时所提供的关于保险标的的信息是真实准确的，或者被保险人保证之前没有患过某些特定疾病等。一旦发现有与保证不符的情况，保险人同样可以依据合同来处理。

无论是承诺性保证还是确认性保证，都要求投保人或被保险人严格遵守。这是因为保证的存在，确保了保险标的的风险处于保险人预期和可接受的范围内。如果随意违反保证，会破坏保险人对风险的评估和判断，进而影响整个保险合同的公平性和稳定性。同时，保险人也有义务在合同中明确规定保证的具体内容和违反保证的后果，以保障投保人或被保险人的知情权和选择权。通过保证这一环节，最大诚信原则得以进一步体现和落实，确保保险交易的顺利进行和各方权益的平衡。

3. 弃权与禁止反言

弃权：当保险人知道投保人或被保险人有违反如实告知义务或其他违背保险合同约定的行为时，保险人有权解除合同或拒绝赔付，但保险人却选择放弃这种权利。比如，保险人在明知投保人未如实告知的情况下，仍然收取保费或继续维持保险合同的效力。这就意味着保险人放弃了原本可以行使的权利，之后便不能再以该理由来主张合同无效或拒绝承担保险责任。

禁止反言：一旦保险人已经作出了某种承诺或表示。比如，明确表示不会因为某种情况而解除合同或拒绝赔付。那么之后，保险人就不能反悔，不能再以相反的理由来对待投保人或被保险人。这就要求保险人在与投保人的交往中要谨慎言行，确保自己的行为前后一致，不能出尔反尔，否则会损害投保人或被保险人的合理预期和信赖。

构成保险人的弃权必须具备两个条件。保险人须有弃权的意思表示：是指保险人的弃权，可以是明示的，也可以是默示的。明示弃权，是指保险人以书面或口头形式明确表示放弃某项权利；默示弃权，则是指保险人的行为表明其放弃了某项权利。例如，在投保人未如实告知的情况下，保险人仍然收取保费或继续履行保险合同。

保险人必须知道，被保险人有违背约定义务的情况及因此享有抗辩权或解约权。保险人需要知道投保人或被保险人违反了保险合同中的约定，并且根据这些违约情况，保险人原本享有抗辩权或解约权。只有在保险人知道这些情况的前提下，其弃权行为才具有法律效力。

总之，弃权与禁止反言是对保险人的一种约束，要求其在处理保险事务时，保持诚信和公正，不能随意行使或放弃权利后又反悔。这也是最大诚信原则在保险活动中得以全面贯彻的重要体现，有助于维护保险交易的稳定和公平，保障投保人或被保险人的合法权益。

3.1.4　违反最大诚信原则的法律后果

1. 违反告知的法律后果

如果投保人违反告知义务，保险人可能会采取以下措施。

解除保险合同。保险人发现投保人故意隐瞒重要事实或虚假告知时，有权解除合同。例如，投保人隐瞒了自身患有严重疾病的情况，保险人在后续发现后，可解除合同。

不承担赔偿或给付责任。对于因违反告知而导致的保险事故，保险人可不履行赔偿或给付义务。比如，投保人未告知其从事高危职业，在发生相关事故后，保险人可以拒绝赔付。

退还部分保费。在某些情况下，保险人解除合同后，可能会退还投保人部分已缴纳的保费。

而如果是保险人违反告知义务，保险合同可能被判定部分或全部无效。例如，保险人在销售保险时，没有告知某些重要的限制条件或除外责任，导致投保人基于错误的理解签订了合同。那么，在涉及这些未告知内容时，保险合同可能被认定为部分无效。

保险人需承担赔偿责任。如果因为保险人未履行告知义务而使投保人遭受了损失，保险人可能需要对这些损失进行赔偿。比如，保险人未告知某类疾病实际不在保障范围内，投保人基于误解进行治疗后申请理赔被拒，那么，保险人可能需要对投保人治疗产生的费用等进行赔偿。

面临监管处罚。保险监管机构可能会对违反告知义务的保险人进行行政处罚，如罚款、限制业务范围等。

损害声誉。这会使投保人对其信任度降低，影响其在市场上的声誉和竞争力。

例如，某保险公司在推销一款医疗险时，没有明确告知投保人连续续保并不等同于保证续保。后来，投保人在续保时被拒，投保人将保险公司诉至法院，法院可能判定保险合同在这方面无效。同时，要求保险公司对投保人因此遭受的损失进行赔偿，监管部门也可能对该保险公司进行相应的处罚，而该保险公司的声誉也会因此受到不良影响。比如，未充分说明免责条款等，投保人可能有权主张保险合同无效或要求保险人承担相应的赔偿责任。

2. 违反保证的法律后果

违反保证是指投保人或被保险人未能履行合同中约定的保证条款。以下是一些可能被视为违反保证的行为。

违反如实告知义务。投保人在投保时，故意隐瞒或歪曲重要事实。如健康状况、职业风险等；未按约定使用保险标的。如在财产保险中，投保人未按照约定的用途使用保险财产；未履行合同约定的其他义务：如未按时缴纳保费、未遵守保险合同中的特定条款等。

例如，在一份汽车保险合同中，投保人保证车辆只用于私人用途，但后来被发现用于商业运输。这种行为就违反了保证条款。再如，某人投保了重大疾病保险，并在合同中保证如实告知自己的健康状况。然而，在理赔时，保险公司发现投保人故意隐瞒了之前的病史。这也构成了违反保证。

保险的最大诚信原则

保险人对于违反保证后发生的保险事故，可不承担赔偿责任。严重违反保证时，保险人有权解除保险合同。

3.2 保险利益原则

3.2.1 保险利益的含义

1. 保险利益的含义及其性质

保险利益是指投保人或者被保险人对保险标的具有的法律上承认的利益。它体现了投保人或被保险人与保险标的之间存在的一种经济上的利害关系。

保险利益的性质主要包括以下几点。

合法性：这种利益必须是符合法律规定的，受到法律保护的；

确定性：保险利益应该是明确的、可以确定的，不能是模糊不清或不确定的；

经济性：它本质上是一种经济利益，能够以货币形式来衡量和体现；

可衡量性：即可以通过一定的标准和方法来评估其价值大小。

2. 保险利益确定的条件

保险利益确定的条件，主要包括以下几点。

合法的利益：保险利益必须是法律所认可和保护的利益。例如，通过非法手段获取的财产不具有保险利益。

确定的利益：投保人或被保险人对保险标的的利益关系必须是确定的，而不是处于不确定或或有状态。比如，对已经拥有的财产的利益。

经济上可衡量的利益：这种利益应能用货币等经济指标来衡量其价值大小。比如，财产的价值、预期收入等。

与保险标的存在直接联系：投保人或被保险人与保险标的之间要有直接的关联。比如，所有权关系、占有关系、合同关系等。

3. 保险利益原则的含义

保险利益原则是保险的基本原则之一，其含义主要包括以下几方面。

首先，它强调投保人或被保险人对保险标的必须具有合法的、确定的、经济上可衡量的利益关系。这是保险合同有效的前提条件，若不存在保险利益，保险合同将被视为无效。其次，该原则确保了保险的补偿或给付功能是基于真实的利益关系，防止投保人利用保险进行投机或不当获利，保障了保险市场的公平性和稳定性。

同时，它也限定了保险赔偿的范围，即赔偿金额不能超过投保人或被保险人所具有的保险利益的额度，避免了超额赔付等不合理情况的发生。保险利益原则有助于维护保险行业的正常秩序，保障各方当事人的合法权益，使保险真正发挥分散风险、补偿损失的作用，促进保险行业的健康发展。

3.2.2 各类保险的保险利益

1. 财产保险的保险利益

财产保险的保险利益主要体现在以下几方面。

投保人对自己所有或占有的财产具有保险利益。如个人的房屋、车辆、设备等，因为这些财产的损失会直接导致投保人的经济利益受损。

对于因合同产生的权利也可形成保险利益。如保管人对保管物、承运人对运输货物等，他们有责任确保这些财产的安全，若发生损失需承担责任，所以有保险利益。

抵押权人对抵押物有保险利益，以保障其债权的实现。在租赁关系中，承租人对租赁物有保险利益，因为其在租赁期间，对租赁物有使用和收益的权利。

另外，企业对其存货、固定资产等有保险利益，以维持企业的正常运营和盈利。财产保险的保险利益，明确了保险保障的范围和对象，确保保险赔偿真正补偿到那些因财产损失而遭受经济损失的人，维护了保险制度的公平性和有效性。

2. 人身保险的保险利益

投保人对自己的生命和身体具有当然的保险利益，因为自己的生命和身体与自身的利益紧密相连。

就亲属关系而言，投保人对其配偶、子女、父母等具有保险利益。这种基于亲情的联系，使得他们之间存在着经济上和情感上的关联。比如，父母通常会为子女的未来考虑而购买保险；在雇佣关系中，雇主对其重要员工也可能具有保险利益，以防范因员工遭遇意外而给企业带来的经济损失。

此外，在具有债权债务关系时，债权人对债务人也可能存在一定的保险利益。例如，为确保债务的履行而对债务人的生命进行投保。

总之，人身保险的保险利益通常基于亲密的亲属关系、雇佣关系、债权债务关系等。它反映了人与人之间在经济和情感上的特定联系，确保了保险合同的有效性和合理性。

3. 责任保险的保险利益

对于投保人自身而言，其具有因可能承担民事赔偿责任而产生的保险利益。比如，企业对其生产经营过程中，可能导致他人损害并需承担责任存在保险利益。一旦发生事故需进行赔偿，保险可以起到保障作用。对第三人而言，其也有相应的保险利益。

如受害者可从责任保险中获得保障，确保自身能得到应有的赔偿。此外，公众对责任保险也有一定的保险利益。例如，在公共场所，公众希望相关责任方有责任保险来保障可能面临的风险，确保在意外发生时能得到妥善处理和赔偿。

从社会层面而言，责任保险有助于分散风险，维护社会稳定和公平，对整个社会的安定有序运行有着积极意义，这也是一种广泛的保险利益体现。总之，责任保险的保险利益涵盖了多个方面和主体，对社会经济生活有着重要的影响和作用。

4. 信用与保证保险的保险利益

在信用保险中，投保人的保险利益主要体现在其因交易对方的信用风险而可能遭受的经济损失。例如，出口商对进口商的支付信用存在保险利益，担心进口商违约不支付货款而导致自身利益受损。债权人对债务人的偿债能力也有保险利益，当债务人可能无法按时偿债时，信用保险能提供保障。

在保证保险中，被保证人对其履约行为的顺利进行有保险利益。比如，借款人为获得贷款向保险人投保保证保险，其利益在于确保自己能按时履约还款，避免因违约带来的经济和信用损失。工程承包人对其按时完工的承诺有保险利益，通过保证保险来保障业主不会因工程延误而遭受损失。总之，信用与保证保险的保险利益围绕着交易中的信用风险和履约行为，旨在降低因信用问题或履约失败带来的不确定性和损失。

3.2.3 保险利益的变动、适用时限与坚持保险利益原则的意义

1. 保险利益的变动

保险利益的转移。比如，在财产保险中，当保险标的的所有权发生转移时，保险利益通常也会随之转移。例如，投保人将房屋出售给他人，那么房屋的保险利益就转移到了新的所有者身上。

保险利益的消灭，这可能由于保险标的的灭失、所有权的丧失等原因导致。比如，保险标的在保险期间完全损毁，此时针对该标的的保险利益就不复存在。或者投保人不再对保险标的拥有合法权益。如租赁合同到期，对租赁物的保险利益就消失了。

保险利益的增减。在某些情况下，保险利益的范围或程度可能会发生变化。比如，企业随着业务的发展，对其财产的保险利益可能会增加；或者由于部分财产的处置，保险利益相应减少。此外，还可能出现保险利益的分割。在共同拥有保险标的的情况下，当其中一部分权益发生变动时，会涉及到保险利益的分割。例如，多个合伙人对某项资产拥有共同保险利益，当其中一个合伙人退出时，其对应的保险利益部分就需要进行合理分割。

2. 保险利益的适用时限

保险利益的适用时限，在不同险种中，有不同的规定。

在财产保险中，一般要求在保险事故发生时，投保人或被保险人必须对保险标的具有

保险利益。这是因为财产保险主要关注的是财产的实际损失和补偿，只要在事故发生那一刻存在利益关系，就能确保保险赔偿的合理性和公正性。比如，某人在购买房屋保险后将房屋出售，但之后房屋发生火灾，此时原投保人已不具有保险利益，不能获得赔偿。

而在人身保险中，情况则有所不同。通常要求投保人在订立保险合同时，必须对被保险人具有保险利益。而在保险合同有效期内，即使保险利益发生变化，保险合同仍然有效。这是因为人身保险更侧重于对被保险人生命和身体的保障，且保险期限往往较长。例如，丈夫为妻子投保人寿保险，之后两人离婚，保险合同依然有效。

这种在不同险种中对保险利益适用时限的差异化规定，是基于财产保险和人身保险各自的特点和目的而设定的。其目的在于既能保障保险交易的公平性和有效性，又能充分发挥保险的保障功能，更好地维护投保人、被保险人以及保险人的合法权益。

3. 坚持保险利益原则的意义

避免赌博行为。防止投保人或被保险人仅仅为了获取保险金而随意投保，将保险变成一种赌博工具，确保保险是基于真实的利益关系而存在。

减少道德风险。可以有效降低投保人或被保险人故意制造保险事故来骗取保险金的可能性，维护保险市场的正常秩序和公平性。

明确保险赔偿范围。有助于准确界定保险赔偿的界限，只有对具有保险利益的标的损失，保险人才进行赔偿，保障保险合同双方的权益。

保障保险活动的健康发展。使得保险活动建立在合法、合理的基础上，促进保险行业的稳健、可持续发展。

3.3　近因原则

3.3.1　近因原则的含义

近因原则是保险法的基本原则之一。在判断保险事故与保险标的损失之间的因果关系时，并非所有对损失起作用的原因都是近因。只有在导致保险事故的最直接、最有效、起决定性作用的原因，才是近因。它强调在众多复杂的因果关系中，要找出最关键、最核心的那个原因。

简单而言，当发生保险事故时，保险人只对由近因造成的损失负责赔偿。如果近因属于保险责任范围内，保险人就应当承担赔偿责任；反之，如果近因不属于保险责任范围，保险人则无需赔偿。

例如，一艘货轮在海上航行时遭遇风暴，导致船体受损进水，同时船上的货物也受损。进一步调查发现，船体本身存在一些老旧的隐患。在这里，风暴是导致事故发生的直接原因，是近因。如果该货轮投保了相关保险，且保险责任包括风暴造成的损失，那么保险人就应当对船体和货物的损失进行赔偿。而船体本身的老旧隐患虽然也是一个因素，但不是近因。

近因原则的运用有助于准确认定保险责任，确保保险双方的权益得到合理平衡和保障。它是保险理赔中判断责任归属的重要依据，对于维护保险市场的公平和稳定具有重要意义。

1. 近因是什么

近因是指导致损失发生的最直接、最有效、起决定性作用的原因。

近因并非是时间上最接近损失的原因，而是对损失的发生起着关键推动和决定作用的因素。在保险领域，判断保险事故与损失之间的因果关系时，近因原则至关重要。

例如，车辆因暴雨导致发动机进水损坏，那么暴雨就是车辆损坏的近因。再如，被保险人在登山时遭遇意外摔倒，进而引发心脏病发作去世，那么摔倒就是导致被保险人死亡的近因。

近因的确定对于保险人是否承担赔偿责任有着决定性影响。如果近因属于保险责任范围内，保险人需进行赔偿；若近因不属于保险责任范围，则保险人无需赔偿。通过明确近因，能够更准确地界定保险责任，保障保险双方的合法权益，维持保险市场的公平和有序。

2. 近因原则的基本含义

近因原则的基本含义是：在风险与保险标的的损害关系中，如果近因属于被保风险，保险人应负赔偿责任；若近因属于除外风险或未保风险，则保险人不负赔偿责任。

3.3.2　近因原则的应用

1. 认定近因的基本方法

顺推法：从事件的起因开始，按照逻辑顺序逐步推导，看最终是否导致了保险事故的发生。如果能顺次推导得出结果，那么最初的原因通常就是近因。

逆推法：从保险事故的结果开始，反向推导寻找引发事故的原因。通过这种方式来确定关键的起作用的原因。

例如，车辆在行驶中因突发洪水导致受损。运用顺推法，是洪水这一原因直接导致了车辆受损，所以洪水是近因；用逆推法，从车辆受损回溯，是洪水造成了这一结果，同样可确定洪水为近因。

在一些复杂的情况中，可能需要综合运用这两种方法，同时结合具体的实际情况和相关证据进行分析判断。有时，可能会存在多个原因共同作用导致保险事故，这就需要仔细甄别每个原因的影响力和作用程度，以准确认定近因。同时，保险合同中的具体条款和约定，也会对近因的认定产生影响，在认定过程中，也需充分考虑这些因素。

2. 近因的认定和保险责任的确定

近因的认定。近因的认定通常需要综合考虑各种因素。一般而言，如果一个原因直接导致了保险事故的发生，中间没有其他独立的、新的原因介入，那么这个原因就是近因。如果存在多个原因，需要分析这些原因之间的关系，是相继发生还是同时存在，以及它们对结果的影响程度。在一些复杂情况中，可能需要借助专业的鉴定、调查和分析来准确认定近因。

保险责任的确定。当认定了近因后，就可以根据保险合同来确定保险责任。如果近因属于保险合同约定的保险责任范围，保险人就应当按照合同约定进行赔偿。例如，在火灾险中，如果火灾是导致损失的近因且在保险责任范围内，保险人就应赔偿火灾造成的损失。然而，如果近因不属于保险责任范围。比如，是被保险人故意行为导致的，保险人则无需承担赔偿责任。

有时候，可能存在多个近因，部分属于保险责任范围，部分不属于，这时就需要具体分析和判断。比如，在一起交通事故中，车辆损失既有事故本身造成的，也有车辆自身故障因素，就要看保险合同对这类情况的具体规定来确定保险责任。

3.4　损失补偿原则

3.4.1　损失补偿原则的含义

损失补偿原则是指当保险标的发生保险责任范围内的损失时，保险人应按照保险合同的约定，对被保险人给予经济补偿，使其恢复到受损前的经济状况；但补偿的额度以被保险人的实际损失为限，不能使被保险人通过保险获得额外的利益。

1. 损失补偿原则的含义及坚持损失补偿原则的意义

（1）损失补偿原则的含义。具体而言，损失补偿原则包含这几个要点。一是强调对实际损失的补偿，即根据保险标的遭受的实际损害来确定赔偿金额；二是补偿的目的是让被保险人恢复到损失前的状态，而不是使其获得超过损失的利益；三是保险人的赔偿不能超过保险合同约定的责任限额，避免过度赔偿导致不公平。例如，某人的汽车在事故中受损，其实际维修费用为 1 万元，而其投保的车损险保额为 5 万元。那么，保险人最多赔偿 1 万元，而不是 5 万元。损失补偿原则旨在维护保险的公平性和合理性，防止道德风险和不当得利，保障保险市场的健康有序运行。

（2）坚持损失补偿原则的意义。维护保险的本质和功能，确保保险主要是为了弥补被保险人因风险造成的实际损失，而不是使其通过保险获得额外利益，体现保险的经济补偿功能。

防止道德风险。避免被保险人故意制造损失或过度索赔等不当行为，减少道德风险的发生，保障保险行业的健康发展。

维持保险市场的公平性，使保险资源合理分配，不同被保险人在遭受损失后能得到公平的补偿，防止不公平竞争和利益失衡；保障保险人的稳健经营，让保险人的赔付支出在合理范围内，有助于其维持财务稳定和持续经营能力；促进社会资源的合理配置，使资源不会因保险而不合理地流向某些人或领域，有利于社会整体资源的有效利用和优化配置。

2. 损失补偿原则的补偿限制

以实际损失为限：保险人的赔偿金额不能超过被保险人实际遭受的损失，即损失多少补偿多少。例如，一辆汽车实际损失价值为 10 万元，那么保险人最多赔偿 10 万元。

以保险金额为限：即使实际损失可能超过保险金额，但保险人也只能在保险金额范围内进行赔偿。如果保险金额是 50 万元，而实际损失是 80 万元，保险人也只会赔偿 50 万元。

以保险利益为限：赔偿不能超过被保险人对保险标的所具有的保险利益。如果保险利益是 30 万元，即使保险金额较高且实际损失较大，赔偿也不会超过 30 万元。

避免额外获利：被保险人不能通过保险赔偿获得额外的利益，这是为了防止道德风险和不当得利。例如，不能因保险赔偿而使被保险人的经济状况变得比损失发生前更好。

这些补偿限制确保了保险的补偿功能合理发挥，既保障被保险人得到适当的赔偿，又防止保险被滥用，维护了保险市场的公平和稳定。

3.4.2 损失补偿原则的派生原则

1. 重复保险的损失分摊原则

比例责任分摊原则：各保险人按其所承保的保险金额与总保险金额的比例来分摊损失。例如，有三个保险人分别承保了 20 万、30 万、50 万，总保额为 100 万。若发生 40 万的损失，则第一个保险人分摊 8 万（40×20/100）；第二个保险人分摊 12 万（40×30/100）；第三个保险人分摊 20 万（40×50/100）。

限额责任分摊原则：以各保险人在没有其他保险人重复保险的情况下，单独应负的赔偿限额来分摊损失。

顺序责任分摊原则：根据各保险人出单的先后顺序来依次承担赔偿责任。先出单的保险人先赔偿。当该保险人赔偿完毕后，若还有未赔偿的部分，再由后出单的保险人赔偿，以此类推。

2. 代位原则

（1）代位与代位原则的含义。代位有广义和狭义之分。广义的代位，包括物上代位和权利代位；狭义的代位，仅指权利代位。权利代位原则是指在财产保险中，因第三者对保险标的的损害而造成保险事故的，保险人自向被保险人赔偿保险金之日起，在赔偿金额范围内代位行使被保险人对第三者请求赔偿的权利。物上代位是指保险标的遭受保险责任范围内的损失，保险人按保险金额全数赔付后，依法取得该项标的的所有权。

代位原则的意义在于：一方面，它保障了被保险人能够及时获得赔偿，同时也简化了理赔流程，被保险人不必再向第三者进行繁琐的索赔。另一方面，防止被保险人获得双重赔偿，体现了保险补偿的原则，避免不当得利，维护了保险市场的公平性和合理性。通过代位原则，保险人可以更有效地行使追偿权，减少保险欺诈和道德风险，促进保险行业的健康发展。

（2）代位原则的意义。防止被保险人双重获益。当保险标的发生损失且责任在第三方时，若被保险人既从保险人处获得赔偿，又向第三方全额追偿，就会获得额外利益，这与保险补偿原则相悖。代位原则可避免这种不合理情况。

维护保险的补偿功能。确保保险的主要功能是对实际损失进行补偿，而不是成为获利的手段，有助于保持保险机制的公正性和合理性。

提高保险运营效率。减少了保险人和被保险人分别向第三方追偿的成本和繁琐程序，集中力量进行追偿，提高了整个保险运营过程的效率。

促进社会公平与正义。使有过错的第三方承担应有的责任，而不是让保险人独自承担全部损失，有利于维护社会的公平和法治秩序。

保障保险市场稳定。有助于规范保险市场行为，增强保险人的风险管控能力，从而促进保险市场的健康、稳定发展。

（3）代位追偿原则。代位追偿原则是指在保险事故发生后，保险人取得向对保险标的损失负有责任的第三方进行追偿的权利。

具体而言，当保险标的因第三方的过错导致损失，且保险人已按照保险合同向被保险人支付了赔偿后，保险人就有权在赔偿金额范围内代位行使被保险人对第三方请求赔偿的权利。

这一原则有几个重要方面。首先，它确保了被保险人不会因同一损失而获得双重赔偿，避免不当得利。其次，它有利于维护保险的补偿功能，使责任人最终承担应有的责任。最后，它有助于降低保险成本，减少道德风险。

例如，一辆投保车损险的汽车与另一辆车发生碰撞，对方负全责。保险人在赔偿了车主的损失后，可以向对方车主或其保险公司进行代位追偿，以弥补自身的赔付支出。又如，在财产保险中，因第三方的侵权行为导致保险标的受损，保险人在赔付后，可依法向侵权方追偿。代位追偿原则在保险实践中发挥着重要作用，保障了保险市场的公平和稳定运行。

3. 保险委付

（1）委付的含义。委付是指保险标的发生推定全损时，投保人或被保险人将保险标的的一切权益转移给保险人，而请求保险人按保险金额全数赔付的行为。

委付具有这几个特点。一是通常发生在保险标的出现推定全损的情况下；二是将保险标的的权利和义务全部转移给保险人；三是是被保险人的单方行为，保险人可以接受也可以不接受委付；四是委付一经保险人接受，不得撤回。

例如，一艘船在海上遭遇严重事故，修复费用可能超过船本身的价值，被保险人决定将船的所有权益委付给保险人，请求保险人按保险金额赔偿。如果保险人接受了委付，那么就取得了对该船的所有权等一系列权利和义务。委付制度在海上保险等领域有着重要应用，它对于处理推定全损等复杂情况，保障保险双方的权益有着特定的意义。

（2）委付成立的条件。保险标的全部损失：委付一般适用于保险标的发生推定全损的情况，而不是部分损失。

就保险标的的整体提出：委付必须是针对整个保险标的，而不能仅对部分提出。

不得附加条件：委付应是无条件的，不能附带其他条件或要求。

以书面形式通知保险人：投保人或被保险人需以书面的方式明确向保险人表达委付的意愿。

经保险人同意：保险人需要对委付表示同意接受，委付才正式成立。只有在保险人同意后，保险人才会承担保险标的上的全部权利和义务。

（3）委付成立后的效力。转移保险标的权利：被保险人将保险标的的一切权利，包括所有权、用益物权等，全部转移给保险人。

保险人取得保险标的所有权：保险人依法取得对保险标的的占有、使用、收益和处分的权利。

保险人承担全部赔偿责任：保险人需要按照保险合同约定，对保险标的的全部损失进行赔偿，而不再局限于保险金额。

保险标的风险转移：保险标的此后的一切风险和收益都由保险人承担，与被保险人无关。

（4）委付与代位追偿的区别。性质不同。委付是一种特殊的法律行为，投保人或被保险人将保险标的的一切权利转移给保险人。代位追偿是保险人取代被保险人向责任方追偿的权利。

适用情况不同。委付通常适用于保险标的发生推定全损的情况。代位追偿适用于因第三者对保险标的的损害造成保险事故的情况。

标的转移程度不同。委付导致保险标的权利完全转移给保险人。代位追偿只是保险人获得向责任方追偿的权利，标的所有权不一定转移。

结果不同。委付后，保险人可能会接受或拒绝委付，若接受则承担全部保险标的的权利和义务。代位追偿后，保险人追偿所得超过其赔偿金额的部分需归还给被保险人。

比如，在船舶保险中，船舶发生推定全损时，被保险人可能会进行委付；而当船舶因第三方碰撞受损时，保险人在赔偿后可进行代位追偿。

【思政德育课堂】

从某建设集团索赔案看保险利益原则

【思考题】

1. 为什么保险利益原则是保险合同有效的前提？举例说明。
2. 在什么情况下会涉及到近因原则的判断？请举例并分析。
3. 如何理解损失补偿原则对防止道德风险的意义？
4. 从多个案例分析，在最大诚信原则中，投保人如实告知义务的重要性。
5. 探讨在复杂的保险理赔中，如何准确运用近因原则来确定责任。
6. 保险利益原则在财产保险和人身保险中有哪些不同的要求和体现？

7. 当保险标的发生部分损失时，如何根据损失补偿原则进行赔偿处理？

中铁十七局保险纠纷：保险原则的深度解读

第四章

保险合同

学习目标

了解： 知道保险合同的主要类型及其大致特点。
熟悉： 熟悉保险合同中各方当事人的权利和义务。
理解： 理解保险合同纠纷产生的常见原因和解决途径。
掌握： 能根据实际情况准确判断保险合同的有效性和适用性。

4.1 保险合同概述

4.1.1 保险合同的概念

保险合同是投保人与保险人约定保险权利义务关系的协议。

它是一种特殊的合同类型，具有双务性、射幸性、补偿性等特点。投保人按照合同约定向保险人支付保险费，保险人则在合同约定的条件成就时，承担赔偿或者给付保险金等保险责任。保险合同明确了双方在保险事务中的权利和义务，规范了保险行为，是保险活动得以顺利开展的重要依据和法律保障。它涉及到保险标的、保险金额、保险期限、保险责任、除外责任等诸多关键要素。通过对这些要素的约定和界定，来确定双方在保险关系中的具体权益和责任。

4.1.2 保险合同的特点

双务性：保险合同双方都享有权利和承担义务。投保人负有缴纳保险费的义务，而保险人则有在保险事故发生时承担赔偿或给付保险金的责任。双方的权利和义务相互对应。

射幸性：这意味着合同的结果在订立时具有不确定性。投保人支付保险费后，是否能获得保险金赔付取决于保险事故是否发生，这存在一定的偶然性。

补偿性：一般情况下，保险的主要目的是对被保险人因保险事故造成的经济损失进行补偿，使其尽可能恢复到事故前的经济状况，但不能通过保险获得额外的利益。

附和性：保险合同的基本条款通常由保险人预先拟定，投保人往往只能选择接受或不接受，而较难对条款进行实质性修改。

诺成性：只要双方当事人意思表示一致，保险合同即成立，并不以保险费的实际交付为成立要件。

最大诚信性：由于保险合同双方信息的不对称性，要求双方都要秉持最大诚信原则。投保人需如实告知相关信息，保险人也应履行明确说明义务等。

条件性：保险金的给付是以保险合同中约定的条件成就为前提的。只有当特定的条件满足时，保险人才会履行赔付义务。

个人性：保险合同保障的是被保险人的个人利益，保险标的与被保险人具有特定的联系，不能随意转让或变更。

这些特点使得保险合同与其他类型的合同区别开来。它们共同决定了保险合同的性质和运作方式，保障了保险活动的公平性、有效性和稳定性，对于维护保险双方的合法权益和保险市场的健康发展具有重要意义。

4.2 保险合同的要素

4.2.1 保险合同的客体和主体

按照民法规定，主体是指拥有权利与承担义务的人。包括投保人，他们是发起保险合同订立的一方，负有按约缴纳保险费的义务。投保人可以是自然人，也可以是法人等组织；保险人，是保险公司，承担着在保险事故发生时，履行赔偿或给付保险金的责任。

被保险人：其财产或人身受到保险合同的保障，拥有保险金请求权。在很多情况下，被保险人与投保人是同一人，但在一些特定场景下也可以不同。

受益人：经投保人或被保险人指定，享有保险金请求权。受益人可以是投保人、被保险人本人，也可以是其他人。

保险合同的客体：是保险利益。保险利益反映了投保人或被保险人与保险标的之间存在的合法经济联系。它具有重要意义。一方面，它是保险合同成立的必要条件，若无保险利益，保险合同无效；另一方面，它限定了保险赔偿或给付的范围，确保保险活动的公平性和合理性。只有对具有保险利益的标的，保险人才会进行保障和赔付。例如，对自己拥有所有权的房屋具有保险利益，当房屋因保险事故受损时可获得赔偿。保险利益原则有助于防范道德风险和投机行为，维护保险市场的稳定和健康发展。

1. 保险合同的当事人

保险合同的当事人是指直接参与建立保险合同法律关系、确定合同的权利与义务的行为人，即参与订立保险合同的主体，包括投保人和保险人。

（1）投保人

投保人：投保人是与保险人订立保险合同，并按照合同约定负有支付保险费义务的人。投保人可以是自然人，也可以是法人或其他组织。投保人是保险合同的发起者和主要义务承担者。

投保人作为保险合同的当事人，必须具备以下条件。

具有完全民事行为能力。能独立地进行意思表示和实施法律行为，这样才能确保其在订立保险合同时具备正确理解和判断的能力；对保险标的具有保险利益。这是为了防止道德风险和投机行为，确保投保人不会因为保险而获得不当利益；有支付保险费的能力。因为投保人需要按照合同约定按时足额缴纳保险费，以维持保险合同的效力。

符合保险人规定的其他条件。不同的保险产品，可能对投保人有特定的要求。比如，年龄范围、职业限制等。

（2）保险人

保险人：保险人又称承保人，是指与投保人订立保险合同，并按照合同约定承担赔偿或者给付保险金责任的保险公司。保险人是保险合同中提供保险保障的一方，根据保险合同的约定，在保险事故发生时，履行赔偿或给付义务。

作为保险合同的当事人，保险人应具备下列条件。

依法成立。必须是依照法律规定成立的合法保险经营机构；具有充足的偿付能力。以确保在保险事故发生后能履行赔偿或给付保险金的责任；有专业的经营能力和风险管理水平。包括对风险的评估、定价、核保、理赔等方面的专业能力。

人员和技术条件。拥有足够的专业人员来处理保险业务的各个环节，以及先进的技术手段来支持业务开展。

遵守法律法具备相应的规和监管要求。在经营过程中，严格遵守相关的法律法规和保险监管部门的规定。

2. 保险合同的关系人

保险合同关系人指的是与保险合同有间接利益关系的人，而不一定直接参与保险合同订立的人。

保险关系人，主要包括被保险人、受益人和保单持有人。

（1）被保险人

被保险人：是受保险合同保障的人。被保险人的财产或人身状况是保险的标的。被保险人享有在保险事故发生时向保险人请求赔偿或给付保险金的权利。被保险人在很多情况下与投保人是同一人，但也可以不同。

投保人与被保险人之间的关系，主要有以下两种情形。

同一人。投保人自己为自己的利益投保，此时投保人就是被保险人。比如，个人为自己购买人寿保险、健康保险等。

不同的人。投保人基于一定的关系为他人的利益投保。常见的关系有亲属关系，如父母为子女投保、子女为父母投保等；还有雇佣关系，如企业为员工投保等。在这种情况下，投保人对被保险人的生命、身体或财产具有可保利益。

（2）受益人

受益人：是由投保人或被保险人指定的，在保险事故发生后有权领取保险金的人。受益人并非保险合同的当事人，但对保险金有直接的利益关系。受益人可以是投保人或被保险人本人，也可以是他们指定的其他人。通常在人身保险中较为常见。比如，在人寿保险中指定的身故受益人等。

人身保险合同中的受益人，应具备下述两个条件。

具有保险利益：受益人通常与被保险人具有一定的利害关系。比如，配偶、子女、父母等，以防止道德风险的发生。

能够确定：受益人必须是明确的、具体的，可以是自然人，也可以是法人或其他组织，并且其身份和与被保险人的关系等在保险合同中要有清晰的界定，以便在保险金给付时，能准确无误地执行。

（3）保单所有人

保单所有人是指拥有保险单各种权利的人，其主要权利和作用包括以下几点。

变更受益人。有权根据自己的意愿指定或更改受益人；领取退保金。在退保时领取相应的现金价值；领取保单红利。如果保险有红利分配，保单所有人有权利领取；以保单作抵押进行借款。在符合规定的情况下，利用保单进行贷款。

决定保险合同是否转让。可以决定是否将保单转让给其他人。

在通常情况下，投保人、被保险人、受益人都可能是保单所有人，但也可能另有指定。

3. 保险合同的辅助人

保险合同的辅助人是指在保险合同的订立、履行等过程中起到辅助作用的各类主体。

（1）保险代理人

保险代理人，是根据保险人的委托，向保险人收取佣金，并在保险人授权的范围内代为办理保险业务的机构或者个人。保险代理人能代表保险人拓展业务，与投保人进行沟通、介绍保险产品、协助办理投保手续等。他们在保险市场中扮演着重要的桥梁角色，使得保险人的服务能更广泛地触及投保人。

（2）保险经纪人

与保险代理人不同，保险经纪人是基于投保人的利益，为投保人与保险人订立保险合同提供中介服务，并依法收取佣金的机构。他们站在投保人的角度，凭借专业知识和经验，为投保人挑选合适的保险产品，争取更有利的保险条款和条件。保险经纪人有助于投保人在众多保险产品中做出更明智的选择。

（3）保险公估人

当保险事故发生后，保险公估人受保险人或投保人的委托，对保险标的进行查勘、鉴定、估损及理算等，并出具公估报告。他们的专业意见对于确定保险赔偿的金额和责任认定起着关键作用，能确保理赔过程的公平、公正、客观，减少保险人和投保人之间可能出现的争议和纠纷。

这些保险合同的辅助人，各自发挥着独特的作用，共同促进了保险行业的健康发展。他们使得保险交易更加顺畅、高效，投保人能更好地了解和获得保险保障，保险人也能更好地开展业务和管理风险。他们的存在，丰富了保险市场的生态，为保险行业的繁荣做出了重要贡献。在保险活动中，各方相互协作、相互制约，共同构建起一个稳定、有序的保险市场环境，保障着投保人、保险人以及整个社会的利益。

4. 保险合同的客体

保险合同的客体是保险利益。

保险利益是指投保人或者被保险人对保险标的具有的法律上承认的利益。它具有以下重要意义。

首先，保险利益是保险合同成立的必要条件。如果投保人或被保险人对保险标的不具有保险利益，那么保险合同就是无效的，这是为了防止道德风险和投机行为。

其次，明确保险利益，可以限定保险人的赔偿或给付责任范围。保险人只对投保人或被保险人具有保险利益的那部分损失进行赔偿或给付。

最后，保险利益体现了保险的保障功能。它确保了保险是为了真正保障投保人或被保险人的经济利益，而不是单纯的赌博或投机工具。

例如，在财产保险中，投保人对其拥有的财产具有保险利益，如房屋、车辆等；在人身保险中，投保人对自己的生命、身体以及与自己有特定关系的人的生命、身体具有保险利益，如父母对子女、夫妻之间等。只有当保险标的的安全、完整等受到威胁或损害时，投保人或被保险人才能依据保险合同获得相应的经济补偿。总之，保险利益是保险合同得以存在和发挥作用的核心要素。

4.2.2 保险合同的内容及形式

对保险合同的内容，有广义和狭义两种理解。

从广义上而言，保险合同的内容包含了与保险合同相关的所有要素和条款。这不仅包括前面提到的当事人信息、保险标的、保险责任等核心内容，还涵盖了可能影响合同履行和双方权利义务的各种细节。比如，关于争议处理的方式、合同变更的规则、通知义务的规定等。

从狭义上而言，保险合同的内容主要侧重于保险责任、保险金额、保险期限、保险费率等直接关系到保险保障实质的部分。这些内容是保险合同的关键要素，直接决定了投保人获得保障的程度和范围，以及保险人承担责任的大小和期限。

例如，广义的内容可能会详细规定，在何种情况下，投保人需要及时通知保险人，以及未通知可能产生的后果；而狭义的理解则更聚焦在保险责任中，具体哪些风险事故会得到赔付以及赔付的金额是多少。

在实际中，对保险合同内容的全面、准确理解非常重要。无论是广义还是狭义的内容，投保人都需要仔细研究和把握，以确保自身的权益得到充分保障，避免在保险事故发生时因对合同内容的误解或不知情而产生纠纷。保险人也需要严格按照合同内容履行义务，确保保险合同的公正性和严肃性。同时，监管部门也会依据保险合同的内容，对保险市场进行监督和管理，以维护市场的稳定和投保人的合法权益。

1. 保险合同条款及其特征

保险合同条款是保险合同的具体内容和规则体现。

常见的条款，包括保险责任条款，明确保险人承担赔偿或给付责任的具体范围和条件；责任免除条款，规定保险人不承担责任的情形；保险期限条款，确定保险合同有效的时间段；保险金额条款，表明保险人赔付的最高限额等。

保险合同条款具有以下特征。

一是专业性。涉及大量保险专业术语和复杂的规则，需要一定的专业知识才能准确理解。

二是格式化。通常由保险人预先拟定，投保人大多情况下，只能选择接受或不接受。

三是确定性。条款内容明确且相对固定，以保障合同的稳定性和可操作性。

四是约束性。对保险人和投保人双方都具有法律约束力，双方都需严格遵守。

五是风险性。条款中的规定与风险的承担和转移密切相关，直接影响双方的利益分配。

六是解释性。在发生争议时，需要依据相关法律和原则对条款进行正确解释和适用。

这些特征使得保险合同条款在保险交易中起着关键作用，规范着保险双方的权利和义务，保障着保险市场的有序运行。

2. 保险合同条款的类型

基本条款：这是保险合同的核心部分，包括保险标的、保险责任、保险期间、保险金额、保险费等最基础且关键的内容，规定了保险关系的主要方面。

附加条款：对基本条款进行补充或变更的条款。比如，增加一些特殊的保障项目或对某些规定进行细化调整。通常，根据投保人的需求和具体情况选择添加。

保证条款：明确投保人或被保险人需要履行的保证义务。若违反，可能导致保险合同失效或保险人有权解除合同。

协会条款：由保险行业协会制定的一些通用条款，旨在规范行业行为和保障投保人的基本权益。

特约条款：针对特定保险合同或特殊情况而专门约定的条款，具有个性化和针对性的特点。

除外条款：详细列出保险人不承担保险责任的各种情形，帮助界定保险保障的边界。

不同类型的条款相互配合，共同构成了完整的保险合同，以适应不同的保险需求和情况，保障了保险交易的顺利进行和各方权益的平衡。

3. 保险合同的基本内容

各类保险合同的内容，根据险别的不同，而不尽相同，但大都包括主体、客体、权利义务和其他声明事项。

在主体方面，包括投保人、保险人、被保险人等，明确各主体的身份和责任。投保人是缴纳保费的一方，保险人是承担保险责任的一方，被保险人则是受到保险保障的对象。

客体主要就是保险利益，如前所述，它是保险合同成立的关键要素。

权利义务方面，投保人有按时缴纳保费、如实告知等义务，同时享有在保险事故发生时获得赔偿的权利；保险人则有收取保费和在符合条件时，进行赔偿或给付的义务。

其他声明事项可能涵盖保险标的的具体描述、保险事故的定义和认定标准、违约责任等。比如，在财产保险中，会详细说明保险财产的特征和范围；在人身保险中，会明确受益人的指定等事项。不同险别的具体内容，会根据其保障目的和特点而有所差异。但总体框架基本都是围绕这些方面展开，以确保保险合同的完整性和有效性，保障各方的合法权益。

4. 保险合同的形式

保险合同主要有保险单、暂保单、保险凭证和批单等形式，它们共同构成了保险合同书面形式的体系。

保险单是保险合同最正式和常见的形式，详细记载着保险合同的各项关键信息。如当事人、保险标的、保险责任等，是具有法律效力的重要凭证。

暂保单通常在正式保险单签发前使用，为投保人提供临时的保险保障。其内容与保险单相似，但具有一定的时效性。

保险凭证是一种简化的保险单形式。它常应用于一些特定场景，如团体保险等。虽形式简洁，但同样具有与保险单等同的法律效力。

批单则是用于对保险合同进行修改、补充或变更的书面文件。当保险合同的某些条款需要调整时，通过批单来明确新的约定，批单与原保险合同共同构成完整有效的保险合同，并且在效力上优于原合同相关条款。这些不同的形式各有其特点和适用范围，共同确保了保险合同的完整性、准确性和有效性，保障了保险双方的权益和保险市场的有序运行。

4.3　保险合同的订立与履行

4.3.1　保险合同的订立

保险合同的订立是一个双方协商并达成一致的过程，包括要约和承诺两个关键环节。

首先，投保人提出保险要求，即发出要约，表达希望与保险人订立保险合同的意愿，并提供相关信息。接着，保险人对投保人的要约进行审核。若同意承保，则作出承诺。在这个过程中，双方需就保险标的、保险责任、保险金额、保险费等核心内容进行明确和确认。投保人应如实告知相关情况，保险人也需清晰阐明保险条款。一旦保险人作出承诺，保险合同即告成立。需要注意的是，保险合同的订立还需遵循相关法律法规和行业规定，以确保合同的合法性、有效性和公正性。只有经过严谨的订立过程，保险合同才能真正保障双方的权益，促进保险交易的顺利进行。

1. 保险合同的订立程序

保险合同的订立程序，主要包括要约和承诺两个阶段。

（1）要约

要约是合同订立的重要环节之一。总结为，要约是一方当事人向另一方当事人发出的希望与其订立合同的意思表示。

它具有几个关键特征。首先，要约必须是明确具体的，包含了合同的主要条款和内容，使对方能清楚知晓其意图。其次，要约人要有受要约内容约束的意愿，表明其严肃认真的态度。要约可以通过多种方式作出，如书面文件、口头表达等。

要约在合同订立过程中起着启动和引导的作用。一旦受要约人作出承诺，双方就可能达成合同关系。如果要约不符合法定要求，可能导致合同无法成立。在商业活动和社会交往中，要约的运用广泛而重要，它确保了交易的有序进行和各方权益的平衡，是建立合法、有效合同关系的基础和前提。

它涉及到法律责任和后果，双方需要谨慎对待和处理，以保障自身利益和合同的顺利履行。

（2）承诺

承诺在保险合同订立程序中起着关键作用。

当保险人作出承诺时，意味着对投保人要约的认可。这是一个郑重的表示，代表着保险人愿意承担相应的保险责任。承诺的作出，需要经过谨慎的评估和审核，以确保保险人有能力履行。

承诺之后，双方就建立了一种具有法律约束力的关系。投保人基于此承诺而产生合理的期待，相信在约定的情况下能得到相应的保障和赔偿。保险人则需按照承诺的内容严格执行，不得随意更改或违背。

为了使承诺具有可靠性，保险人通常会有一系列的内部流程和决策机制。他们会仔细分析风险、评估投保人提供的信息等，以确保作出的承诺是基于充分的了解和合理的判断。如果保险人未能履行承诺，可能会面临法律责任和声誉损害。所以，承诺不仅是一个简单的回应，更是一种责任的担当和对投保人权益的保障，在保险合同订立程序中，具有极其重要的地位。

当保险人作出承诺后，保险合同即告成立。但在有些情况下，还需要投保人缴纳保险费。完成缴费后，保险合同才正式生效。

整个订立程序需要遵循相关法律法规和行业规范，以保障双方的合法权益，确保保险合同的公平性、有效性和合法性。

2. 保险合同的成立与生效

保险合同的成立与生效是两个重要且相关但又有所区别的概念。

保险合同的成立，意味着双方就保险相关事宜达成了一致意见，完成了要约和承诺等程序，合同在形式上已经确立。而保险合同的生效，则表示合同开始对双方产生实质性的法律效力，保险人要按照约定承担保险责任，投保人也要履行相应义务。

合同成立是生效的前提，但成立不一定立即生效。生效可能会受到多种因素影响，如是否缴纳保费、是否满足特定条件等。成立侧重于合同关系的确定，生效侧重于合同效力的开始。准确理解和区分两者对于保障投保人、保险人的权益以及规范保险市场秩序都非常重要。在实际中，要依据具体的保险合同条款和法律规定来判断合同何时成立与生效，以确保各方在保险活动中的权益得到妥善保障。

3. 保险合同的有效与无效

保险合同的有效与无效是对保险合同状态的重要界定。

（1）有效保险合同

当保险合同满足一系列法定和约定的条件时，它就是有效的。这包括合同主体具有相应的民事行为能力、投保人对保险标的具有保险利益、合同内容合法且符合保险原则、双方在订立过程中遵循了法定程序等。有效的保险合同对双方具有约束力，双方需按照合同约定履行各自的权利和义务，以保障被保险人或受益人的经济利益。

（2）无效保险合同

保险合同可能因为多种原因而无效。比如，投保人故意隐瞒重要事实或进行欺诈，导致保险人在不知情的情况下订立合同；或者合同内容违反法律的强制性规定；又或者合同主体不符合要求，如未成年人订立某些保险合同等。无效的保险合同自始不产生法律效力，双方无需履行其中的义务。如果一方因无效合同遭受损失，可能会根据过错程度要求另一方承担相应的赔偿责任。在保险实践中，准确认定保险合同的有效与无效对于维护保险市场秩序和当事人合法权益具有重要意义。

（3）效力未定保险合同

效力未定保险合同是一种特殊状态的保险合同。

这种合同处于一种不确定的效力状态，需要等待特定条件的成就或特定人的追认才能确定其最终效力。比如，限制民事行为能力人订立的保险合同，其效力就处于未定状态。若经过其法定代理人追认，则合同有效；若法定代理人拒绝追认，则合同无效。

效力未定保险合同的存在，主要是因为在某些情况下，合同的效力暂时无法明确判断。这可能涉及到主体资格、授权等方面的问题。在这种情况下，合同的效力有待进一步确定，以避免过早地对合同作出绝对的认定而可能带来不公平的结果。

它的出现提醒我们，在保险交易中，要特别注意合同订立的合法性和主体的适格性。同时，也为一些特殊情况下的合同处理提供了一种过渡和缓冲的机制，有助于更灵活地处理保险合同关系，保障各方的合法权益。

4.3.2 保险合同的履行

保险合同的履行是意味着保险双方按照合同约定，切实履行各自的权利和义务。投保人需按时缴纳保费、履行如实告知等义务；保险人则要在保险事故发生时，及时进行查勘、定损，依约进行赔偿或给付。

在履行过程中，双方都要秉持诚信原则。投保人应保证信息的真实性，保险人要公正、准确地处理各项事务。保险合同的履行，确保了投保人获得风险保障的预期，也体现了保险人的责任担当。

良好的履行能增强投保人对保险的信任，促进保险市场的健康发展。若出现履行不到位的情况，可能引发纠纷和争议，影响保险行业的声誉。为此，需要建立健全的监督和保障机制，确保双方严格按照合同约定行事，保障保险合同履行的顺畅和有效，使保险在保障社会经济稳定和人民生活方面发挥重要作用。

1. 当事人权利义务的履行

（1）投保人或被保险人权利义务的履行

投保人或被保险人的权利义务履行，主要包括以下方面。

权利方面。享有请求保险人支付保险金的权利，在保险事故发生符合约定时，可依法主张获得赔偿；有知悉保险合同条款内容的权利，保险人有义务进行清晰明确的解释说明；对保险合同变更等事项有一定的参与权和决定权。

义务方面。必须按照合同约定按时足额缴纳保险费，以维持保险合同的效力；要如实告知与保险标的相关的重要信息，不得故意隐瞒或欺诈；在保险事故发生后，有及时通知保险人的义务，以便保险人能及时进行处理；可能需要配合保险人进行调查、定损等工作，提供必要的资料和协助。

投保人或被保险人只有正确履行权利义务，才能保障自身权益，同时也确保保险合同的顺利履行和保险机制的有效运行。若未能恰当履行义务，可能会导致保险合同出现问题甚至失效，影响自身的保障效果。

（2）保险人权利义务的履行

权利方面。有权按照合同约定收取投保人缴纳的保险费；在投保人违反如实告知等义务时，有解除合同等权利。

义务方面。必须按照保险合同的约定，在保险事故发生时及时履行赔付义务，不得拖延或无理拒绝赔付；有对保险条款进行准确、清晰解释说明的义务，确保投保人或被保险人理解合同内容；应进行合理的核保工作，对保险标的的风险进行准确评估；在理赔过程中，有公正、客观处理的义务，遵循相关程序和规定；有义务对投保人或被保险人的信息进行保密。

还可能有提供相关服务和协助的义务。比如，在一些情况下，协助投保人进行风险防范等。保险人认真履行这些权利义务，是维护保险市场秩序和投保人、被保险人合法权益的重要保障。

2. 保险合同的变更

保险合同的变更是指在保险合同有效期内，对合同的某些内容进行调整和改变。

这通常包括投保人、被保险人、受益人的变更，保险标的的变更，保险金额、保险期限、保险责任等重要条款的变更。变更可能源于投保人自身情况的变化、保险标的状况的改变，或是基于双方协商等原因。

保险合同变更需要遵循一定的程序和规定，一般要经过投保人提出申请、保险人审核同意等环节。变更后的合同对双方具有约束力，双方需按照新的约定履行各自的权利和义务。准确理解和处理保险合同的变更，有助于更好地适应实际情况的变化，保障保险交易的顺利进行和当事人的权益。

3. 保险合同的中止

保险合同的中止是保险合同运行过程中的一种特殊状态。

简单而言，就是保险合同在生效后，由于某些特定原因而暂时停止效力。这些原因通常包括投保人未按时缴纳保费等。合同中止期间，保险人不再承担保险责任，但合同本身并未终止，仍有恢复效力的可能。一旦满足特定条件，如补缴保费等，合同可以恢复效力，继续履行。保险合同的中止是对合同效力的一种临时性调整，它既不同于合同的生效与履行，也不同于合同的终止，在保险实务中具有重要意义，需要投保人、被保险人及保险人妥善应对和处理。

4. 保险合同的终止

保险合同的终止，意味着合同效力的完全结束。

其原因多种多样。比如，保险期限届满且双方不再续约；投保人履行完所有缴费义务；保险标的的灭失；双方协商一致终止合同；或者投保人严重违反合同约定导致保险人解除合同等。合同终止后，保险人不再承担保险责任，双方基于此合同的权利义务关系也随之结束。这是保险合同运行过程中的一个重要节点，它标志着一段保险关系的正式结束，对于保险交易的确定性和稳定性有着重要影响，也涉及到各方利益的最终确定和了结。

4.4 保险合同的解释

4.4.1 文义解释的原则

文义解释的原则，主要是对保险合同条款进行最基本和直观的解读。

总结为，就是严格按照合同文本所使用的词句的通常意义，去理解和解释合同内容。它强调尊重合同文本的字面含义，以词句的普通、常规的理解为准，不做过度的引申或歪曲。这一原则确保了解释的客观性和确定性，避免主观随意性的解读导致合同含义的混乱。在保险合同的解释中，文义解释原则通常是首要遵循的。只有当文义解释出现歧义或无法合理适用时，才会考虑其他的解释方法和原则。

我国保险合同的文义解释，主要有以下两种情形。

一是对保险合同一般用语的解释，即按照通常的理解和语义来解释合同中常见的、一般性的词汇和表述，确保其符合大众普遍认知的含义。

二是对专业术语的特定解释，对于保险领域特有的专业术语，要依据保险行业的惯例、定义和相关规范来进行准确解读，不能简单按照日常用语的意思去理解，以体现保险合同的专业性和特殊性。

4.4.2 意图解释的原则

意图解释的原则，主要包括以下要点。

它旨在探寻当事人订立保险合同的真实意图。在解释合同时，要综合考虑合同的条款、签订的背景、当事人的行为等多方面因素，以推断出他们内心真正想要达成的目的和意愿。这一原则强调不能仅仅局限于合同文本的字面意思，而要深入挖掘背后的意图。特别是当文义解释可能导致不合理结果时，更要依据意图来进行合理阐释。同时，要结合当时的具体情境和行业惯例等进行全面分析，以尽可能准确地把握当事人的真实想法，使合同解释更符合公平合理的要求，保障当事人的合法权益。

4.4.3 专业解释的原则

当遇到具有特定专业领域含义的术语或条款时，应依据该专业领域的知识和标准来进行解释。比如，在保险合同中涉及保险专业的概念、规则等，不能以普通大众的理解来阐释，而要按照保险行业内公认的定义和解释来进行解读。这种原则确保了对专业内容的准确理解，避免因非专业解读而产生误解或歧义。同时，专业解释也需要考虑到合同的整体性和目的，不能脱离合同的其他部分，孤立地进行专业术语的解读，以保证解释结果的合理性和一致性，使保险合同在专业层面上得到正确的理解和执行。

4.4.4 有利于被保险人和受益人的解释原则

这一原则体现了对被保险人和受益人的倾斜保护。因为保险合同通常是由保险人制定的格式合同，被保险人和受益人在合同订立中往往处于相对弱势地位。在合同条款存在模糊、歧义或有多种解释可能时，优先选择对被保险人和受益人有利的解释，以保障他们的合法权益。

它有助于平衡保险双方的利益关系，防止保险人利用合同优势地位作出不利于被保险人和受益人的解释。这样能增强被保险人和受益人对保险的信任和安全感，促进保险行业的健康发展，确保保险真正发挥其保障和分担风险的作用。

4.5 保险合同的争议处理

4.5.1 协商

协商是保险合同争议处理中较为常见和基础的方式。

当保险合同出现争议时，双方当事人通过平等、友好的沟通和交流，尝试就争议问题达成一致意见。在协商过程中，双方可以充分表达各自的观点、诉求和理由，认真倾听对方的意见，共同探讨可能的解决方案。协商的优势在于其灵活性和高效性，可以避免繁琐的法律程序和时间成本，同时也有助于维护双方的合作关系。通过协商，双方有机会在相互理解和妥协的基础上找到一个双方都能接受的解决办法，从而及时化解争议，使保险合同的履行能够继续顺利进行。当然，协商也需要双方秉持诚意和理性，积极寻求共识。

4.5.2 调解

调解强调通过第三方的介入和协调，促使双方当事人相互协商、妥协，以达成和解。调解人可以是保险行业协会、仲裁机构或其他中立的第三方。

在调解过程中，调解人会听取双方的意见和诉求，分析争议的焦点和关键点，然后运用沟通技巧和专业知识，帮助双方寻找共同的利益点和解决方案。调解具有灵活性高、成本相对较低、能较好地维护双方关系等优点。

通过调解，双方有机会在相对平和的氛围中解决争议，避免了诉讼可能带来的时间、精力和金钱的消耗，同时也有助于维护保险行业的良好形象和稳定发展。例如，在一些保险纠纷中，经过调解，双方可能就赔偿金额或责任认定等问题达成一致，从而化解矛盾，实现案结事了。

4.5.3 仲裁

仲裁具有以下特点和优势。

专业性。仲裁机构通常由具有专业保险知识和经验的人员组成仲裁庭，能更准确地理解和处理保险相关争议。

高效性。相对诉讼而言，仲裁程序往往较为快捷，能及时解决争议，减少时间成本。

保密性。仲裁过程和结果一般是保密的，有助于保护当事人的商业秘密和隐私。

自主性。当事人可以自主选择仲裁机构、仲裁员以及仲裁规则，具有较大的自主性和灵活性。

终局性。仲裁裁决一般是终局的，对双方当事人具有约束力，减少了后续争议的可能。

在保险合同争议中，当事人可以根据事先约定或事后协商，一致选择仲裁来解决纠纷。通过仲裁庭的公正裁决来确定各方的权利和义务，维护自身合法权益。

4.5.4 诉讼

当通过协商等其他方式无法解决争议时，当事人可以向法院提起诉讼。在诉讼过程中，双方需依法提交证据、进行辩论等。法院会依据相关法律、保险合同的约定以及具体事实情况进行审理和裁决。

诉讼具有权威性和终局性，其判决结果对双方具有法律约束力。然而，诉讼也可能存在程序繁琐、时间较长、成本较高等缺点。

在诉讼中，当事人要充分准备证据，清晰阐述自己的观点和诉求，以争取有利的判决结果。同时，法院也会秉持公平、公正的原则，对保险合同争议进行客观、合理的裁决，以维护当事人的合法权益和保险市场的正常秩序。

【思政德育课堂】

基于保险合同视角的众包骑手理赔纠纷剖析

【思考题】

1. 保险合同中的免责条款，通常包括哪些内容？如何理解其合理性？
2. 举例说明，保险合同中特约条款的作用和意义。
3. 保险合同的成立与生效在时间上一定同步吗？为什么？
4. 在保险合同中，投保人、被保险人、受益人的关系是怎样的？
5. 如何判断一份保险合同中的保险责任是否清晰明确？
6. 保险合同变更需要满足哪些条件和程序？
7. 保险合同的解释原则在实际案例中是如何运用的？

万某保险索赔案：法律与合同的角力

第五章

保险与经济

学习目标

了解： 了解保险行业在国民经济中的地位和作用。

熟悉： 熟悉保险市场规模与经济发展水平的关系。

理解： 理解保险对促进经济稳定和增长的内在机制。

掌握： 掌握根据经济环境变化调整保险策略的能力。

5.1 金融体系中的保险

5.1.1 保险有助于资金融通

1. 保险属于金融中介

保险机构在经济活动中扮演着重要的中介角色。一方面，它将众多投保人的风险进行集中和管理，通过收取保费形成资金池，为可能发生的风险损失提供保障。另一方面，保险资金也会参与到各种投资活动中，在金融市场中起到资金融通的作用。

保险作为金融中介，有效地连接了投保人（风险承担者）和资本市场（资金运用场所）。它促进了资金在不同主体之间的流动和配置，使得风险得以分散和转移，为经济的稳定运行提供了支持。

例如，人寿保险为人们的生命和健康提供保障，同时将大量的保费资金进行投资；财产保险为企业和个人的财产提供保障，也在一定程度上影响着资金的分配。这种金融中介的功能使得保险成为金融体系中不可或缺的重要组成部分，对整个社会的经济和金融运行有着深远的影响。

2. 保险提高融资效率

首先，保险可以为企业和个人提供风险保障，降低他们面临风险时的不确定性，从而增强其进行投资和融资活动的信心，使资金更顺畅地流向有需求的地方，提高了资金配置的效率。

其次，保险资金本身是庞大的资金来源，通过合理的投资运用，能为资本市场提供稳定的长期资金，促进资本市场的活跃和发展，进而为企业等融资主体提供更好的融资环境，间接提高了融资效率。

最后，一些保险产品如信用保险等，可以帮助企业降低信用风险，提高其在信贷市场上获得融资的可能性和便利性，也在一定程度上提升了融资效率。

例如，一家企业购买了设备财产保险，就更有底气向银行申请贷款用于扩大生产，银行也因为有保险的保障而更愿意放贷，这样就提高了企业的融资效率；或者保险公司将资金投资于基础设施建设等项目，为这些项目提供了资金支持，加快了建设进度，也体现了对融资效率的提升作用。

3. 一种特殊的贷款—保单贷款

保单贷款是保险的一项特殊功能，它是指投保人可以将具有现金价值的保单作为质押，向保险公司申请贷款。这是一种独特的贷款形式，与传统贷款相比有其特殊性。

对于投保人而言，在不影响保险保障的前提下，能通过保单贷款获得一定的资金流动性，满足临时的资金需求。

其特殊性还在于，审批相对较快，手续较为简便，且利率通常也有一定的规定和限制。

例如，当投保人遇到短期资金周转困难时，可以利用自己持有的长期寿险保单申请贷款，快速获取资金以解燃眉之急，同时保单的保障功能依然有效。这种将保险与贷款相结合的方式，为投保人提供了一种灵活且相对便捷的融资途径，体现了保险在金融领域的独特性和多功能性。

5.1.2　保险有助于稳定金融体系

1. 银行体系的脆弱性需要保险弥补

银行体系由于自身的一些特点存在脆弱性，而保险在一定程度上可以起到弥补作用。银行体系面临着各种风险，如信用风险、流动性风险等。当经济环境波动或出现系统性风险时，银行可能面临大量不良贷款、资金紧张等问题。保险可以通过提供信用保险等产品，帮助银行降低信用风险，减少因借款人违约带来的损失。同时，保险资金也可以参与到银行的资本补充中，增强银行抵御风险的能力。例如，保险公司可以投资银行的优先股或次级债等，为银行提供稳定的资金支持。此外，一些针对银行操作风险、声誉风险等的保险产品，也能在一定程度上为银行提供额外的保障，降低潜在损失对银行体系的冲击。总之，保险的风险分担和保障功能能在一定程度上缓解银行体系的脆弱性，有助于维护金融体系的稳定和健康发展。

2. 存款保险制度

存款保险制度是金融安全网的重要组成部分。它明确规定了在银行破产等情况下，存款人能获得一定金额的补偿，这大大降低了存款人面临的风险，增强了他们对银行体系的信任。从宏观层面而言，它有利于维护金融体系的稳定。当个别银行出现危机时，不会轻易引发系统性的金融动荡，因为存款保险制度起到了“稳定器”的作用。

对于银行自身而言，一方面，虽然要缴纳保费增加了一定成本，但也促使它们更加注重风险管控，提升经营管理水平；另一方面，这一制度在一定程度上消除了存款人对小银行的担忧，有利于银行间的公平竞争。

在具体实施中，通常会设定一个最高赔付限额，在限额内给予全额赔付。不同国家和地区的存款保险制度在细节上会有所差异，但总体目标都是保障存款安全和金融稳定。

比如，在一些国家，存款保险机构会定期对银行进行风险评估和监测，及时发现潜在问题并采取措施，以更好地发挥存款保险制度的功效。同时，也会随着经济金融形势的变化不断调整和完善该制度，以适应新的需求和挑战。

3. 贷款保险

贷款保险，也就是贷款信用保险，确实具有重要意义。

它主要是为债权人（通常是贷款机构）提供保障，降低因债务人违约而导致的坏账风险。通过购买贷款信用保险，贷款机构可以在一定程度上转移信用风险，增强其抵御风险的能力。

对于贷款机构而言，有了这种保险作为后盾，可以更放心地开展贷款业务，尤其是对于一些高风险的贷款项目，能够增加其放贷的积极性，从而有利于促进资金的融通和经济的发展。同时，贷款信用保险也有助于维护金融市场的稳定。当个别债务人出现违约风险时，保险的赔付可以减轻对贷款机构的冲击，避免风险的连锁反应和扩散。

例如，在企业贷款中，贷款信用保险可以让银行等金融机构更有信心为一些新兴产业或中小微企业提供贷款，推动创新和经济活力的提升；或者在个人消费贷款领域，贷款信用保可以让贷款机构更安心地发放贷款，促进消费的增长。

5.1.3 金融创新—保险对其他金融工具的利用

保险通过让投保人预先支付保费，建立起一种风险保障机制，这与金融通过各种方式管理和分散风险的确有相似之处。两者都是为了应对不确定性带来的经济影响，保障人们的利益。

随着经济的发展，保险和金融的同质性使得它们的联系日益紧密。这种融合趋势不仅体现在保险利用金融工具拓宽经营，如保险资金来源和使用的证券化，还体现在其他诸多方面。

比如，保险产品的设计可能会参考金融市场的趋势和数据，以更好地满足客户需求和适应市场变化；金融机构也可能与保险公司合作，共同开发创新性的金融保险产品或服务；在风险管理方面，两者也可以相互借鉴方法和技术，提升整体的风险管理水平。

这种融合为金融和保险行业都带来了新的机遇和挑战，促使它们不断创新和发展，以更好地服务于经济社会和广大消费者。

1. 保险资金来源的证券化

保险资金来源的证券化是指将保险公司的资金来源，如保费、资本金等，通过证券化的方式转化为可交易的金融证券。这种证券化的过程可以增加保险资金的流动性，提高资金的使用效率，同时也为投资者提供了更多的投资选择。

保险资金来源的证券化，主要包括以下几种形式。

抵押贷款支持证券：是指将抵押贷款组合起来，形成一个资产池，然后将这些资产证券化，发行抵押贷款支持证券。这些证券可以在资本市场上交易，为投资者提供了一种投资于抵押贷款市场的方式。

寿险保单贷款证券：是指将寿险保单的现金价值作为抵押，发行证券化产品。这种证券化可以帮助保险公司更好地管理保单贷款风险，同时也为投资者提供了一种投资于寿险市场的方式。

巨灾债券：是指保险公司可以通过发行巨灾债券来筹集资金，以应对可能发生的巨灾风险。这些债券的收益与特定的巨灾事件相关联，如果巨灾事件发生，投资者将面临损失。

总的而言，保险资金来源的证券化为保险市场和资本市场的融合提供了新的途径，有助于提高保险市场的效率和稳定性。

2. 保险资产的证券化

当保单所有者需要资金时，一是以保单作质押向银行或其他金融机构取得贷款；二是根据保单从保险公司获得贷款，即保单贷款。这为他们提供了一定的资金融通灵活性。

而保单贷款在保险公司资产负债表上作为资产，当面临现金流量问题时将其证券化是一种有效的解决方式。因为保单贷款有明确的本金和利息所构成的未来现金流量，具备证券化的基础条件。

保单贷款证券化带来的好处很明显，它能显著缓解保险公司的现金压力。这确实也是推动资产证券化发展的一个重要因素，通过这种方式，保险公司能够更好地优化资金配置，增强自身的流动性和稳定性。

比如，在实际情况中，当保险公司大量的保单贷款被证券化后，能迅速变现，获得资金用于其他业务的开展或应对可能的风险。而且，这种证券化产品也可以为投资者提供新的投资渠道，实现金融资源的更有效配置。资产证券化的这一主要推动力促使金融领域不断创新和发展，以适应市场的变化和需求。

5.1.4 保险资金是金融市场一大支柱

保险公司作为重要的机构投资者，其保险资金尤其是寿险资金的特点，使其成为金融市场长期资金的关键来源。通过观察两个比重的变化：一是保险公司股票投资占股票市场总市值的比重；二是股票投资在保险资金投资中的比重。能直观地了解到保险公司在股票市场等领域的影响力和参与度。

保险公司可运用资金的两个来源明确其资金构成基础。一是资本金，由股东认缴；二是准备金，它是保险公司为了保障被保险人的利益，从收取的保费或利润中按期按比例提取的资金。

保险资金具有规模大、稳定性强、期限长的独特优势，这与资本市场对资金的需求高度契合。这就使得保险资金必然会在资本市场中发挥重要作用，成为不可或缺的资金来源。

例如，随着保险业务的不断发展壮大，其聚集的资金量持续增加，能为资本市场提供大量稳定的长期资金支持，促进资本市场的繁荣和稳定。同时，保险公司也能通过在资本市场的运作，实现资金的保值增值，更好地服务于自身业务发展和客户利益保障。这种相互促进和依存的关系，推动着保险行业与资本市场的协同发展。

5.1.5 金融服务一体化

金融中介机构指的是那些把资金提供者与使用者相互联系起来的公司或者其他经营主体。它们所提供的产品乃是无形的金融服务，涵盖了像资金融通、对风险进行评估、开展金融咨询以及信托等诸多业务。

通常而言，传统的金融企业大致可以划分成三类，即商业银行、投资银行以及保险公司。除此之外，还有如基金以及信贷协会等若干种专业的金融中介机构。其中，商业银行主要的职责就是吸收存款，然后把这些存款用于个人贷款以及商业贷款等方面；而投资银行则是专注于从事资本市场相关业务的金融机构。

当某一种金融机构长期运用的金融工具以及服务被另外一种金融机构所采用的时候，那么就形成了所谓的金融服务一体化。

5.2 保险与财政

5.2.1 保险、财政在灾害损失补偿方面相互补充

保险和财政在灾害损失补偿方面的确是相互补充的。

保险作为一种市场化的风险分担机制，通过投保人缴纳保费，在灾害发生时为被保险人提供一定程度的经济补偿。它能在一定范围内对受灾个体和企业提供相对及时和有针对性的资金支持，帮助其恢复生产生活。然而，保险可能存在覆盖范围有限、保障程度不足等情况。

财政则可以通过财政拨款、专项救助资金等方式，在大规模灾害发生后，发挥兜底作用。财政可以对超出保险覆盖范围的损失，或者在一些特殊情况下，给予额外的补助和支持，以保障社会的稳定和受灾群众的基本权益。财政的介入能弥补保险可能存在的漏洞和不足。

例如，在重大自然灾害后，保险公司会依据保险合同进行理赔。但对于一些基础设施的重建、受灾群众的基本生活保障等方面，财政会投入大量资金来确保整体的恢复和稳定。两者相互配合，共同为减轻灾害损失、促进经济社会稳定发展发挥重要作用。

1. 灾害救济补偿分析

如今，灾害救济已然构建起了一套完备的制度。总的而言，包含这些要点。其一，对于受灾的社会成员予以救灾补偿属于政府的一项关键职责所在；其二，财政救济的实力会伴随财政收入的增多而持续提升；其三，救灾补偿会极大程度上受到年度灾害发生状况的影响，并且和年度灾害的大小呈现出正相关的关系；其四，相比灾害所导致的损失，政府的救灾补偿是极为有限的，所以还需要有其他的补偿路径。

2. 商业保险补偿分析

商业保险针对灾害的补偿，主要体现在财产保险里的赔款支出以及人身保险中的死伤医疗给付方面。

商业保险补偿具备这两个特点。其一，其补偿程度由投保者的投保金额以及保险责任来决定；其二，在不同险种之间，商业保险补偿存在极大差异。

相较于财政及其他补偿方式，商业保险补偿具有显著的优越性。首先，商业保险能汇聚全社会的力量来对灾害损失予以补偿，其实力远比政府和其他组织强大得多。其次，商业保险能够适应灾害不平衡发生的规律，具备自我调节和自我平衡的功能。最后，商业保

险可以将灾害损失的风险在全国乃至全球范围内进行分散。在发达国家，对灾害损失的补偿基本都是以商业保险作为主体来开展的，包括中国在内的许多发展中国家随着商业保险的迅猛发展，也正在朝着这个方向迈进。

5.2.2 社会保险与财政的关系

社会保险与财政有着密切且复杂的关系。

1. 财政对社会保险的支持

资金补助：财政可能会为社会保险提供一定的资金补贴，以确保社会保险体系的正常运转，特别是在一些情况下弥补社会保险资金的不足。

兜底保障：在社会保险面临较大支付压力或出现特殊情况时，财政起到兜底作用，保障参保人员的基本权益。

2. 社会保险对财政的影响

减轻财政负担：通过社会保险对社会成员的保障，在一定程度上可以减少人们对财政直接救助的依赖，间接减轻财政在相关方面的支出压力。

财政规划考虑：财政在制定预算和政策规划时，需要充分考虑社会保险的收支状况和发展趋势，以做出合理的安排。

相互配合与协调：两者需要相互配合，共同致力于社会稳定和民生保障。财政的支持力度和政策导向会影响社会保险的发展，而社会保险的运行效果也会对财政的可持续性产生作用。例如，在推动社会保险制度改革时，需要财政政策的协同配合，以实现更好的效果。同时，在财政收支面临压力时，社会保险的合理规划和调整也有助于减轻财政压力。

5.2.3 财政对保险的支持作用

财政对保险具有多方面的支持作用，具体如下。

保费补贴：对一些具有社会公益性质或关乎国计民生的保险险种，如农业保险、巨灾保险等，财政给予一定比例的保费补贴，降低投保人的负担，从而提高参保率和保障范围。

风险兜底：在某些重大风险事件发生后，当保险赔付面临巨大压力时，财政可能会提供额外资金来分担风险，确保保险机构能够履行赔付责任。

政策引导：通过制定相关财政政策，引导保险资金投向特定领域或项目，促进经济发展和社会建设。例如，鼓励保险资金参与基础设施建设等。

税收优惠：给予保险行业一定的税收减免或优惠政策。如降低保险企业的所得税税率等，以促进保险行业的健康发展，增强其服务能力和竞争力。

再保险支持：财政可以通过参与或支持再保险机制的建立和运行，帮助保险行业分散风险，提高整个保险体系的稳定性。

科研与人才培养支持：投入财政资金支持保险相关的科研项目，培养专业人才，推动保险行业的技术创新和发展。

5.3 保险与宏观经济

5.3.1 经济发展水平对保险的影响

保险的发展程度和经济发展水平之间存在着紧密的关联。生产力的发展将会引发风险结构出现改变，进而致使人们对于保险的需求产生变化。

需求层面。

随着经济发展水平的提高，人们的收入增加，会有更强的经济实力和意愿购买保险，以保障自身和财产安全，从而刺激保险需求的增长。

经济发展会带来消费观念的转变，人们对风险防范意识增强，对保险的认可度和接受度也会相应提高。

供给层面。

较高的经济发展水平能为保险行业提供更充裕的资金支持，促进保险公司的发展壮大，提升其承保能力和服务质量。

有利于吸引更多的资本进入保险领域，推动行业的创新和发展，丰富保险产品和服务的种类。

产业结构调整：经济发展过程中的产业结构变化，会产生新的风险点和保障需求，促使保险行业不断适应和调整，开发相应的保险产品。

法规政策完善：经济发展往往伴随着法律法规和监管政策的不断完善，为保险行业营造更加规范、公平的市场环境，保障其健康有序发展。

科技应用：经济发展推动科技进步，保险行业可以借助先进的技术手段。如大数据、人工智能等，提升运营效率、精准定价和风险管理能力。

例如，在发达国家，由于经济发展水平较高，保险市场通常较为成熟和活跃，保险深度和密度也较大；而在经济相对落后的地区，保险市场可能处于起步或发展阶段，保险业务的开展和推广会受到一定限制。

5.3.2 通货膨胀对保险的影响

保险产品定价：可能导致保险产品在定价时需要重新考量成本因素，以应对未来可能因通货膨胀导致的赔付成本上升。

保额实际价值：会使固定保额的实际购买力下降。例如，原本设定的保额在通货膨胀后可能无法充分覆盖实际损失。

保险投资收益：影响保险资金的投资收益。如果通货膨胀率较高，而保险资金投资回报未能相应提高，可能会降低保险资金的实际增值效果。

保费缴纳压力：投保人可能会因为通货膨胀导致生活成本增加，而感受到缴纳保费的压力增大。

长期保险合同：对于长期保险合同而言，通货膨胀可能在较长时间内持续对保险的保障效果和财务状况产生影响。

比如，在高通货膨胀时期，一些投保人可能会觉得保险的性价比降低，或者保险公司可能需要对一些长期寿险等产品的条款进行调整以适应变化。同时，保险公司在投资决策上也需要更加谨慎地考虑通货膨胀因素，以确保资金的保值增值。

5.3.3 通货紧缩对保险的影响

通货紧缩对保险的影响包括以下几点。保费负担相对减轻。在通货紧缩时，物价普遍下降，人们用于生活的支出可能减少，相对而言，缴纳保费的负担可能感觉不那么重。

保险产品吸引力。可能会使一些人更愿意购买保险来保障财富，因为货币相对更“值钱”，保险在一定程度上能锁定价值。

保额实际价值可能相对提升。由于通货紧缩，固定的保额在实际使用时可能显得更有价值。

投资收益面临挑战。保险公司的投资收益可能会受到影响，因为整体经济环境中投资机会减少，资产价格下降，可能导致保险资金的增值空间变小。

定价调整压力。保险公司可能需要重新评估产品定价，以适应通货紧缩带来的变化。

理赔成本变化。一些与物价相关的理赔成本可能会有所降低，但也可能引发新的风险因素和理赔争议。

例如，在通货紧缩时期，保险公司的投资组合可能面临资产减值的风险，这会影响到其财务稳定性和对客户的赔付能力。同时，消费者可能会对保险产品的性价比有更高的要求和更细致的考量。

5.3.4 保险与对外贸易

保险与对外贸易有着密切的联系，具体如下。

风险保障：在对外贸易中，面临着诸多风险。如运输风险、信用风险等。保险可以为贸易方提供保障，降低因风险带来的损失，使贸易活动能够更顺利地开展。

促进贸易达成：有了可靠的保险安排，买卖双方在交易时会更有信心，有助于促进贸易合同的达成。

融资支持：一些保险产品，如出口信用保险，能够帮助企业获得银行的融资支持，增强企业的资金流动性，从而更好地开展对外贸易。

国际规则遵循：对外贸易通常需要遵循国际保险规则和惯例，保险在这方面起到了规范和协调的作用。

稳定贸易秩序：通过对风险的管理和补偿，保险有助于维持对外贸易的正常秩序，减少因意外事件导致的贸易纠纷和动荡。

比如，出口企业购买货物运输保险，能在货物遭受损失时获得赔偿，减少损失；进口商购买信用保险，可以在出口商违约时得到补偿，保障自身利益。这些都对对外贸易的稳定和发展起到了重要作用。

【思政德育课堂】

保险与财政的协同应对：中国人寿财险巨灾赔付案例解析

【思考题】

1. 保险行业的发展与宏观经济周期有怎样的关联？
2. 保险如何促进消费，举例说明，其在经济增长中的作用。
3. 分析保险在支持企业风险管理方面对经济的积极影响。
4. 探讨保险资金的投资对资本市场的影响是怎样的？
5. 如何看待保险对科技创新的保障和推动作用？
6. 保险与区域经济发展的相互关系是怎样体现的？
7. 研究保险在应对经济危机时的作用和表现。

保险助力下的宿迁农业经济：人保财险案例剖析

第六章

商业保险之一——财产保险

学习目标

了解： 了解财产保险的主要险种及其大致保障范围。

熟悉： 熟悉财产保险合同的基本条款和格式。

理解： 明白财产保险对于企业和个人财产安全的重要意义。

掌握： 能准确计算财产保险的保费和赔偿金额。

6.1 财产保险概述

6.1.1 财产保险的概念与业务体系

1. 财产保险概念的界定

财产保险概念的界定可以从以下几个方面来理解。

财产保险是以财产及其有关利益为保险标的的保险。它主要是对由于自然灾害、意外事故或其他特定风险导致的财产损失进行赔偿。

具体而言，财产保险所涵盖的财产包括有形财产。如房屋、车辆、设备、货物等，也包括无形财产的相关利益。比如，因财产损失可能导致的利润损失、租金损失等。

其目的是通过收取保费形成保险基金，在被保险人的财产遭受约定的风险损害时，依据保险合同给予经济补偿，帮助被保险人恢复财产原状或弥补经济损失，以保障社会再生产的持续进行和人们生活的安定。

财产保险可以按照不同的标准进行分类。如按照保险标的可分为火灾保险、运输工具保险、工程保险等；按照保险责任范围可分为基本险、综合险等。

它在经济社会中发挥着重要作用。如分散风险、提供经济保障、促进风险管理水平提升等。

例如，企业为其固定资产购买财产保险。当发生火灾等灾害使这些资产受损时，保险公司会按照合同约定进行赔偿；个人为自己的汽车购买保险，在发生交通事故导致车辆损坏时也能得到相应赔偿。

2. 财产保险的业务体系

财产保险体系于第一层次的业务结构，一般会被划分成三个主要部分。

其一为财产损失保险。财产损失保险指的是以承担保险客户的财产物资损失风险作为内容的各类保险业务的总括，是财产保险既传统又最为广泛的业务来源。

其二是责任保险。责任保险是以保险客户的各种民事法律风险作为承保对象，是一种伴随法律制度持续完善而逐步发展起来的保险业务。

其三是其他的商业性财产保险。除了财产损失保险和责任保险之外，还存在一些归属于商业性财产保险的保险业务。

6.1.2 财产保险的特征

1. 保险标的具有多样性

在财产保险业务中，其承保范围十分广泛，除了不涉及自然人的身体与生命方面的危险保险业务之外，它可以说包容了众多差异显著的财产物资。比如，形形色色的有形资产等。同时，也涵盖了诸如各种民事法律危险以及商业信用危险等各类风险情况。

2. 赔偿遵循损失补偿原则

保险人开展各种各样的财产保险业务，这也就意味着其需要承担起对保险客户保险利益遭受损失时的赔偿责任。当保险事件出现之后，财产保险非常注重损失补偿原则，着重强调保险人必须严格按照保险合同的规定切实履行赔偿义务。与此同时，也不允许被保险人通过保险来获取额外的利益。也正因为如此，财产保险不仅适用于代位追偿原则，而且还适用于重复保险损失分摊原则以及损余折抵赔款等一系列原则。

3. 经营内容具有复杂性

其复杂性的特点，主要体现在这些方面。首先，投保对象以及承保标的是极为复杂的，不同的投保对象有着各自的特点和需求，而承保标的也是各式各样，涵盖了众多不同类型的财产等。其次，承保过程以及承保技术十分复杂，从风险评估到合同签订，再到后续的理赔等一系列环节，都需要专业且细致的操作，同时涉及到诸多专业技术和知识。最后，危险管理也是相当复杂的，要准确识别各种潜在风险，制定合理的风险管理策略，并不断进行调整和优化。

4. 单个保险关系具有不等性

保险人在运作每一笔财产保险业务的时候，所收取的保险费和实际支付的保险赔款事实上并不是等价的。也就是说，保险费的收取和赔款的支付之间存在差异。这种单个保险关系在经济价值支付方面的不等性，成为了财产保险总量关系能够实现等价性的实际基础和先决条件。正是因为众多单个不等关系的综合，才使得在总体上呈现出一种等价的态势。

6.2 火灾保险

6.2.1 火灾保险概述

1. 火灾保险及其发展

火灾保险是一种传统的、独立的保险业务，它以存放在固定场所并处于相对静止状态的财产物资为保险标的，由保险人承担保险财产遭受保险事故损失的经济赔偿责任。以下是关于火灾保险的一些信息。

发展历程。

起源。火灾保险的起源可以追溯到 17 世纪中叶，当时德国汉堡市的酿造业者为了筹集重建被烧毁的造酒厂的资金，成立了火灾合作社。

发展。1666 年伦敦大火后，现代形式的火灾保险逐渐发展起来。18 世纪末到 19 世纪中期，随着工业革命的完成，物质财富大量增加和集中，对火灾保险的需求变得更为迫切。

现状。目前，火灾保险已成为承保多种标的和风险的财产保险，其适用范围和保险责任已经超出了历史上传统的火灾保险范畴。

保险责任。火灾保险的保险责任，通常包括火灾及相关危险、各种自然灾害、有关意外事故和施救费用等。

基本特点。保险标的：火灾保险的保险标的是陆上处于相对静止状态条件下的各种财产物资。

承保地址。火灾保险承保财产的存放地址是固定的，被保险人不得随意变动。

危险广泛。火灾保险危险相当广泛，不仅包括各种自然灾害与多种意外事故，还可以附加有关责任保险或信用保险等。

适用范围。火灾保险的适用范围广泛，各种企业、团体及机关单位均可投保团体火灾保险，所有的城乡居民家庭和个人均可投保家庭财产保险。

主要险种。火灾保险主要包括财产保险基本险、财产保险综合险和家庭财产保险等。

总之，火灾保险在保障人们的财产安全方面发挥着重要作用。随着社会的发展和人们对风险防范意识的提高，火灾保险的需求也在不断增加。同时，保险公司也在不断创新和完善火灾保险产品，以满足人们日益多样化的需求。

2. 火灾保险的基本特点

火灾保险的基本特点包括：标的相对静止、承保地址固定、危险广泛。

以下是对火灾保险基本特点的详细阐述：

标的相对静止：火灾保险的保险标的，通常是陆上处于相对静止状态条件下的各种财产物资，区别于动态的标的。

承保地址固定：其承保财产的存放地址是明确且固定的，被保险人一般不能随意变动。

危险广泛：涵盖了包括火灾在内的各种自然灾害与多种意外事故，还能附加相关责任保险或信用保险等。

6.2.2 团体火灾保险

团体火灾保险指的是以企业以及其他各类法人团体作为保险对象的一种火灾保险形式。在整个火灾保险领域中，团体火灾保险占据着相当重要的地位，它是火灾保险非常主要的业务来源之一。具体而言，这种保险主要面向企业、事业单位、社会团体等各种法人组织，为它们的财产在面临火灾风险以及相关风险时提供保障。由于企业和法人团体通常拥有大量的固定资产和生产资料，其面临的火灾风险较高，对火灾保险的需求也较为迫切，所以团体火灾保险在整个保险市场中具有举足轻重的地位，为火灾保险业务的开展提供了重要的支撑和推动力量。

1. 可保标的与不保标的

团体火灾保险的保险标的所涉及的是各种各样的财产物资，然而，并不是所有的财产物资都能成为团体火灾保险的保险标的。实际上，保险人的承保范围是能通过明确划分为可保财产、特约可保财产以及不保财产这样的方式来充分体现的。

关于可保财产。但凡属于被保险人自己拥有或者是与他人共同拥有且由被保险人负责的财产，还有那些由被保险人进行经营管理或者是替他人保管的财产，以及具备其他在法律上被承认的与被保险人存在经济利害关系的财产，并且是处于、放置或者存放于保险单所明确记载的地址的下列这些财产，都属于可保财产的范畴。具体而言，比如，企业的生产设备、原材料、成品等，办公场所的办公用具、文件资料等，仓库中的存货等都在此列。

对于特约可保财产。所谓的特约可保财产指的是必须要经过保险双方进行特别的约定，并且在保险单上清晰地记载下来才能成为保险标的的财产。这里所说的特别约定，包含两层具体的含义。其一，就是取消掉保险单中对于该特约可保财产的除外不保这种规定；其二，就是将该项目纳入到可保财产的范围之内。比如，一些珍贵的艺术品、稀有文物等，经过特别约定后也可以成为保险标的。

2. 保险金额的确定

保险金额指的是当保险人对被保险人的保险财产出现遭受损失的情况时，负责进行赔偿的最高额度，同时它也是投保人缴纳保费的重要依据。对于法人团体所投保标的的保险金额，在通常情况下都是以账面作为基础来予以确定的。但由于财产的种类存在差异，所以其计算的方式也会有所不同。

关于固定资产的保险金额。固定资产是法人单位，特别是企业进行生产经营的极为重要的物质基础，因此它在团体火灾保险当中属于主要的内容。在团体火灾保险中，保险金额的确定，可以通过以下三种各不相同的方式来进行。

（1）按照账面原值来进行投保，也就是以资产最初入账时的价值为依据。

（2）按照重置重建价值来投保，即考虑重新购置或重建该项资产所需的费用。

（3）按照投保时的实际价值通过协议的方式来进行投保，这需要保险双方根据实际情况协商确定保险金额。

对于流动资产的保险金额，保险人一般会提供两种保险金额的确定方式供被保险人去选择，具体如下。

（1）依据被保险人物化流动资产在最近 12 个月的平均账面余额来进行投保，这样能较为均衡地反映资产的价值情况。

（2）按照被保险人物化流动资产的最近账面余额来投保，这能体现出资产在当下的一个价值水平。

3. 保险费率的厘定

保险费率的厘定通常需要考虑多方面因素，具体如下。

首先是风险因素，包括保险标的面临的火灾风险大小、建筑物的结构和防火性能、所处地理位置的火灾隐患程度等。风险越高，费率通常也会相应提高。

其次是被保险人的自身情况。如企业的安全管理水平、消防设施配备情况、以往的出险记录等。管理规范、消防设施完善且无不良出险记录的，费率可能相对较低。

再次，行业特点也会影响费率，不同行业发生火灾的概率和损失程度可能不同。经济环境和市场竞争状况也会对费率厘定产生一定作用。在经济形势较好时，费率可能相对稳定；而激烈的市场竞争，可能促使保险公司适度调整费率以吸引客户。

最后，保险条款的规定、保险期限的长短等也会与费率厘定相关。保险公司会综合权衡这些因素，运用精算等方法来合理确定保险费率，以确保保费收入能够覆盖可能的赔付支出，并实现自身的盈利和可持续发展。同时，监管部门也会对费率厘定进行监督和规范，以保障投保人的合法权益。

4. 保险责任范围的确定

在确定保险责任范围时，首先会明确包括各类火灾情况。如因明火、高温、电气原因等引发的火灾导致的财产损失。

除了火灾本身，通常还涵盖一些自然灾害。比如，雷击、暴雨、洪水等对保险标的造成的损害。

意外事故也是重要部分，像爆炸、空中运行物体坠落等意外情况引发的损失，也在保险责任之内。

同时，对于施救过程中的合理费用支出。如灭火产生的费用、抢救物资的费用等，也可能包含在责任范围内。

在具体确定时，要依据保险合同的约定条款，对不同类型的财产损失情形进行详细规定和说明。

此外，还会明确一些除外责任，即哪些情况不属于保险责任。比如，投保人的故意行为导致的损失、战争等不可抗力因素造成的损失等。

通过综合考虑这些方面，来精准界定保险责任范围，以保障被保险人在约定的风险情形下能够获得相应的经济补偿。同时，也避免因责任范围不清晰而导致的纠纷和争议，确保保险活动的公平性和有效性。

5. 赔偿计算方法

一般而言，赔偿计算会根据保险金额、实际损失以及保险合同约定的其他条件来综合确定。

如果是足额保险，即在保险金额与保险标的实际价值相等的情况下，当发生保险事故导致损失时，通常按照实际损失进行赔偿。

如果是不足额保险，即保险金额低于保险标的实际价值，那么赔偿金额会按照保险金额与保险标的实际价值的比例乘以实际损失来计算。例如，保险标的实际价值为 100 万元，保险金额为 80 万元，实际损失为 50 万元，那么赔偿金额为 $80/100\times50=40$ 万元。

对于部分损失，可能会根据具体的损失程度和定损情况来计算赔偿。

有些情况下，还可能会考虑免赔额或免赔率的因素。如果有免赔额，那么在计算赔偿时需要先扣除免赔额部分；如果有免赔率，则会按照损失金额乘以（1-免赔率）来计算赔偿。

同时，对于一些特殊情况，如施救费用等，也会有相应的赔偿规定和计算方式。保险公司会根据具体的保险合同条款，结合实际的损失情况和相关因素，准确计算出应给予的赔偿金额。

不同的保险公司和保险产品在赔偿计算方法上可能会存在一定差异，但总体原则是在保障被保险人利益的同时，遵循保险合同的约定和相关法律法规。

6. 团体火灾保险险种

基本团体火灾保险：这是最基础的险种，主要针对火灾以及一些相关风险导致的财产损失提供保障。

综合团体火灾保险：除了火灾风险外，还涵盖了更多种类的风险。如爆炸、雷击、洪水等自然灾害以及一些意外事故造成的财产损失。

附加险种如下。

施救费用附加险：对在施救保险标的过程中产生的合理费用进行补偿。

盗抢附加险：当保险标的遭遇盗抢等情况时给予赔偿。

水渍险附加险：针对因水湿、水淹等造成的损失提供保障。

行业专属团体火灾保险：根据不同行业的特点和风险状况定制的险种。比如，针对工业企业的团体火灾保险、针对商业企业的团体火灾保险等。

特定标的团体火灾保险：例如，针对重要设备、珍贵文物等特定财产的团体火灾保险。

不同的团体火灾保险险种在保障范围、保险条款、费率等方面都可能存在差异，投保人可以根据自身的实际需求和风险状况进行选择和组合。

6.2.3　家庭财产保险

1. 家庭财产保险及其基本特征

家庭财产保险是以城乡居民的家庭财产为保险标的的保险，具有适用范围广泛、保险标的多样化、保险金额确定灵活、强调保险标的坐落地点等基本特征。

家庭财产保险是一种针对家庭财产提供保障的保险类型。

其基本特征包括以下几点。

适用范围广泛：面向各类城乡居民家庭。

保险标的多样化：涵盖房屋及附属设备、室内装潢、室内财产等。

保险金额确定灵活：可根据家庭财产实际价值等因素来确定。

强调保险标的坐落地点：因为不同地区风险状况不同。

保险期限较短：通常为一年。

保费相对较低：以适应大众的消费能力。

注重风险防范：通过保险条款引导被保险人加强安全管理。

2. 普通家庭财产保险

家庭财产保险是以城乡居民的家庭财产为保险标的的保险，具有适用范围广泛、保险标的多样化、保险金额确定灵活、强调保险标的坐落地点等基本特征。

家庭财产保险是一种针对家庭财产提供保障的保险类型。其基本特征包括以下几点。

适用范围广泛：面向各类城乡居民家庭。

保险标的多样化：涵盖房屋及附属设备、室内装潢、室内财产等。

保险金额确定灵活：可根据家庭财产实际价值等因素来确定。

强调保险标的坐落地点：因为不同地区风险状况不同。

保险期限较短：通常为一年。

保费相对较低：以适应大众的消费能力。

注重风险防范：通过保险条款引导被保险人加强安全管理。

3. 还本家庭财产保险

还本家庭财产保险是一种具有经济补偿和到期还本性质的险种。它是在普通家庭财产保险的基础上产生的，具有利息抵充保险费、定期还本、保险期限多样化等特征。

被保险人交纳保险储金后，保险人将储金存入银行作为定期储蓄，储蓄利息作为保险费。保险期满时，无论在保险期内是否发生赔付，保险人都会将保险储金全额返还给投保人。

这种保险的特点是，投保人在获得保障的同时，还可以收回本金。但需要注意的是，具体的保险责任、保险金额、保险期限等内容，可能因保险公司和产品而异。在购买还本家庭财产保险时，建议仔细阅读保险条款，了解保险责任和免责范围等内容。

4. 其他家庭财产保险

其他家庭财产保险是指除了普通家庭财产保险、家庭财产两全保险、住宅及宅内财产保险、团体家庭财产保险和家财险附加盗窃险之外的家庭财产保险类型。

这些保险类型可能具有特定的保障范围、保险期限、保险金额和保险费等条款。以下是一些可能的其他家庭财产保险类型。

消费型家庭财产保险：保费较低，保险期满后，若未出险，所缴纳的保险费不退还。

储蓄型家庭财产保险：兼顾储蓄和保障双重功能，保险期满时，无论在保险期内是否发生赔付，保险公司会在期末按约定利率返还本息。

组合型家庭财产保险：既能保财产又保人身的组合家财险。

在选择家庭财产保险时，建议你仔细阅读保险条款，了解保险责任和免责范围等内容，并根据自己的实际需求和经济状况选择适合的保险产品。同时，也可以咨询保险公司或保险代理人，获取更详细和专业的建议。

5. 附加盗窃险

附加盗窃险是在家财险主险的基础上，专门以被保险人可能遇到的盗窃风险为承保责任，并由保险人承担被盗财产损失的一个附加险种。虽然它不能作为独立业务承保，但因盗窃是家庭财产面临的主要风险，所以成为多数家庭投保时必然选择的保险。

保险人在经营附加盗窃险业务时，需要注意以下几点。

盗窃责任：存放在保险地址室内的被保险财产，因遭受外来的、有明显痕迹的盗窃损失，包括被盗财产和被砸坏的财产等均由保险人负责。

责任免除：被保险人及其家庭成员、服务人员、寄居人员的盗窃或纵容他人盗窃所致的被保险财产损失，保险人不负责任。

理赔条件：被保险人在遭受保险责任范围内的盗窃损失后，应保护好现场，并及时向当地公安机关报案，在24小时内报告保险人。取得公安部门的证明且经过3个月等待期仍然未破案，是被保险人向保险人索赔被盗财产损失的重要条件。

赔款处理：赔款后破案追回的被保险财产，应归保险人所有。如果被保险人愿意收回失盗财产，应退回其已经获得的保险赔款，保险人则对被追回的失窃财产的损毁部分按实际损失或维修费用负责赔偿。

需要注意的是，具体的保险责任、保险金额、保险期限等内容，可能因保险公司和产品而异。在购买附加盗窃险时，建议仔细阅读保险条款，了解保险责任和免责范围等内容。同时，要注意保护好现场，并及时向公安机关报案和通知保险人，以确保能够顺利获得赔偿。

6.3　运输保险

6.3.1　运输保险概述

1. 运输业与运输保险

运输业是指使用运输工具将货物或旅客从一个地点运送到另一个地点的行业。它是国民经济的重要组成部分，对于促进经济发展、加强地区间联系和保障人民生活具有重要意义。

运输保险则是针对运输过程中货物可能遭受的风险而设立的保险类型。

在运输过程中，货物可能会面临各种风险。如自然灾害导致的损失、运输工具发生事故导致的损坏或丢失、盗窃抢劫等人为风险等。运输保险的作用就是为这些风险提供保障。当货物在运输途中发生保险范围内的损失时，保险人会按照保险合同的约定给予赔偿。

运输保险的主要特点包括以下几点。

保障范围广：涵盖运输过程中的各种潜在风险。

与运输方式密切相关：不同的运输方式有不同的保险条款和费率。

国际性强：因为国际贸易中货物运输涉及跨国运输，保险往往也具有国际性。

运输保险的存在，有助于保障运输企业和货主的利益，降低运输风险带来的经济损失，促进运输业的健康稳定发展。同时，也为国际贸易和经济交流提供了重要的支持和保障。

2. 运输保险的分类

机动车辆保险。它主要是针对各种各样的机动车辆，在其于陆上进行营运的整个过程中，可能会碰到的关于自身产生损失的危险情况，以及还有可能引发的对于第三者应负的责任危险，都在其保障范围之内。

船舶保险。它所负责承保的是各类船舶，无论是在内河还是在广阔的海洋中进行航行的时候，都有可能遭遇到的有关自身产生损失的危险状况，以及其自身碰撞所带来的责任危险。

航空保险。它主要是对各种不同的飞机，无论是在地面停放、滑行等状态，还是在空中进行飞行的过程中，都有可能面临的关于自身产生损失的危险情况，以及其他的一些责任危险进行承保。

货物运输保险。它所负责承保的是处于运输状态中的各种各样的货物，对于这些货物在运输的整个过程中，有可能遭遇到的保险范围内的损失，它将会承担起负责赔偿的责任。

3. 运输保险的基本特征

运输保险最为突出的一个特征就是，其保险标的并非是放置在固定的场所，而是一直处于不断运行的状态之中。这样的特征也就决定了运输保险所面临的危险结构呈现出动态的特点，并且是广泛而又极为复杂的。

运输保险的第二个显著特征在于，保险标的出现险情的地点往往是在异地，这就在一定程度上相对地增大了保险人在进行理赔工作时的难度。

运输保险的第三个重要特征表现为，意外事故的产生通常和保险双方以外的第三方有着紧密的联系。比如，车辆、船舶遭受损坏大多是由于碰撞事故所导致的，那么碰撞的一方或者被碰撞的一方就构成了保险双方之外的第三方；而对于运输中的货物而言，更是直接处于承运人的掌控之下，其在运输过程中所遭受的损失大多和保险双方之外的承运人有着密切的关联。

6.3.2　机动车辆保险

1. 机动车辆保险及其特点

机动车辆保险指的是将机动车辆本身以及其第三者责任等等作为保险标的的这样一种运输工具保险。其保险客户主体，主要是那些拥有各类机动交通工具的法人团体以及个人。而其保险标的主要是各种不同类型的汽车，但同时也涵盖了电车、电瓶车等这类专用车辆以及摩托车等等。

机动车辆保险的特征，主要体现在以下这几个方面。

保险危险具备不确定性以及难测性。也就是说，在机动车辆的使用过程中，随时都有可能遭遇各种无法准确预知和难以预测的危险情况，这些危险的发生充满了不确定性。

扩大了可保利益。这使得保险保障的范围更为广泛，能更好地满足保险客户对于机动车辆及其相关风险的保障需求。

注重维护公众利益。因为机动车辆在道路上行驶会对公众的安全和利益产生重要影响，所以机动车辆保险特别注重对公众利益的维护，通过对第三者责任的保障等措施来保障社会公众的安全和权益。

2. 车辆损失保险（简称车身保险）

车辆损失保险（简称车身保险）是机动车辆保险中的一个重要险种。

车辆损失保险主要是对被保险车辆在保险期间内，因自然灾害（如雷击、暴风、暴雨、洪水等）、意外事故（如碰撞、倾覆、坠落等）以及其他合理且必要的原因造成的车辆本身的损失进行赔偿。

它的作用在于为车主提供经济上的保障，降低因车辆受损而带来的财务风险。当车辆遭受保险范围内的损失时，车主可以依据保险合同向保险公司申请赔偿，以修复或更换受损的车辆部件，使车辆恢复到事故前的状态或近似状态。车辆损失保险对于保障车辆的正常使用和车主的财产安全具有重要意义，是广大车主在购买机动车辆保险时通常会选择的重要险种之一。

3. 第三者责任保险

第三者责任保险主要是保障在保险期间内，被保险人或其允许的合法驾驶人在使用被保险机动车过程中发生意外事故，致使第三者遭受人身伤亡或财产直接损毁，依法应由被保险人承担的损害赔偿责任，保险公司会按照保险合同的约定进行赔偿。这里的“第三者”是指因被保险机动车发生意外事故而遭受人身伤亡或者财产损失的人，但不包括被保险机动车本车车上人员、被保险人。

该保险的意义在于，当车辆在行驶过程中因各种原因对车外的人员或财产造成损害时，能够减轻被保险人可能面临的巨额赔偿负担，避免因一次事故导致个人财务陷入困境，同时也保障了受害者能得到一定的经济补偿，对维护社会稳定和公平起到重要作用。它为机动车在道路上的运行提供了重要的风险保障和责任分担机制。

4. 附加保险

附加保险是指在基本保险合同之上，根据投保人的特定需求和额外付费而附加的保险保障。

附加保险通常不能单独购买，而是依附于主险存在。它可以对主险的保障范围进行补充、扩展或细化。比如，在机动车辆保险中，可能有玻璃单独破碎险、车身划痕险、自燃损失险等附加险。这些附加保险可以针对一些特定的风险情况提供保障。如车辆玻璃单独破碎、车身表面被划伤、车辆自燃等。

附加保险的作用在于让投保人能根据自身实际情况和风险偏好，更加灵活地定制个性化的保险方案，以满足更全面、更细致的保障需求。它丰富了保险产品的多样性和针对性，为投保人提供了更多的选择和保障维度。通过选择合适的附加保险，投保人可以进一步完善保险保障体系，更好地应对各种可能出现的风险状况。

6.3.3 船舶保险

1. 船舶保险及其适用范围

船舶保险最初是源自于海上保险，它属于以各类船舶以及其附属设备作为保险标的的一种运输工具保险。不仅如此，各种水上装置，像是海洋石油开发过程中的钻井平台等，同样也能够作为船舶保险业务来进行承保。但是，处于建造或者修理状态中的船舶，通常情况下是不在船舶保险的承保范围之内的。

船舶保险的适用对象是所有的船东，其所承保的标的涵盖了各类船舶以及水上装置，其涉及的范围是相当广泛的。

在此需要特别指出的是，这里所说的船舶保险，可以被称作普通船舶保险。而那些处于建造中、修理中或者拆除中的船舶，还有试航的船舶、石油钻探船、已经失去航行能力的船舶以及专门从事捕捞作业的渔船等，都是不在其承保范围之内的。比如，对于建造中的船舶，由于其还未正式投入使用，存在较多不确定性因素；修理中的船舶也可能面临诸多复杂情况，难以准确评估风险；试航的船舶由于处于特殊阶段，其风险特征与正常运营的船舶有所不同等。这些情况都使得它们不适合直接纳入普通船舶保险的承保范围。

2. 船舶保险的责任范围

船舶保险的责任范围是比较广泛的，保险人所承担的责任主要包含以下三类。

对于船舶本身损失的赔偿责任，也就是当船舶因各种保险范围内的风险而遭受损坏时，保险人需承担相应的赔偿义务。

碰撞责任，这涉及到船舶与其他船舶或物体发生碰撞而产生的责任和损失。

有关费用。比如，为减少损失而支出的施救费用等。

然而，保险人对于由于以下这些原因所造成的被保险船舶的经济损失或赔偿责任，是不负赔偿责任的，具体如下。

因战争、军事行动和政府征用等情况而导致的损失；若船舶不具备适航条件却进行航行从而导致的损失；由被保险人及其代表的故意行为所引起的损失；因超载、浪损、搁浅等情况所引发的事故损失；船体和机件的正常维修费用、自然磨损、锈蚀、机器本身发生的故障，以及所有的间接损失、清理航道和污染费用等，这些均不在船舶保险负责赔偿的范围之内。

此外，对于一些特殊情况。如船舶遭遇海盗袭击、遭遇极端恶劣天气导致的某些特定损失等，也可能需要根据具体的保险条款来确定保险人是否承担赔偿责任。在实际的船舶保险业务中，投保人需要仔细研究保险合同的各项细则，以明确保险责任的具体范围和限制条件，从而更好地保障自身的利益。同时，保险人也需要在承保过程中准确评估风险，合理确定保险条款和费率，以确保保险业务的稳健运行。

3. 保险金额与保险费率

保险金额。

保险金额是指保险人承担赔偿或者给付保险金责任的最高限额。在船舶保险中，保险金额通常是根据船舶的实际价值、预期收益等因素来确定的。它是计算保险费的基础，也是在发生保险事故后确定赔偿数额的重要依据。如果保险金额过高，可能会导致投保人缴纳过多的保费；如果保险金额过低，则可能在出险时无法充分弥补损失。

保险费率。

保险费率是保险人按单位保险金额向投保人收取保险费的标准。它是根据保险标的的风险程度、损失概率、经营成本等多种因素综合确定的。不同类型的船舶、不同的航行区域、船舶的使用年限等，都会影响保险费率的高低。保险费率的确定需要经过精算和风险评估，以确保保险公司能在承担风险的同时保持盈利和稳健经营。较高的保险费率意味着投保人需要支付更多的保费来获得保障，但也反映出该保险标的面临较高的风险；反之，较低的保险费率则表示风险相对较低，保费也相应较低。

4. 船舶保险的赔偿

船舶保险的赔偿。主要包括以下方面。

当被保险船舶因保险责任范围内的风险而遭受损失时，保险人会按照保险合同的约定，对船舶本身的损失进行赔偿，如船舶的修复费用、重置费用等；对于因船舶事故导致的碰撞责任所产生的赔偿，保险人也会依据合同承担相应金额的赔付；对于在事故中产生的合理施救费用、救助费用等相关费用，保险人同样会给予赔偿；如果涉及共同海损，保险人会按照合同规定对属于保险责任范围内的共同海损分摊部分进行补偿；对于因保险事故导致的对第三者造成的人身伤亡或财产损失，保险人会在责任限额内进行赔偿。

在进行赔偿时，通常会考虑保险金额、免赔额、赔偿比例等因素。保险人会根据具体情况进行定损和核赔，以确定最终的赔偿金额。同时，被保险人也需要及时履行通知义务、提供相关证明材料等，以便顺利获得赔偿。

6.3.4 航空保险

1. 航空保险及其特点

航空保险是以航空飞机旅行为保险标的一种航空运输保险，主要包括机身险、第三者责任险、旅客法定责任险等。

其特点包括以下几点。

高风险高保额。航空活动面临的风险较高，一旦发生事故往往损失巨大，所以保额通常也较高。

国际性强。由于航空运输的跨国跨地区特点，航空保险常常涉及到国际间的合作与协调。

专业性突出。需要对航空领域的专业知识有深入了解，包括飞机性能、飞行规则、航空法规等。

条款复杂。保险条款的设计较为复杂，以应对各种复杂的风险情况。

受外界因素影响大。如天气、政治局势等对航空保险的影响较为明显。

再保险需求大。为分散风险，航空保险通常需要通过再保险来进一步保障。

2. 飞机机身险

飞机机身险是航空保险的重要险种之一，它主要是为被保险飞机在飞行或滑行以及在地面停放时，由于自然灾害、意外事故（如碰撞、坠毁、失火等）、外来物体撞击等造成飞机及其附件的损失提供保障。

飞机机身险具有以下特点。

高价值保障。由于飞机本身价值极高，该险种提供的保障金额也相应很大。

风险集中。面临的风险较为集中，一旦发生严重事故，可能导致全损。

技术要求高。对飞机的技术状况评估等要求非常专业。

与其他险种关联密切。通常与第三者责任险、旅客法定责任险等相互配合，形成较为完整的航空保险体系。

例如，某航空公司为其一架客机投保了机身险，在一次飞行中遭遇恶劣天气导致飞机坠毁，那么保险公司就会根据机身险的约定对飞机的损失进行赔偿。又如，飞机在地面停放时被其他物体意外撞击导致机身受损，也在机身险的保障范围内。

3. 第三者责任保险

第三者责任保险是指被保险人或其允许的驾驶人员在使用保险车辆过程中发生意外事故，致使第三者遭受人身伤亡或财产直接损毁，依法应由被保险人承担的经济责任，保险公司负责赔偿。

其特点包括以下几点。

责任范围广泛。涵盖多种可能对第三方造成损害的情形。

赔偿金额较大。考虑到航空事故可能造成的严重后果，赔偿金额通常较高。

与机身险等紧密结合。共同构成航空保险的重要部分。

比如，一架飞机在起飞过程中，因故障导致零部件掉落砸坏了地面上的建筑物，那么航空公司投保的航空第三者责任保险就会对该建筑物的损失进行赔偿。或者飞机在空中与另一架飞机发生碰撞后，残骸坠落对地面人员造成伤害，该保险也会承担相应的赔偿责任。

4. 旅客责任保险

旅客责任保险主要是指在航空运输中，保障旅客在乘坐飞机过程中因发生意外事故导致人身伤亡时，由保险公司向旅客或其指定的受益人进行赔偿的一种保险，其特点如下。

保障对象特定。专门针对乘坐飞机的旅客。

与航空旅行紧密相关。只在航空旅程期间生效。

赔偿通常基于法定标准。按照相关法律法规确定赔偿的金额和范围。

例如，当飞机遭遇突发状况如剧烈颠簸、紧急迫降等造成旅客受伤甚至死亡时，旅客责任保险就会启动，对旅客及其家属进行经济补偿。它为旅客在航空旅行中的安全提供了一定的经济保障，减轻了航空公司可能面临的巨额赔偿压力，同时也维护了旅客的合法权益。

6.3.5 货物运输保险

1. 货物运输保险及其特点

货物运输保险是以运输途中的货物作为保险标的，保险人对由自然灾害和意外事故造成的货物损失负责赔偿的保险，其特点包括以下几点。

保险标的的流动性。货物处于不断运输流转的过程中。

保险责任的广泛性。涵盖运输过程中可能遇到的多种风险。如火灾、爆炸、碰撞、盗窃等。

保险合同的国际性。在国际贸易中广泛应用，涉及不同国家和地区的法律和惯例。

定值保险的普遍性。通常以货物的约定价值作为保险金额。

理赔的复杂性。由于运输环节众多，确定责任和定损较为复杂。

风险的多样性。受到运输方式、运输路线、货物性质等多种因素影响。

例如，一批货物通过海运从一个国家运往另一个国家，投保了货物运输保险后，在运输途中遭遇风暴导致货物受损，保险公司就会按照保险合同进行赔偿。又或者一批货物在公路运输过程中遭遇车祸而受损，也属于货物运输保险的保障范围。

2. 货物运输保险分类

（1）按运输方式分

海洋货物运输保险：专门针对海上运输货物的风险；陆上货物运输保险：如公路、铁路运输货物保险；航空货物运输保险：保障航空运输的货物；内河货物运输保险：针对内河航运货物。

（2）按适用范围分

国内货物运输保险：适用于国内货物运输；进出口货物运输保险：主要用于国际贸易中的货物运输。

（3）按保险人承担责任的方式分

基本险：提供较为基础的保障；综合险：保障范围相对更广泛。

（4）按保险标的分

一般货物运输保险：针对常规货物；特种货物运输保险：如鲜活货物、贵重物品等特殊货物的保险。

3. 保险金额与保险费率

（1）保险金额

保险金额是指在一个保险合同项下，保险公司承担赔偿或给付保险金责任的最高限额。在货物运输保险中，它通常根据货物的实际价值、运输成本、预期利润等因素来确定。保险金额的多少，直接影响到被保险人在出险后能够获得的赔偿额度。如果保险金额过低，可能无法充分弥补货物损失；而保险金额过高，则可能导致投保人缴纳过多的保费。

（2）保险费率

保险费率是保险人按单位保险金额向投保人收取保险费的标准比率。它是根据货物运输保险标的的风险程度、运输方式、运输路线、运输季节等多种因素综合评估确定的。不同货物的风险特性不同。例如，易碎品的保险费率可能会相对较高。保险费率的高低会影响投保人的保费支出，较高的保险费率意味着投保人需要支付更多的保险费用来获得保障。同时，保险费率也反映了保险公司对风险的评估和定价策略。

4. 保险责任范围

保险责任范围指的是保险人根据保险合同约定，应承担赔偿或给付保险金责任的具体情况和界限。

以货物运输保险为例，其保险责任范围通常包括以下方面。

自然灾害。如洪水、地震、海啸、台风等不可抗力因素导致的货物损失。

意外事故。运输工具发生碰撞、倾覆、出轨、火灾、爆炸等造成的货物损害。

外来原因。如偷窃、提货不着、雨淋、短量、沾污等外来风险引起的损失。

施救费用。被保险人为减少货物损失而采取合理的施救、保护措施所支出的费用。

合理的附带损失。因货物损失而导致的相关间接损失，在一定条件下也可能在保险责任范围内。

不同类型的货物运输保险，其具体的保险责任范围可能会有所差异，这取决于保险合同的约定和保险条款的规定。在确定保险责任范围时，需要仔细阅读和理解保险合同的相关内容，以明确哪些损失和费用是可以得到赔偿的。

6.4　工程保险

6.4.1　工程保险概述

工程保险是指以各种工程项目为主要承保对象的一种财产保险。它主要为工程项目在建设期间由于自然灾害、意外事故等造成的工程本身、施工机具以及工地设备的损失，以及因工程施工导致的第三者人身伤亡或财产损失等提供保障。同时，也可能包括对工程项目延误、工程质量缺陷等风险的保障。工程保险旨在帮助工程项目的相关方降低风险，确保工程建设的顺利进行和各方利益的维护。

工程保险的主要类型包括建筑工程一切险、安装工程一切险、机器损坏险等。例如，建筑工程一切险，主要保障建筑工程在施工过程中，因自然灾害或意外事故造成的物质损失和第三者责任；安装工程一切险则重点针对安装工程面临的风险。通过工程保险，工程项目的投资方、施工方等可以将风险进行转移和分散，保障工程的顺利进行和各方的利益。

6.4.2　建筑工程保险

1. 建筑工程保险与交叉责任

（1）建筑工程保险

建筑工程保险是工程保险的一种，主要针对建筑工程在施工过程中面临的风险。如自然灾害（如暴雨、洪水、地震等）导致的工程损失、意外事故（如火灾、爆炸、坍塌等）造成的建筑损坏、施工机具的损失等。它为建筑工程项目提供经济上的保障，确保工程能够顺利进行。

（2）交叉责任

交叉责任是建筑工程保险中的一个重要概念。它指的是在建筑工程保险中，当存在多个被保险人（如工程的发包方、承包方等）时，一个被保险人对其他被保险人依法应承担的赔偿责任视同第三者责任，也在保险责任范围内。也就是，如果其中一个被保险人因为自己的过错给其他被保险人造成了损失，那么在交叉责任条款下，这种损失也可以通过保险获得赔偿。这样可以避免被保险人之间相互追偿的繁琐和不确定性，更好地保障各方的利益，促进建筑工程的顺利开展。

2. 建筑工程保险的承保项目

建筑工程的主体毫无疑问就是建筑项目自身，然而需要明确的是，建筑工程保险的承保范围通常并非仅仅局限于建筑项目本身，而是广泛地涉及到与工程项目本身存在关联的各类财产物资以及相关利益。鉴于此，建筑工程保险能予以承保的项目具体涵盖了以下各项内容。

其一，在建筑施工合同当中明确规定的建筑工程。这里面不但包含永久工程，还包括临时工程以及存放在工地上的各类物料。这些物料是工程顺利推进的重要保障，一旦遭遇风险，保险能给予相应保障。

其二，建筑用的各种机器设备。它们是施工过程中不可或缺的工具，其价值和重要性不言而喻。保险对其进行承保，也是为了降低可能面临的经济损失风险。

其三，工地上原本就存在的财产物资。这些物资可能是工地原有的设施或其他有价值的物品，也在保险的保护范围内。

其四，安装工程项目。也就是在建筑工程项目中需要进行机器设备或其他设施安装的相关项目，这部分的风险同样需要通过保险来化解。

其五，损害赔偿责任。即在建筑过程中，由于意外事故的发生而导致他人受到损害，并且依据法律规定应承担的损害赔偿责任，这也属于建筑工程保险的重要承保内容，能保障施工方在面临此类情况时的经济赔偿能力。

3. 建筑工程保险的责任范围

建筑工程保险所承保的责任范围的确是相当广泛的。总体进行概括，就是保险人所承保的责任，主要存在以下几种类别。

其一，明确列明的自然灾害。这包括了诸如具有强大破坏力的洪水、令人震撼的地震、来势汹汹的台风、倾盆而下的暴雨以及带来诸多不便的雪灾等。这些自然灾害一旦发生，往往会对建筑工程造成直接且巨大的损坏，而建筑工程保险会对此进行保障。

其二，同样明确列明的意外事故。像突发的火灾、剧烈的爆炸、严重的坍塌以及高空运行物体的坠落等这些意外情况。它们具有不可预测性和突发性，会给工程带来意想不到的损失，而保险的保障范畴也涵盖了这些。

其三，盗窃以及清理保险事故现场所需的费用。建筑工程现场可能会面临盗窃风险，而在发生保险事故后清理现场也是一项必要的工作，这方面的费用也在保险的保障之列。

其四，第三者责任，这是非常重要的一点。在建筑工程的实施过程中，可能会因为各种原因对工地及附近的第三者造成人身伤亡或财产损失，而建筑工程保险会对此类责任进行承担。

其五，在建筑工程一切险中，那些未被列入除外责任同时也不在上述明确危险责任范围之内的其他危险责任。这也是保险保障的一部分，旨在为建筑工程提供更为全面和细致的风险保障，确保在各种可能出现的情况下，建筑工程都能得到有效的经济支持和风险分担。

4. 责任限额与保险费率

（1）责任限额

在建筑工程保险中，责任限额是指保险人在保险合同中承担赔偿责任的最高额度。它通常根据不同的保险项目分别设定。比如，物质损失的责任限额、第三者责任的限额等。责任限额的确定会综合考虑工程项目的规模、风险程度、保险金额等因素。它的作用是明确保险人承担风险的上限，超出责任限额的部分，保险人将不再承担赔偿责任。

（2）保险费率

保险费率是计算保险费的比率。对于建筑工程保险而言，保险费率的确定是一个复杂的过程，会受到多种因素的影响。这些因素包括但不限于工程项目的类型、地点、施工难度、工期长短、历史损失数据、被保险人的风险管理水平等。一般而言，风险越高，保险费率就越高。保险人会通过对这些因素的评估和分析，来制定合理的保险费率，以确保保费收入能够覆盖可能发生的风险和赔偿支出。保险费率的高低直接影响着投保人的保险成本和保险保障的性价比。

6.4.3 安装工程保险

1. 安装工程保险及其特点

安装工程保险是指以各种需要安装的机器设备、装置等为主要承保对象的保险。它主要保障安装工程在安装期间因自然灾害、意外事故等造成的物质损失，以及因安装工程导致的第三者责任等。

特点如下。

（1）以安装项目为主体。重点针对正在安装的各类设备、设施等。

（2）风险具有阶段性。主要集中在安装施工阶段，不同于建筑工程保险贯穿整个建设过程。

（3）技术要求高。涉及到对各类复杂设备安装工艺和技术的了解和评估。

（4）第三者责任突出。安装过程中可能对周围人员和财产造成较大影响，第三者责任保障较为重要。

（5）保险标的特殊性。标的通常为高价值、专业性强的机器设备等。

（6）与其他保险可能有交叉。例如，与建筑工程保险在某些情况下会有衔接和配合。

2. 安装工程保险的基本内容

安装工程保险的承保项目主要集中在这几方面。首先，极为重要的是安装的机器设备及其安装费。只要是属于安装工程合同内明确规定要进行安装的机器、设备、装置、物料等，都涵盖在承保范围内，并且像基础工程，例如地基、座基等这些关键部分也包含其中。

同时，为安装工程所必备的各种临时设施。如临时供水、临时供电、临时通信设备等，也均被囊括进来。此外，那些为了完成安装工程而使用的机器、设备等，还有专门为工程提供服务的土木建筑工程以及工地上的其他各类财物、在保险事故发生之后的场地清理费等，这些都可以作为附加项目而给予承保。

通过这样全面而广泛的承保范围设定，安装工程保险能为安装工程提供有力的风险保障和经济支持，确保在各种可能的情况下，工程的顺利进行和相关方的利益得到妥善维护。

6.4.4 科技工程保险

1. 科技工程保险及危险控制

（1）科技工程保险

科技工程保险是专门针对科技领域的工程项目而设立的保险类型。它主要适用于一些具有较高技术含量和创新性的工程。如航天工程、电子信息工程、生物工程、新能源工程等。旨在保障这些工程在实施过程中面临的各种风险，包括物质损失风险、责任风险等。

（2）危险控制

在科技工程保险中，危险控制非常重要。一方面，通过对工程项目进行全面的风险评估，识别可能出现的风险点。如技术风险、环境风险、人为操作风险等。然后针对这些风险点制定相应的防范措施，如加强技术研发和测试、完善安全管理制度、对人员进行专业培训等，以降低风险发生的概率和损失程度。另一方面，在保险合同中，也会明确规定一些风险控制的要求和条款。如被保险人应遵守的安全规范、定期进行设备维护等，以促使被保险人积极主动地进行风险控制。同时，保险公司也会通过风险监测和跟踪，及时发现潜在风险并向被保险人提出改进建议，共同保障科技工程的顺利进行和安全稳定。

此外，科技工程保险的危险控制，还可能涉及与其他相关机构或部门的合作。如科研机构、政府部门等，共同推动科技工程风险防控体系的完善和发展。

2. 海洋石油开发保险

海洋石油开发保险是指以海洋石油工业从勘探到建成、生产整个开发过程中的风险为承保责任，以工程所有人或承包人为被保险人的一种特殊风险保险。虽然海洋石油开发保险属于水险市场范畴，但目前已经作为一个特殊的险种，从船舶保险和货物运输保险分离出来。在劳合社市场上，有专门的承保人从事此类业务的承保工作。

海洋石油开发保险具有险种繁多、技术性强的特点。其承保的风险特别巨大，一是开发石油投资巨大，二是异乎寻常的独特灾害事故造成的损失巨大。海洋石油开发一般要经过钻前普查勘探、钻探、建设和生产四个阶段。每个阶段都有对应的保险险种，包括钻井平台保险、移动式钻探设备保险、平台钻井机保险、海洋石油开发管道保险、海洋石油开发责任保险、海洋石油开发工程建造安装保险、海洋石油开发费用保险等。

3. 航天工程保险

航天工程保险是指保险人对火箭和各种航天器在制造、发射和在轨运行中，可能出现的各种风险造成的财产损失和人身伤亡给予保险赔付的一种保险。

航天工程保险主要险种包括火箭发射前保险、卫星发射前保险、卫星发射及初始运行保险、卫星在轨寿命保险、卫星发射第三方责任保险等。

航天项目具有“高价值、高技术、高风险”的特点，每一个航天项目都是一个复杂的综合系统工程。保险公司会根据航天项目不同的进展阶段，通过承保资料充分评估风险，厘定费率、设计保单并提供航天保险保障。

4. 核能工程保险

核能工程保险是以核能工程项目为保险标的，以核能工程中的各种核事故和核责任风险为保险责任的科技工程保险。

核能工业是随着核能技术的进步及其由军用转向民用方向发展而出现的新兴科技产业。核能保险是核能技术民用化的必要配套措施，也是财产保险承保人重视的高科技保险业务。

核能工程保险的种类，包括核电站建筑安装工程险、核电站运输险、核电站机器损坏险、核电站物质损失险、核电站核责任险、核电站利润损失险（机损险项下）等。

在核能工程保险的投保与承保过程中，通常需要政府的直接支持。各国政府有关核损害事故赔偿的法律、法规等规定了核事故中应按绝对责任来承担损害赔偿责任，并对保险人在责任险项下的超赔给予财政补贴。因此，核能工程保险具有明显的政策性保险特点。

6.5 责任保险

6.5.1 责任保险及其发展

（1）责任保险

责任保险是指以被保险人对第三者依法应负的赔偿责任为保险标的的保险。当被保险人由于疏忽、过失等原因导致第三者遭受人身伤亡或财产损失，依法应由被保险人承担赔偿责任时，由保险人按照保险合同的约定进行赔偿。

责任保险的常见险种，包括公众责任保险、产品责任保险、雇主责任保险、职业责任保险等。它的主要作用是为被保险人转移可能面临的责任风险，减轻其在承担赔偿责任时的经济负担，同时也为受害者提供了一定的保障。

（2）责任保险的发展

随着社会经济的发展和法律制度的不断完善，责任保险得到了快速发展。一方面，人们的法律意识不断增强，对责任风险的关注度提高，促使对责任保险的需求不断增加。另一方面，各种新的风险和责任形式不断涌现。如环境污染责任、网络安全责任等，推动了责任保险的创新和拓展。

在发展过程中，责任保险的覆盖范围不断扩大，保障程度不断提高，保险技术也在不断进步。同时，责任保险在促进社会和谐稳定、保障企业正常经营、推动行业规范发展等方面都发挥着越来越重要的作用。未来，责任保险有望继续保持良好的发展态势，为经济社会发展提供更有力的保障。

例如，公众责任保险从最初主要保障公共场所的责任风险，逐渐扩展到涵盖各种商业活动、社区活动等领域；产品责任保险也随着产品种类的丰富和技术的进步，不断适应新的产品责任问题。

1. 责任保险的险种发展

责任保险最初产生于 19 世纪的欧美国家，在 20 世纪 70 年代以后，于工业化国家中获得了极为迅速的发展。其中，最早出现的责任保险便是雇主责任保险。在 1880 年的时候，英国颁布了雇主责任法，其中明确规定，雇主在其经营业务的过程中，倘若因自身的过错而致使雇员受到伤害，那么就必须承担相应的法律赔偿责任。就在这一年，很快就有专门的雇主责任保险公司得以成立。

在西方国家，保险人对于其他各种各样的责任保险，一开始是以附加责任的形式来进行承保的，之后逐渐以新险种的形态出现并不断发展。比如，承包人责任保险起始于

1886 年；制造业责任保险开始于 1892 年；医生职业责任保险是从 1890 年到 1900 年期间开始的；航空责任保险诞生于 1919 年；会计师责任保险起始于 1923 年；个人责任保险始于 1932 年。

目前，在绝大多数国家，均采取强制手段并通过法定方式来承保的汽车责任保险。其始于 19 世纪末，并且与工业保险一同成为了近代保险与现代保险进行分界的一个重要标志。

2. 责任事故处理原则的发展

责任事故处理原则随着社会的发展和法律的完善也在不断发展，主要包括以下一些方面。

（1）从过错责任原则为主，到多种原则并存

早期主要依据过错责任原则，即只有当行为人存在过错时才承担责任。但后来逐渐发展出无过错责任原则、公平责任原则等。无过错责任原则在一些高风险行业和特定领域广泛应用，无论行为人是否有过错，只要发生损害就要承担责任，这更有利于保护受害者权益；公平责任原则则在一些特殊情况下，基于公平理念分担损失。

（2）从单一赔偿到全面保障

最初可能只是关注对直接经济损失的赔偿，而现在越来越注重对受害者身心伤害、后续康复、精神损害等多方面的全面保障。

（3）强调损害预防和风险管理

不仅注重事故发生后的处理和赔偿，更强调在事前通过各种措施预防责任事故的发生，加强风险管理和安全管理，降低事故发生的概率和影响。

（4）注重社会责任和公共利益

在处理责任事故时，更加考虑对社会秩序、公共安全等方面的影响，将责任的承担与社会责任的履行相结合。

（5）与国际接轨和趋同化

随着全球化的发展，各国在责任事故处理原则上也逐渐相互借鉴和融合，呈现出一定的趋同性，以更好地适应国际交流与合作的需要。

6.5.2　责任保险的基本内容

1. 责任保险的适用范围

责任保险具有广泛的适用性。它适用于所有那些存在可能造成他人财产损失以及人身伤亡情况的各类单位、家庭或是个人。

具体而言，责任保险的适用范围涵盖了这些部分。其一，各种公众活动场所。比如商场、影院、游乐场等的所有者以及经营管理者，他们需要通过责任保险来应对可能出现的责任风险；其二，各种产品的生产者、销售者以及维修者。因为他们在产品的生产、销售

与维护过程中，可能引发对他人的责任问题；其三，各种运输工具。诸如，汽车、火车、飞机等的所有者、经营管理者或是驾驶员，他们在运输活动中面临着潜在的责任风险；其四，各种需要雇用员工的单位或个人。雇主对员工负有一定的责任，通过责任保险可以有效分担这种责任；其五，各种提供职业技术服务的单位，如律师事务所、会计事务所等，其专业服务可能导致责任的产生，需要责任保险保障；其六，城乡居民家庭或个人，在日常生活中也可能由于某些行为而对他人造成损害，责任保险可以为此提供保障。

2. 保险责任范围

保险责任范围通常是指保险人按照保险合同约定，对被保险人承担赔偿或给付责任的具体事项和情况。

以下是一些常见保险责任范围的险种。

（1）财产保险

因自然灾害（如火灾、洪水、地震等）导致的财产损失。

因意外事故（如爆炸、碰撞等）造成的财产损害。

特定风险造成的财产损失。如盗抢保险中对被盗抢财产的赔偿。

（2）人身保险

人寿保险：被保险人死亡或达到合同约定的生存条件时给付保险金。

健康保险：因疾病或意外伤害导致的医疗费用支出、住院津贴、重大疾病赔付等。

意外伤害保险：因遭受意外伤害导致身体残疾或死亡时的赔偿。

（3）责任保险

被保险人依法应对第三方承担的经济赔偿责任。如公众责任保险、产品责任保险等。

此外，不同的保险产品还会根据其设计和约定，明确具体的保险责任范围，可能会包括一些特定的情形或排除一些特定的风险。在保险合同中，通常会对保险责任范围进行详细的说明和界定，以明确保险人与被保险人的权利和义务。

3. 赔偿限额与免赔额

（1）赔偿限额

赔偿限额是指保险人承担赔偿责任的最高金额限制。在保险合同中会明确规定这一额度。它主要有以下几种类型。

累计赔偿限额：在一个保险期间内，保险人对所有符合保险责任的损失累计赔偿的最高额度。

每次事故赔偿限额：针对每次发生的特定事故，保险人赔偿的最高金额。

赔偿限额的设定主要是为了控制保险人的风险敞口，同时也让被保险人明确自身所能获得的最大保障程度。

（2）免赔额

免赔额是指在保险理赔时，由被保险人自己承担的一定金额损失。也就是，在损失金额低于免赔额时，保险人不予赔偿。只有当损失超过免赔额时，保险人才会对超出部分进行赔偿。免赔额有以下几种常见形式。

绝对免赔额：无论损失大小，都必须先扣除固定的免赔额。

相对免赔额：当损失达到一定比例或金额时，才开始扣除免赔额。

免赔额的设置，主要有以下作用。

降低保险人的赔付成本，从而使保费更合理。

促使被保险人加强风险防范意识，减少小额索赔，提高保险理赔效率。

总之，赔偿限额和免赔额都是保险合同中的重要条款，它们对保险双方的权利和义务有着重要影响。

4. 责任保险的保险费率

责任保险的保险费率是指被保险人在一定时期内缴纳保险费的金额与保险金额的比率。

以下是关于责任保险费率的一些要点。

（1）影响因素

风险性质：不同行业、不同活动面临的责任风险大小不同。如高风险行业的费率通常较高。

被保险人的经营管理状况：管理规范、安全措施到位的被保险人可能费率较低。

赔偿记录：过往有较多赔偿记录的，费率可能上升。

法律环境：不同地区法律对责任认定和赔偿标准的严格程度会影响费率。

保险范围和限额：保障范围广、赔偿限额高的，费率相应较高。

（2）确定方式

保险人会综合考虑上述因素，通过精算等方法来确定具体的保险费率。通常会根据风险评估进行差异化定价，以确保保费与风险相匹配。

（3）调整机制

随着被保险人风险状况的变化，保险费率可能会进行调整。例如，被保险人改善了风险管理，费率可能降低；反之，如果风险增加，费率可能上升。

保险费率的合理确定对于保险人的稳健经营和被保险人获得合适的保障都具有重要意义。

6.5.3　责任保险的险别

1. 公众责任保险

公众责任保险是以被保险人在公众场所由于疏忽或过失等行为致使他人人身伤亡或财产损失，依法应承担的经济赔偿责任为保险标的的保险。

（1）公众责任保险主要有以下特点。保障范围广泛。涵盖了各种公共场所，如商场、酒店、公园、展览馆、学校等。

针对第三方责任。重点保障被保险人对不特定的公众所造成的损害赔偿责任。

分散经营风险。帮助企业或组织将可能面临的巨额赔偿风险转移给保险公司。

促进社会稳定。使得受害者能及时获得赔偿，减少社会矛盾和纠纷。

（2）其作用包括以下几点。为企业提供风险保障，使其能够安心经营。

维护社会公众的合法权益，确保他们在受到损害时有获得赔偿的渠道。

有助于减轻政府在处理相关事故时的压力。

总之，公众责任保险在维护社会秩序、保障公众安全和促进经济发展等方面都发挥着重要作用。

2. 产品责任保险

产品责任保险是指以产品制造者、销售者、维修者等，因生产、销售、维修的产品存在缺陷而造成他人人身伤害或财产损失，依法应承担的赔偿责任为保险标的的保险。

具体而言，它具有以下特点和意义。

（1）特点如下。针对性强：专门针对产品责任风险。

涉及多方：包括产品的生产者、批发商、零售商等都可能成为被保险人。

与产品相关：只要是因产品缺陷导致的责任事故都在保障范围内。

（2）意义如下。保障企业经营：使企业避免因巨额产品责任赔偿而陷入困境，确保企业的持续稳定发展。

保护消费者权益：确保消费者在因产品缺陷受到损害时能得到经济补偿。

促进产品质量提升：促使企业更加重视产品质量和安全，减少缺陷产品的出现。

例如，某电器制造商为其生产的电器购买了产品责任保险，当消费者因使用该电器出现故障导致人身伤害时，保险公司就会按照保险合同对受害者进行赔偿，而制造商则可以通过保险来转移自身面临的赔偿风险。同样，销售该电器的商家，也可能购买产品责任保险来分担相应的责任。

3. 雇主责任保险

雇主责任保险是一种以雇主对其雇员在受雇期间，从事工作时因意外事故或职业病导致伤残、死亡或其他损失应承担的赔偿责任为保险标的的保险。

（1）其主要特点包括以下几方面。保障雇主利益：帮助雇主分担因雇员遭受意外而需承担的经济赔偿责任。

责任范围明确：通常涵盖工作期间及与工作相关的特定场景下的意外事故。

减轻财务压力：避免雇主因高额赔偿而面临财务困境。

（2）它的重要意义在于以下几方面。稳定企业运营：让雇主在面对雇员意外时能从容应对，不致影响企业正常运转。

保障员工权益：为雇员提供了一种额外的保障途径。

促进劳资关系和谐：降低雇主与雇员之间因赔偿问题产生的矛盾和纠纷。

比如，一家建筑公司为其员工购买了雇主责任保险，当有工人在工地施工时不慎受伤，符合保险责任，保险公司就会对雇主应承担的赔偿部分进行赔付。这样既保障了受伤工人的权益，也减轻了建筑公司的负担。

4. 职业责任保险

职业责任保险是以各种专业技术人员，在从事职业技术工作时，因疏忽或过失造成合同对方或他人的人身伤害或财产损失所导致的经济赔偿责任为承保风险的保险。

以下是其主要特点和意义。

（1）特点如下。专业性强。针对特定职业领域，如医生、律师、会计师等。

风险与职业相关。风险大小与该职业的特点、操作规范和行业环境等密切相关。

保障个人和机构。既可以为个人专业人员提供保障，也适用于专业机构。

（2）意义如下。保护职业人员。帮助他们应对可能面临的巨额赔偿责任，降低职业风险对个人的冲击。

提升行业信誉。使公众对相关职业的安全性和可靠性更有信心。

促进职业发展。让专业人员能够更安心地开展工作，推动行业健康发展。

例如，一位医生可能会购买职业责任保险，以应对在医疗过程中可能因失误而导致的患者索赔。同样，一家律师事务所也会为其律师团队购买此类保险，以保障在法律服务中可能产生的责任风险。

【思政德育课堂】

小保费大保障：30 元保费引发的“家庭保卫战”

【思考题】

1. 比较家庭财产保险和企业财产保险在保障范围和条款上的主要区别。
2. 分析财产保险中的定值保险和不定值保险在理赔时的计算方法差异。
3. 在财产保险中，如何确定保险价值以避免理赔纠纷？
4. 探讨工程保险在大型工程项目中的风险防范作用及面临的挑战。
5. 对于运输保险，如何在复杂的运输环境中保障货物的安全和保险利益？
6. 结合实际案例，说明财产保险如何应对自然灾害造成的损失？
7. 研究在互联网时代，财产保险的营销模式有哪些创新和变革？

运输保险纠纷之责任界定：某运输公司案例解析

第七章

商业保险之二——人身保险

学习目标

了解：了解人身保险的主要种类。如寿险、健康险、意外险等。

熟悉：能辨别不同人身保险产品的保障重点和适用人群。

理解：理解人身保险费率的制定原理和影响因素。

掌握：掌握根据自身或客户需求选择合适人身保险产品的能力。

7.1 人身保险概述

7.1.1 人身保险的概念、特点与分类

1. 人身保险的概念及特点

（1）人身保险的概念

人身保险是以人的生命或身体为保险标的。当被保险人在保险期限内发生死亡、伤残、疾病、年老等事故或生存至规定时点时给付保险金的保险业务。

（2）特点

保险标的不可估价性。人的生命和身体难以用货币准确衡量价值。

保险金的定额给付性。通常根据合同约定的金额进行赔付，而非根据实际损失补偿。

保险期限的长期性。很多人身保险合同的期限较长，如长期寿险等。

具有储蓄性。某些险种，如储蓄型寿险等，具有一定的储蓄功能。

风险的相对稳定性。虽然人的健康等存在不确定性，但总体风险相对较稳定。

保险利益确定的特殊性。保险利益的存在时间要求不同。如人寿保险在订立合同时，必须有保险利益。

比如，购买人寿保险后，被保险人若在保险期间内身故，保险公司就会按照合同约定给付保险金；购买健康保险后，当被保险人患病时，可获得相应的医疗费用补偿或津贴等。

2. 人身保险的分类

（1）从保险范围的角度来进行分类，人身保险可以细分为人寿保险、人身意外伤害保险以及健康保险。人寿保险主要关注被保险人的生命保障；人身意外伤害保险侧重于因意外事故导致的伤害保障；健康保险则着重于被保险人的身体健康方面，包括疾病等情况的保障。

（2）若依据保险期限来划分，人身保险涵盖了长期保险、1 年期保险以及短期保险。长期保险通常具有较长的保障期限，给予被保险人持久的保障；1 年期保险是以一年为一个周期的保险类型；短期保险的保障期限较短，适合一些特定时间段的保障需求。

（3）按照投保的动因来区分，人身保险包含了自愿保险和强制保险。自愿保险是基于投保人的自主意愿和选择而进行投保的保险；强制保险则是根据法律法规等规定，必须要投保的保险，具有一定的强制性。

（4）按照投保人数的差异，人身保险可分为个人保险、联合保险以及团体保险。个人保险是针对单个个体提供保障的保险；联合保险是多个投保人联合投保的保险；团体保险则是面向特定团体成员提供保障的保险，通常具有人数较多的特点。

（5）依据被保险人发生保险事故的可能性的不同来实施分类，人身保险可分为健体保险和弱体保险。健体保险是针对身体健康状况较好、发生保险事故可能性相对较低的被保险人的保险；弱体保险则是针对那些身体存在一定问题或风险较高的被保险人的特殊保险类型。

（6）按照保险金的给付方式进行分类，人身保险有一次性给付保险和分期给付保险。一次性给付保险会在符合条件时，一次性将全部保险金给付给受益人；分期给付保险则是将保险金按照约定的时间和金额，分期进行给付。

（7）依据被保险人是否参与保险人利益分配的标准，人身保险可分为分红保险和不分红保险。分红保险允许被保险人参与保险公司的利润分配，可能获得额外的红利；不分红保险则不具备这样的利益分配机制。

（8）从承保技术的不同来划分，人身保险包括普通人身保险和简易人身保险等。普通人身保险采用常规的承保技术和流程；简易人身保险则在某些方面进行了简化和优化，以适应特定的需求和场景。

7.1.2　人身保险合同中的常见条款

1. 不可抗辩条款

不可抗辩条款是指人寿保险合同生效满一定时期（一般为两年）之后，就成为无可争议的文件，保险人不能再以投保人在投保时违反最大诚信原则、没有履行告知义务等理由主张保险合同自始无效。

该条款的主要意义在于以下几点。

保护投保人及被保险人利益。避免保险人在经过较长时间后以投保时的一些瑕疵为由，拒绝赔付，增强了投保人对保险合同的信赖。

促进保险市场稳定。有助于减少保险合同纠纷，提高保险行业的信誉。

例如，某人在投保时可能未如实告知一些健康问题，但如果在两年后没有出现理赔纠纷，之后保险人就不能再以此为由解除合同或拒绝赔付。这在一定程度上平衡了保险双方的权利和义务。

2. 年龄误告条款

年龄误告条款指的是如果投保人申报的被保险人年龄不真实，并且其真实年龄不符合合同约定的年龄限制，保险人可以解除合同，但是自合同成立之日起逾二年的除外。如果投保人申报的被保险人年龄不真实，致使投保人支付的保险费少于应付保险费的，保险人有权更正并要求投保人补交保险费，或者在给付保险金时按照实付保险费与应付保险费的比例支付。若投保人申报的被保险人年龄不真实，致使投保人支付的保险费多于应付保险费的，保险人应当将多收的保险费退还投保人。

其意义在于以下几方面。

保障保险合同的公平性和合理性，防止因年龄申报错误而导致保险利益失衡。

给予一定的纠错机制，避免因无意的年龄误告而使投保人遭受过度损失或使保险人承担不合理风险。

比如，投保人误将被保险人的年龄报小了，导致缴纳的保费较少。后来，发现了这个错误，那么保险公司可能会要求投保人补交相应的保费差额；反之，如果误报年龄使缴纳保费过多，保险公司则应退还多收的部分。

3. 宽限期条款

宽限期条款是指在分期交付保险费的人寿保险合同中，如果投保人到期未支付第二期及以后各期的保险费，自保险费应缴日起一定时间内（通常为 60 天）为宽限期。

在宽限期内，保险合同仍然有效，即使投保人未按时缴纳保费，如在此期间发生保险事故，保险人仍要承担保险责任，但要从给付的保险金中扣除欠交的保险费。

宽限期条款的主要意义在于以下几方面。

给予投保人一定的缓冲时间。避免因一时疏忽或短期资金紧张，导致保险合同失效。

保护被保险人的利益。确保在宽限期内保障依然有效，不至于使被保险人突然失去保障。

例如，某人的保险费应在每月 10 日缴纳，但本月忘记缴纳，在随后的 60 天宽限期内，如果发生符合保险合同约定的保险事故，保险公司依然需要进行赔偿，但会扣除该月未缴纳的保费。

4. 保费自动垫缴条款

保费自动垫缴条款是指当投保人未能按照合同约定按时缴纳续期保费时，且此时保单具有足够的现金价值，保险公司会自动用保单的现金价值来垫缴保费，使保险合同继续有效，以维持保险合同的效力。

其重要意义在于以下几方面。

避免合同轻易失效。在投保人暂时遇到缴费困难时，能防止保险合同因未及时缴费而终止，一定程度上保障了投保人的利益。

给予投保人一定的时间缓冲。让投保人有机会在后续补交保费，恢复保单的正常状态。

例如，投保人因资金周转问题未能按时缴纳保费，而保单有一定现金价值，保险公司自动垫缴保费后，保险合同依然有效。若在此期间发生保险事故，保险公司依然要承担相应责任；但投保人后续需要归还垫缴的保费及利息。

5. 复效条款

复效条款是指人寿保险合同因投保人不按期缴纳保费失效后，自失效之日起的一定时间内（一般为 2 年），投保人可以向保险人申请恢复保险合同效力。

在满足一定条件时，保险人可以同意恢复合同效力，这些条件通常包括：投保人补交失效期间的保费及利息、被保险人要符合可保条件等。

复效条款的意义在于以下几方面。

给投保人第二次机会。如果投保人因某些原因未能按时缴费导致合同失效，通过复效条款有可能使合同重新生效，继续获得保障。

维护保险双方的利益平衡。既考虑到投保人可能出现的特殊情况，又保证了保险人对风险的重新评估和把控。

比如，一份人寿保险合同失效了，但在规定的复效期限内，投保人提出复效申请，补交了保费和利息，且被保险人经过审核仍然符合保险条件。那么，该保险合同就可以恢复效力，被保险人又能重新获得保障。

6. 所有权条款

所有权条款主要是在保险合同中对保险标的所有权相关事项进行明确规定的条款。

具体而言，它通常会界定保险标的的归属、在保险期间所有权的变更对保险合同的影响等内容。

其意义在于以下几方面。

明确保险关系中各方对保险标的的权利和责任。

确保在所有权发生变化等情况下，保险合同的有效性和各方权益得到妥善处理。

例如，在财产保险中，所有权条款会明确保险标的属于投保人或被保险人所有。若在保险期间保险标的的所有权发生转移，可能需要根据条款约定来确定保险合同是否继续有效，或者是否需要进行相应的变更手续等。它为处理保险标的所有权相关的复杂情况提供了依据和准则。

7. 不丧失价值条款

不丧失价值条款，又称为不没收条款，是人寿保险合同中关于当投保人不愿或无力继续缴纳保险费时，由投保人选择如何处理保险单项下积存的现金价值的规定。

人寿保险合同生效满一定时期以后，在保单项下可能会形成现金价值（寿险保单应包含现金价值表）。这笔资金归投保人所有，而不能被保险人“没收”。

一般而言，不丧失价值任选条款，可以提供三种方式供投保人选择。具体如下。

（1）现金返还。把保险单下积存的现金价值扣除退保手续费及其他费用后，作为退保金，以现金的方式返还给投保人；

（2）把原保险单改为缴清保险单。原保险单的保险责任、保险期限均不变，只是依据现金价值金额，相应降低保险金额，此后投保人不必再缴纳保险费。这种处理方法实际上是以现金价值作为趸交保险费，投保与原保险单责任相同的人寿保险，保险期限自停交保险费起至原保单满期时止，保险金额则由趸交保险费的金额而定；

（3）将原保险改为展期保险单。即将原保险改为与原保险金额相同的死亡保险，保险期限相应缩短，此后投保人不必再缴纳保险费。这种处理方式实际上是以现金价值作为趸交保险费，投保死亡保险，保险金额与原保险金额相同，保险期限则由趸交保险费的金额决定。两全保险改为展期保险单以后，保险期限不能超过原保单的保险期限。如果责任准备金仍有剩余，则作为满期生存保险责任的趸交保险费或以现金形式返还投保人。

8. 保单贷款条款

保单贷款条款是指人寿保险合同中允许投保人以具有现金价值的保单作为质押，向保险人申请贷款的规定。

其意义在于以下几方面。

提供资金融通渠道。投保人在需要资金时，可以利用保单的现金价值获取一定的贷款，具有一定的灵活性。

增加保单的附加价值。使保单除了提供保障功能外，还能在一定程度上发挥融资作用。

具体而言，当投保人依据该条款向保险人申请贷款时，通常需要满足一定条件。比如，贷款额度一般不超过保单现金价值的一定比例，并且要按照约定支付利息。如果投保人未能按时偿还贷款本息，可能会导致利息的累积以及对保单权益的一些影响。例如，某人持有一份具有较高现金价值的人寿保险保单，在遇到资金需求时，可按照保单贷款条款向保险公司申请贷款以缓解资金压力。

9. 保单转让条款

保单转让条款指的是投保人或被保险人在法律允许的情况下，将保险单转让给他人的相关约定。

转让可以分为绝对转让和抵押转让等形式。绝对转让，意味着将保单的全部权利转让给受让人，受让人成为新的保单所有人，享有保险金请求权等全部权利；抵押转让，则通常是将保单作为抵押物进行转让，在一定条件下实现债权等目的。

其重要意义在于以下几点。

增加保单的流动性。使保单的权益能够在不同主体间流转。

满足投保人或被保险人的特殊需求。比如，在经济活动中用于担保或交易等。

例如，投保人可能因债务问题将保单进行抵押转让给债权人，或者将保单的权益绝对转让给他人以换取一定的经济利益等。在转让过程中，需要遵循相关的法律规定和保险合同约定，以确保转让的合法性和有效性。

10. 受益人条款

受益人条款是保险合同中的重要条款之一。它主要规定了在保险事故发生后，有权领取保险金的人。受益人可以是投保人或被保险人指定的自然人、法人或其他组织。

该条款的意义如下。

明确保险金的归属。确保保险金能准确无误地支付给被指定的人或实体。

体现投保人或被保险人的意愿。让他们可以按照自己的想法，安排保险金的分配。

具体而言，在保险合同中，会明确受益人的身份信息、受益顺序（如有多个受益人时）、受益份额等。例如，被保险人指定其子女为受益人，那么在被保险人去世后，保险公司就会将保险金支付给其子女。如果没有指定受益人，在一些情况下会按照法律规定的顺序进行分配。受益人条款在保障被保险人及其家属的经济利益方面起着关键作用。

11. 红利任选条款

红利任选条款规定了投保人对于保单红利的处理方式有多种选择。常见的选择包括以下几点。

（1）现金领取。投保人直接领取红利的现金部分。

（2）累积生息。将红利留存在保险公司，按照一定利率累积生息，在未来某个时间点可以一次性领取或部分领取。

（3）抵交保费。用红利抵交下期应缴纳的部分或全部保费。

（4）购买交清增额保险。用红利购买保额，增加保险的保障额度。

红利任选条款的意义，在于给予投保人一定的灵活性和自主性，让他们可以根据自己的财务状况和需求来决定如何处理红利，从而更好地实现保险规划和理财目标。比如，投保人在资金充裕时可能选择累积生息，而在需要减轻保费负担时选择抵交保费等。

12. 保险金给付任选条款

保险金给付任选条款，是指在保险合同中，投保人可以选择不同的保险金给付方式。以下是一些常见的保险金给付方式。

（1）一次性支付现金：保险人将以现金形式一次性给付保险金；

（2）利息收入：受益人将保险金作为本金留存在保险公司，然后根据约定的利率，按期到保险公司领取保险金所产生的利息，领取周期可以按年、季或月计算；

（3）定期收入：这种方式是根据投保人的要求，在约定的给付期间，按约定的利率，计算出每期应给付的金额，以年金方式按期给付；

（4）定额收入：根据保险金领取人生活开支的需要，确定每次领取保险金的数额，受益人按期领取这个金额，直到保险金的本息全部领取完为止；

（5）终身收入：受益人用领取的保险金投保一份终身年金保险，此后受益人按期领取年金直至死亡。

需要注意的是，具体的保险金给付方式，可能因保险产品的不同而有所差异。在选择保险产品时，投保人应该仔细阅读保险条款，了解不同给付方式的特点和适用条件，以便根据自己的需求和情况做出合适的选择。同时，如果客观环境发生变化，投保人或受益人有权将已经选定的某种给付方式改换为其他方式。

13. 自杀条款

自杀条款，通常规定，在保险合同生效后的一定时期内（一般为两年），如果被保险人自杀，保险人不承担给付保险金的责任，但退还保险合同的现金价值；而如果被保险人在合同生效满一定时间后自杀，保险人则会按照合同约定承担给付保险金的责任。

其意义在于以下几方面。

防范道德风险。避免投保人在投保后短期内通过自杀来获取保险金的不当行为。

平衡保险双方利益。经过一定时间后，若被保险人仍然选择自杀，可能是其确实面临无法承受的困境。此时，保险人承担保险金责任，也体现了一定的人道主义关怀和保险保障的本意。

例如，一份人寿保险合同规定了两年的自杀免责期，在合同生效不到两年时被保险人自杀，保险公司不支付保险金，只退还现金价值；而若在合同生效两年后被保险人自杀，保险公司则需按约定给付保险金。

14. 战争除外条款

战争除外条款，主要明确规定在战争（包括宣战或未宣战的战争、内战、叛乱、革命、起义、军事政变或篡权等）期间或因战争引起的相关情况下，保险人对于某些损失或责任不予承担。

其意义在于：

控制风险：战争时期通常会带来极大的不确定性和高额风险，通过该条款可以对保险公司面临的潜在巨大赔付风险进行一定限制。

明确责任边界：使投保人清楚在战争等特殊情况下保险保障的范围和界限。

例如，在战争状态下，因战争行为直接导致的财产损失、人员伤亡等，可能不在保险的赔付范围内。这有助于保险公司在特殊的高风险时期保持经营的稳定性，同时也让投保人在签订保险合同时对可能面临的特殊情况有更清晰的认知。

15. 共同灾难条款

共同灾难条款是人寿保险的常用条款之一。该条款规定，只要第一受益人与被保险人同死于一次事故中，不论谁先死、谁后死还是同时死亡，都认定第一受益人先死，被保险人后死，保险金归被保险人，由被保险人的继承人享受。

在人寿保险中，受益人受领寿险死亡保险金的权利，通常以被保险人死亡时受益人仍然存活为条件。如果受益人先于被保险人死亡，在没有其他受益人的情况下，保险金则作为被保险人的遗产处理。但是如果受益人与被保险人在同一意外事件中死亡，并且没有死亡顺序的明确证明，就会产生由谁来受领保险金的问题。共同灾难条款的产生使问题得以简化，避免了许多无谓的纠纷。

7.2　人寿保险之一——传统型人寿保险

7.2.1　死亡保险

死亡保险是以被保险人死亡为给付保险金条件的保险。

具体而言，它具有以下特点和意义。

（1）提供经济保障。在被保险人不幸离世后，为其指定的受益人提供一笔经济补偿，帮助他们缓解因主要经济来源丧失而面临的经济压力。

（2）风险转移。投保人通过缴纳保费将死亡带来的经济风险转移给保险公司。

（3）财富传承。可以按照投保人的意愿，将财富传递给特定的人或群体。

死亡保险有多种类型。比如，定期死亡保险，在一定期限内提供保障；终身死亡保险，保障期限为被保险人终身等。例如，一位家庭主要经济支柱购买了死亡保险，若其不幸意外身故，保险公司支付的保险金可以保障其家人的生活、子女的教育等费用。死亡保险在帮助人们应对不可预见的死亡风险和保障家庭财务稳定方面发挥着重要作用。

1. 定期死亡保险

定期死亡保险，又称定期寿险，是以被保险人在约定的保险期限内，因保险责任范围内的原因死亡而由保险人依据保险合同的规定给付受益人定额保险金的一种保险。

定期寿险具有以下特点。

（1）保险期限固定。保险期限可以为 5 年、10 年、15 年、20 年或 25 年不等，也可以约定被保险人达到特定年龄（如 65 岁或 70 岁）时为保险期满。

（2）保费不退还。如果保险期满时被保险人仍然生存，保险公司不承担给付责任，同时不退还投保人已缴纳的保险费。

（3）保费低廉。在相同保险金额、相同投保条件下，其保险费低于任何一种人寿保险。

（4）高保障。提供较高的保险金额，以保障被保险人在保险期限内的家庭经济安全。

定期寿险适合以下人群购买。

（1）经济负担较重的人。收入较低但家庭经济负担较重的人。如正在建设期或成熟期的年轻人、需要偿还贷款或债务的人。

（2）家庭经济支柱。承担家庭主要经济责任的人，一旦他们不幸离世，家庭可能会面临经济困难。

（3）短期高风险职业者。从事高风险职业的人。如建筑工人、矿工等，在工作期间面临较高的意外风险。

在购买定期寿险时，需要注意以下几点。

（1）保险金额。应根据家庭经济状况和需求确定合适的保险金额。

（2）保险期限。根据自己的年龄、家庭状况和经济能力，选择合适的保险期限。

（3）健康告知。如实告知自己的健康状况，以免在理赔时出现纠纷。

（4）保险公司信誉。选择信誉良好、财务稳健的保险公司。

2. 终身死亡保险

终身死亡保险，又称终身寿险，是一种为被保险人提供终身保障的人寿保险。在保险合同有效期间，若被保险人发生保险责任范围内的死亡事件，保险人将给付保险金。

其特点包括以下几方面。

（1）保险期限：被保险人的终身。

（2）保险金额：通常保持不变，也有一些保单允许在一定情况下进行调整。

（3）储蓄性：具有一定的储蓄功能，保单一般具有现金价值，投保人在退保时可领取退保金。

（4）保费：相对定期寿险较高。

终身死亡保险适合以下人群购买。

（1）经济负担较重的人。如需要偿还贷款或债务的人。

（2）家庭经济支柱。承担家庭主要经济责任的人，一旦不幸离世，家庭可能会面临经济困难。

（3）有遗产规划需求的人。终身寿险可以指定受益人，实现资产传承和规划。

在购买终身死亡保险时，投保人应根据自身经济状况、家庭需求和保险条款等因素进行综合考虑。同时，建议在购买前咨询专业的保险顾问，以便选择最适合自己的保险产品。

7.2.2 生存保险

生存保险是以被保险人在一定期间内的生存作为保险条件的保险。在保险合同有效期间，若被保险人发生保险责任范围内的死亡事件，保险人将给付保险金。

生存保险具有以下特点。

（1）生存为给付条件。被保险人在合同规定期限届满时仍然生存，保险人才负责给付保险金。

（2）保险期限有限。生存保险必须有保险期限的规定，否则被保险人永远都领不到保险金。

（3）储蓄性强。生存保险的主要目的是为了满足被保险人一定期限之后的特定需要，如子女的教育资金或被保险人的养老金等，具有很强的储蓄性。

（4）不退还保费。如果保险期间内被保险人死亡，视为未发生保险事故，保险人不负保险责任，也不退回已缴纳的保险费。

生存保险的主要险种包括单纯的生存保险、年金保险等。购买生存保险时，需要注意选择实力强、信誉好的保险公司和有责任感、业务精通的业务员。同时，要仔细阅读保险条款，了解保险责任和免责范围等内容。

1. 单纯的生存保险

单纯的生存保险，是指以生存为给付条件的险种，也就是活着才能给，死了反而不给。若被保险人在保险期限内死亡，则不能得到保险金，且所缴保费也不予退还。在寿险实务中，单纯的生存保险，一般不能作为独立的险种。

2. 年金保险

年金保险是指投保人或被保险人一次或按期交纳保险费，保险人以被保险人生存为条件，按年、半年、季或月给付保险金，直至被保险人死亡或保险合同期满。

年金保险具有以下特点。

（1）稳定的现金流。可以在约定的时间为被保险人提供持续、稳定的资金流入。

（2）养老规划。是养老规划的重要工具之一，能确保晚年有稳定的经济来源。

（3）长期保障。通常是长期的保险合同，保障期限较长。

（4）强制储蓄。有助于投保人养成定期储蓄的习惯。

年金保险有多种类型。比如，养老年金保险，专门为养老提供保障；教育年金保险，用于子女教育资金的储备等。例如，某人购买了养老年金保险，在退休后每年或每月都能领取一定金额的年金，用于补充养老生活费用。它为人们提供了一种在特定时期获得可靠经济支持的方式。

7.2.3　两全保险

两全保险又称生死合险，它兼具“储蓄性”和“给付性”。

（1）储蓄性。在保险期间结束时，无论被保险人是生存还是死亡，都能获得保险金的给付。

（2）给付性。如果保险期间内被保险人死亡，保险公司会按照约定赔付身故保险金；若保险期满被保险人仍然存活，保险公司也会支付生存保险金。

两全保险的特点，包括以下几点。

（1）保障全面：既考虑了被保险人死亡的风险，又保障其生存到一定时期后的利益。

（2）灵活性相对较高：可以根据不同的需求和情况，进行设计和安排。

例如，一份两全保险规定在20年内，如果被保险人在这期间身故，其受益人可获得一笔身故保险金；若 20 年后被保险人仍然存活，被保险人自己可领取生存保险金。这种保险对于既希望在风险发生时有保障，又期望在未来某个时期能获得一定资金的人而言较为合适。

7.2.4 寿险附加险

寿险附加险是指在购买寿险主险的基础上，根据个人需求和风险情况，选择添加的附加保险条款。这些附加险通常不能单独购买，而是作为主险的补充和扩展。

1. 保证可保性附加特约

保证可保性附加特约是寿险附加险的一种，它的作用是在被保险人的健康状况发生变化时，仍然能保证其可保性。

具体而言，当被保险人在购买寿险主险后，可能会因为某些原因（如患病、职业变更等）导致健康状况恶化，从而影响其未来的投保资格。如果在主险中附加了保证可保性附加特约，那么在特约规定的条件下，被保险人可以在未来的某个时间点，无需提供健康证明或接受体检，直接购买额外的寿险保额。

通常，保证可保性附加特约可能会设定一些限制和条件。具体如下。

（1）年龄限制。被保险人必须在特定的年龄范围内，才能行使保证可保权。

（2）时间间隔。可能要求在主险生效后的一定时间后，才能购买额外保额。

（3）保额限制。对可购买的额外保额，可能有限制。

2. 免缴保费特约

免缴保费特约，又称保费豁免，是指在保险合同规定的缴费期内，投保人或被保险人达到某些特定的情况（如身故、残疾、重大疾病等），由保险公司获准，同意投保人可以不再缴纳后续保费，保险合同仍然有效。

保费豁免，通常分为以下两种情况。

（1）投保人豁免。当投保人出现约定的豁免情况时，后续保费无需再缴纳，被保险人的保障依然有效。

（2）被保险人豁免。当被保险人出现约定的豁免情况时，通常是患上特定的重大疾病，后续保费无需再缴纳，保险合同继续有效。

保费豁免功能，可以避免投保人或被保险人因意外或疾病等原因，无法继续缴纳保费而导致保险合同失效的风险，为被保险人提供持续的保障。

3. 丧失工作能力收入补偿附加特约

丧失工作能力收入补偿附加特约是一种寿险附加险，是指如果被保险人完全丧失工作能力，将获得按期给付的每单位保额下一定金额的收入补偿保险金。该附加特约在履行时通常还有一些严格的约定。如被保险人必须在某确定的年龄之前完全丧失工作能力、并且有一段较长的等待期等。

4. 意外死亡附加特约

意外死亡附加特约是一种寿险附加险，它为被保险人由于意外而致死提供额外保障。与主险不同的是，该附加特约往往为定期险，保险金额按基本单位计算，并受到保险公司规定限额的约束。

当被保险人在保险期间内因意外事故导致身故时，保险公司将按照约定的保险金额给付意外死亡保险金。意外事故通常需要满足一定的条件。如非本意的、突发的、外来的等。

需要注意的是，不同的保险公司和产品在具体条款和保障范围内，可能会有所差异。在购买寿险附加险时，建议仔细阅读保险条款，了解保险责任和免责范围等内容，以便选择适合自己的保险产品。同时，也可以咨询保险代理人或专业人士，获取更详细和准确的信息。

5. 配偶及子女保险附加特约

配偶及子女保险附加特约是一种寿险附加险。它为被保险人的配偶和子女提供额外的保障。具体而言，当被保险人在保险期间内身故或全残时，保险公司将按照约定向其配偶和子女给付一定金额的保险金。

这种附加特约的目的是，为了保障被保险人的家庭经济安全，确保其配偶和子女在被保险人不幸离世后能得到一定的经济支持。

6. 生活费用调整附加特约

生活费用调整附加特约是一种寿险附加险条款。它规定保单的保险金额，可以随着消费价格指数的变化而自动调整。在通常情况下，当消费价格指数增加一定比例时，保险金额会自动增加相应比例，保险费也会相应增加相同比例；但当消费价格指数降低时，保额不变。

这种附加特约的目的是为了应对通货膨胀等因素导致的生活费用上涨，确保被保险人的保障水平能够与之相适应。通过自动调整保险金额，可以在一定程度上减轻被保险人在经济上的压力。

7.3 人寿保险之二——创新型人寿保险

创新型人寿保险是一种具有一定资产价值的人身保险产品，除了提供传统人寿保险的保障服务外，还能让客户直接参与保险公司管理的投资活动。

通常，创新型人寿保险，包括分红型保险、万能型保险和投资连结型保险等三种。其主要特点包括以下几点。

（1）保险保障和投资收益双重功能。创新型人寿保险将保费分为“保障”和“投资”两个部分。在提供保险保障的同时，客户还可以参与投资活动，有机会获得投资收益。

（2）账户相对独立，运作透明化。客户投保后会拥有一个独立的个人投资账户，账户的收支情况清晰透明。保险公司会对账户进行独立管理、评估和核算，定期对投资账户资产价值进行评估，方便客户了解保单信息。

（3）保障水平不确定。创新型人寿保险的保险金给付，通常依据保险金额和投资账户价值总额两者中的较大值。当投资账户价值总额低于保额时，保险金按保险金额给付；当投资账户价值总额高于保额时，保险金额按投资账户价值总额给付，且会随着投资账户资产价值的增加而增加。因此，保障水平存在一定的不确定性。

（4）收益和风险并存。客户的投资收益取决于保险公司的投资绩效，所有投资风险由客户自行承担。因此，投资回报率是不确定的。

7.3.1 分红人寿保险

分红人寿保险是一种创新型人寿保险，它具有以下特点。

（1）兼具保障和分红。在提供人寿保障的同时，保险公司会根据自身的经营成果，向保单持有人分配一定比例的红利。

（2）红利来源多样。红利通常来源于死差益（实际死亡率低于预定死亡率产生的盈余）、利差益（实际投资收益高于预定利率产生的盈余）和费差益（实际运营费用低于预定费用产生的盈余）。

（3）不确定的分红收益。虽然有分红，但具体的分红金额并不确定，可能多也可能少，甚至在某些年份可能没有分红。

（4）长期规划。适合有长期财务规划需求的人，通过长期持有积累财富。

分红人寿保险，为投保人提供了一定的灵活性和潜在收益。但其分红的不确定性，也需要投保人在选择时，充分考虑和评估自身的风险承受能力与预期。

7.3.2　变额人寿保险

变额人寿保险是一种终身寿险，具有以下特点。

（1）投资连结。变额人寿保险通常会设立一个或多个分立账户，投保人的保费会被分配到这些账户中，用于投资股票、债券、基金等金融资产。投资收益将直接影响保单的现金价值和保额。

（2）保额可变。变额人寿保险的保额不是固定的，而是会根据分立账户的投资业绩而变化。如果投资表现良好，保额可能会增加；反之，如果投资表现不佳，保额可能会减少。

（3）风险自担。投保人需要承担投资风险，因为分立账户的投资回报是不确定的。如果投资损失导致保单的现金价值低于一定水平，可能需要投保人追加保费来维持保单的有效性。

（4）灵活性。变额人寿保险通常具有一定的灵活性，投保人可以根据自己的需求和风险承受能力调整保费缴纳金额、投资组合等。

（5）税收优惠。在一些国家和地区，变额人寿保险可能享受税收优惠。例如，保费缴纳可以在一定限额内免税、投资收益可能延迟纳税等。

7.3.3　万能人寿保险

万能人寿保险是一种具有灵活性和综合性的人寿保险产品，以下是万能人寿保险的一些主要特点。

（1）缴费灵活。投保人可以根据自己的财务状况和需求，灵活选择缴纳保费的金额和时间。

（2）保额可调整。可以在一定范围内，根据自身需要调整保险金额，以满足不同阶段的保障需求。

（3）设有单独账户。保费会进入一个单独的账户进行投资运作，通常会有一个保底利率。在此基础上，根据实际投资收益情况确定最终的结算利率。

（4）透明性。投保人能较为清楚地了解账户价值的变化情况。

（5）费用结构较复杂。可能涉及初始费用、风险管理费用、退保费用等多种费用。

万能人寿保险在提供保障的同时，给予了投保人一定的自主决策空间。但投保人也需要充分了解其复杂的条款和费用结构，以便做出合理的选择和规划。

7.3.4 变额万能人寿保险

变额万能人寿保险是一种将万能寿险的缴费灵活性和变额寿险的投资灵活性相结合的保险产品。

它具有以下特点。

（1）缴费灵活。投保人可以在一定限度内，自行决定每期保费支付金额；也可以根据自身需求和经济状况，调整保费缴纳方式。

（2）保额可调整。投保人可以根据自己的需求，在一定范围内调高或降低保额。

（3）投资自主。投保人可以自行承担投资风险，有机会获得更高的投资回报。

（4）现金价值波动。其现金价值与变额寿险一样会高低起伏，也可能降低至零。若未再缴付保费，该保单会因而停效。

（5）资产分离。分离账户的资金与保险公司的资产是分开的。故，当保险公司遇到财务困难时，账户的分开可以对保单持有人提供另外的保障。

变额万能人寿保险适合那些具有一定风险承受能力、希望在保障的同时获得投资收益的人群。在购买此类保险前，建议投保人仔细阅读保险条款，了解保险责任、费用扣除、投资策略等重要信息，并咨询专业的保险顾问。

7.4　人身意外伤害保险

7.4.1　人身意外伤害保险的概念

人身意外伤害保险是指以被保险人因遭受意外伤害造成死亡、残废为给付保险金条件的人身保险。

具体而言，它有以下几个要点。

首先，意外伤害是指外来的、突发的、非本意的、非疾病的使身体受到伤害的客观事件。比如，因交通事故、滑倒摔伤、被动物袭击等意外情况导致的身体损伤。

其次，该保险的主要保障内容，通常包括因意外伤害导致的身故、伤残以及可能产生的医疗费用等。

最后，人身意外伤害保险具有保费较低、保障较高的特点，可以为人们在日常生活和工作中面临的意外风险，提供经济上的保障和补偿。它在保险市场中占有重要地位，能满足人们对于应对意外情况、保障自身和家庭经济安全的需求。

7.4.2　人身意外伤害保险的保险责任

人身意外伤害保险的保险责任，主要包括以下几个方面。

（1）意外伤害导致的身故。被保险人因遭受合同约定的意外伤害而不幸身故，保险公司将按照约定给付身故保险金。

（2）意外伤害导致的伤残。当意外伤害致使被保险人身体残疾时，根据伤残等级评定标准，保险公司会按相应比例给付伤残保险金。

（3）意外伤害导致的医疗费用。对被保险人因意外伤害产生的合理且必要的医疗费用。如急救费用、门诊费用、住院费用、手术费用、药品费用等进行补偿。

（4）意外伤害导致的住院津贴。有些意外险产品会约定，在被保险人因意外伤害住院期间，按日给予一定金额的住院津贴，以弥补其收入损失。

（5）意外伤害导致的紧急救援费用。例如，在境外遭遇意外时的紧急救援费用等。

7.4.3　人身意外伤害保险的特点

人身意外伤害保险，具有以下特点。

（1）短期性。通常，保险期限为一年或更短时间，属于短期险。

（2）灵活性。投保人可根据自身需求，灵活选择不同保额和保障范围的产品。

（3）保费低。相对其他寿险产品，保费通常较为低廉。

（4）保障高。能以较低的保费获得较高的意外风险保障。

（5）外来性。强调伤害是由外部原因引起的，而非身体内部的疾病等因素。

（6）突发性。意外的发生往往是突然的、不可预见的。

（7）非本意性。不是被保险人主动追求或故意导致的伤害。

（8）伤残给付。除了身故保障外，还注重对伤残情况的赔付。

（9）可附加性。可以附加其他保障。如意外伤害医疗等。

7.4.4 人身意外伤害保险的分类

人身意外伤害保险，主要有以下分类。

（1）按实施方式分类

自愿性意外伤害保险：投保人根据自己的意愿和需求自愿购买。

强制性意外伤害保险：由国家通过立法强制实施。如某些行业的工伤保险。

（2）按保险风险分类

普通意外伤害保险：保障常见的各种意外风险。

特定意外伤害保险：针对特定时间、特定地点或特定原因导致的意外伤害。如旅游意外险、航空意外险等。

（3）按保险期限分类

一年期意外伤害保险：最为常见，保险期限为一年。

极短期意外伤害保险：如几天甚至几个小时的意外险，常用于旅游、乘坐交通工具等特定场景。

（4）按险种结构分类

单纯意外伤害保险：只提供意外伤害保障。

附加意外伤害保险：作为主险的附加险存在，在主险基础上增加意外保障。

7.4.5 人身意外伤害保险与财产保险的相似性比较

人身意外伤害保险与财产保险有以下一些相似性。

（1）保险事故的突发性。两者保险事故的发生，往往都具有突然性和意外性，都是在人们意料之外突然降临。

（2）保险标的的独立性。它们的保险标的都是相对独立的个体，财产保险标的是各类财产，人身意外伤害保险标的是人的生命和身体。

（3）保险金额的确定方式。在一定程度上，都基于保险标的的价值来确定保险金额。

（4）保险合同的性质。都属于补偿性合同，在保险责任范围内对损失进行补偿。

（5）精算基础有相似性。都涉及对风险概率的评估和计算，在费率厘定等方面有一定的相似逻辑。

（6）保险经营的一些环节相似。如核保、理赔等环节，都有类似的要求和流程。

7.5 健康保险

7.5.1 健康保险的概念

健康保险是以被保险人的身体为保险标的，对被保险人因疾病或意外事故所致伤害时，发生的直接费用或间接损失进行补偿的一种保险。

具体而言，它主要包括以下几个方面。

首先，健康保险关注的是与身体健康相关的风险。如疾病的治疗费用、住院费用、手术费用、药品费用等。

其次，它也可能涵盖因疾病或意外导致的收入损失补偿。例如，长期疾病导致无法工作时的津贴。

最后，一些健康保险产品还可能包括健康管理服务，如体检、健康咨询等。

健康保险的目的是帮助被保险人减轻因健康问题带来的经济负担，保障其在患病或遭遇意外时能获得必要的医疗资源和经济支持，维持生活的稳定和健康。不同类型的健康保险产品，在保障范围、保险金额、保险期限、费率等方面，可能存在差异。

7.5.2 健康保险的特点

健康保险具有以下特点。

（1）保险标的的特殊性：以人的身体和健康状况为标的。

（2）经营风险的复杂性：疾病的发生和医疗费用的不确定性较大，风险评估难度高。

（3）精算技术的独特性：需要运用专门的精算方法来确定费率。

（4）成本分摊的重要性：通过共济的方式来分摊风险和成本。

（5）合同条款的复杂性：涉及疾病定义、赔付条件、除外责任等诸多复杂内容。

（6）赔付性质的多样性：既可能是费用补偿，也可能有定额给付。

（7）保险期限的短期性：多数为一年期，也有长期的，但不像人寿保险那样以长期为主。

（8）道德风险的防范性：需要防范被保险人过度医疗、欺诈等道德风险。

（9）与医疗体系的关联性：与医疗机构紧密关联，需要处理好与医疗服务提供者的关系。

7.5.3 健康保险的有关特别规定

健康保险的有关特别规定，包括以下几个方面。

（1）投保年龄限制。不同的健康保险产品，有不同的投保年龄范围，一般在 18 岁至 70 岁之间；也有部分产品的投保年龄范围更宽。

（2）等待期。等待期是指保险生效后需要等待一定的时间，才能享受部分或全部保险责任。等待期的设置，是为了防止人们在购买保险后，立即发生意外或罹患重大疾病后再投保，以获得保险赔付。

（3）医疗特殊条款。医疗特殊条款，包括费用限制、报销比例、就诊限制以及特殊保障等内容。不同的保险产品，在这些方面的规定可能会有所不同。

（4）续保条款。在保险公司开发的短期健康保险产品中，包含续保责任的，应在保险条款中明确表述为“不保证续保”条款。不保证续保条款中至少应当包含本产品保险期间为一年（或不超过一年）、保险期间届满，投保人需要重新向保险公司申请投保本产品等内容。

（5）既存状况条款。既存状况条款规定，在保单生效的约定期间内，保险人对被保险人的既往病症不给付保险金。既往病症是指在保单签发之前被保险人就已患有，但却未在投保单中如实告知的疾病或伤残。

（6）职业变更条款。在健康保险中，被保险人的职业发生变动将会直接影响发病率、遭受意外伤害的危险。所以，通常在职业变更条款中规定，如果被保险人的职业危险性提高，保险人可以在不改变保险费率的前提下降低保险金额。

（7）理赔条款。理赔条款规定，理赔申请人有及时将损失通知保险人的义务，保险人有迅速理赔的责任。

（8）超额保险条款。由于健康保险的保险金具有补偿性质。因此，为防止被保险人因疾病或残疾后获利，在合同中可规定超额保险条款。即对于超额保险，保险人可减少保险金额，但要退还超额保险的保费部分。

（9）防卫原因时间限制条款。防卫是指投保书上所列明的重大不实告知事项。根据此条款，保单生效经过一定时间后，除非被保险人有欺诈行为。否则，保险人不得以重大不实告知为由，决定保单无效或拒绝赔付。

7.5.4 健康保险的种类

健康保险，主要有以下几种类型。

（1）医疗保险：补偿被保险人因疾病或意外导致的医疗费用支出，包括门诊费用、住院费用、手术费用、药品费用等。

（2）疾病保险：当被保险人确诊患有特定重大疾病时。如癌症、心脏病等，保险公司按约定给付保险金。

（3）失能收入损失保险：如果被保险人因疾病或意外丧失劳动能力，导致收入减少或中断，保险公司按约定给予补偿。

（4）护理保险：为被保险人因年老、疾病或伤残需要长期护理时提供经济保障。

【思政德育课堂】

200 万的保险金之争：张先生为何先胜后败？

【思考题】

1. 在购买寿险时，如何根据家庭经济状况确定合理的保额？
2. 分析健康险中重大疾病保险和医疗险的互补关系及选择策略。
3. 对于意外险，怎样界定“意外”事件，以确定保险责任？
4. 探讨人身保险中的分红险、万能险和投连险在投资回报和风险方面的特点。
5. 结合实际案例，说明人身保险在遗产规划中的作用和注意事项。

人身保险：为山西环卫员工撑起的保护伞

第八章

商业保险之三——再保险

学习目标

了解：了解再保险的基本概念和主要作用。

熟悉：能辨别不同类型再保险公司的业务特点。

理解：理解再保险市场的运行规律和竞争态势。

掌握：能运用再保险知识，为保险公司设计合理的再保险方案。

8.1 再保险概述

8.1.1 再保险的基本概念

再保险又称分保，是指保险人将自己所承担的保险责任，部分地转嫁给其他保险人承保的业务。

具体而言，原保险人（分出公司）为避免或减轻其在原保险合同下所承担的保险责任，与其他保险人（再保险人、分入公司）签订再保险合同，将其所承保业务的一部分或全部转移给再保险人。再保险的目的是分散风险、扩大承保能力、稳定经营成果等。通过再保险，原保险人可以在不增加自身风险的情况下，扩大业务规模；再保险人则可以通过接受分保业务，获得保费收入并分散自身风险。再保险的安排形式多样，包括临时再保险、合同再保险、预约再保险等。

8.1.2 危险单位、自留额和分保额

自留额与分保额这两个关键要素，在很大程度上决定着再保险的具体方式。其中，自留额是指原保险人自身所愿意承担的风险额度，而分保额则是指转移给再保险人承担的那部分风险额度。值得注意的是，无论是自留额还是分保额，它们二者都是紧密依据危险单位来进行确定的。也就是说，要结合对危险单位的评估和分析，来合理地设定自留额与分保额，从而确保再保险安排的科学性和有效性，使得整个再保险机制能够更好地发挥其在分散风险、稳定保险市场等方面的重要作用。

1. 危险单位

危险单位是指一次保险事故可能造成的最大损失范围。

它是再保险中一个非常重要的概念。危险单位的划分通常基于保险标的的性质、地理位置、风险特征等因素。通过确定危险单位，可以更准确地评估风险程度，合理确定自留额和分保额，规划再保险安排，以确保在发生重大保险事故时，保险人能有效承担赔偿责任而不至于遭受过大的冲击。例如，对于一座大型建筑物，可能将其整体视为一个危险单位；对于一条运输线路上的货物，可能按批次或一定的区域来划分危险单位。危险单位的界定对于再保险业务的开展和风险管理具有关键意义。

2. 自留额和分保额

自留额是指保险人在对某个风险标的进行承保时，自己愿意承担并负责赔偿的最高金额。它反映了保险人自身承担风险的能力和意愿。

分保额则是指保险人将超过自留额的那部分风险责任，通过再保险的方式转移给其他保险人（再保险人）所对应的金额。换句话说，就是原保险人分出给再保险人承担的保险责任额度。

例如，假如对某一风险标的预估的最大损失可能是100万元，保险人确定自己的自留额为30万元，那么剩下的70万元就是分保额，会通过再保险安排由其他再保险人来共同分担这部分风险。自留额的大小，会影响保险人的风险承担程度和经营稳定性。而分保额则决定了再保险关系中各方的责任划分和风险分担情况。

8.1.3 再保险与原保险的比较

（1）合同主体

在原保险中，投保人和保险人是合同双方；而再保险中，分出公司和分入公司是合同双方。

（2）保险标的

原保险的标的，是各种风险；再保险的标的，是原保险人所承担的保险责任。

（3）保障对象

原保险主要保障投保人或被保险人；再保险主要是保障原保险人的经营稳定性。

（4）保费性质

在原保险中，投保人缴纳保费；在再保险中，分出公司向分入公司支付分保费。

（5）风险分散程度

原保险实现一定程度的风险分散；再保险进一步分散原保险人的风险，分散程度更高。

（6）经营目的

原保险旨在为投保人提供保障；再保险主要是帮助原保险人降低风险、扩大承保能力。

（7）合同性质

原保险合同多样；再保险合同相对更复杂，且多为商业性合同。

8.1.4 保险原则在再保险中的运用

1. 可保利益原则

可保利益原则是保险的一项基本原则。

可保利益是指投保人或被保险人，对保险标的所具有的法律上承认的经济利益。具体而言，就是当保险标的安全存在时，投保人或被保险人会因此而获益；当保险标的遭受损失时，投保人或被保险人会遭受经济上的损失。

这一原则有以下重要意义。

（1）防止赌博行为：确保保险不是单纯的赌博，而是基于真实的利益关系。

（2）限制赔偿程度：使赔偿以被保险人的实际损失为限，避免不当得利。

（3）保障交易安全：维护保险市场的正常秩序和公平性。

例如，对于财产保险，投保人必须对保险财产具有所有权、使用权等经济利益；对于人身保险，投保人通常对被保险人的生命、身体等具有特定的利益关系，如亲属关系等。如果投保人对保险标的不具有可保利益，那么保险合同可能被认定为无效。

2. 诚信原则

诚信原则即诚实信用原则，在保险领域有着极为重要的地位。

诚信原则要求，保险合同双方在订立和履行保险合同的过程中，必须以最大的诚意。如实告知、信守承诺、不隐瞒欺诈。

对于投保人而言，要如实告知与保险标的有关的重要事实。如自身的健康状况、财产的实际情况等，不得故意隐瞒或虚假陈述。

对于保险人而言，要明确说明保险条款的内容，特别是免责条款等关键信息，不得误导投保人；在理赔时也要秉持诚信原则，及时、公正地进行赔付。

诚信原则是保险合同能顺利履行、保险行业健康发展的基石。如果违背诚信原则，可能导致保险合同无效或引发保险纠纷。比如，投保人故意隐瞒病史投保，在出险后可能被保险公司拒赔；而保险公司未履行说明义务，也可能面临法律责任。总之，诚信原则确保了保险活动在公平、公正、透明的环境下进行。

3. 补偿原则

补偿原则指的是当保险标的发生保险责任范围内的损失时，保险人应按照保险合同的约定，对被保险人给予经济补偿，使其恢复到受损前的经济状况；但补偿的金额，不能超过保险标的实际损失的金额。

具体而言，有以下几个要点。

（1）损失补偿：目的是填补被保险人因保险事故而遭受的经济损失。

（2）不获利：被保险人不能通过保险获得额外的利益，防止道德风险。

（3）以实际损失为限：赔偿金额不会超过保险标的遭受的实际损失值。

例如，在财产保险中，如果保险车辆因事故受损，保险公司的赔偿通常不会超过车辆维修或重置的实际费用；在医疗保险中，报销金额通常也不会超过实际的医疗支出。补偿原则体现了保险的经济补偿功能，保障了保险活动的公平性和合理性。

4. 承保标的存在原则

在再保险中，承保标的存在原则，主要包括以下几点。

（1）可保风险原则。再保险所承保的标的必须是可保风险，即符合一般保险对于风险的界定，具有不确定性、纯粹性等特征。

（2）大数法则原则。要求有足够多数量的类似风险标的，以便通过大量数据的统计和分析来合理确定风险和费率。

（3）损失分担原则。再保险的目的是分担原保险人所承担的风险，确保在发生重大损失时能够共同承担。

（4）合法性原则。再保险标的必须是合法的，不能涉及违法活动或非法财产。

（5）明确界定原则。对于再保险标的的范围、性质等要有清晰明确的界定，避免模糊不清导致纠纷。

例如，再保险不会承保明显违反法律规定的标的，对于一些风险过高或难以准确评估的标的，可能会谨慎对待或通过特殊的条件来承保，以确保再保险业务的稳健性和有效性。这些原则，共同保障了再保险业务的顺利开展和各方利益的平衡。

8.1.5 再保险的职能

再保险的职能，主要包括分散风险、扩大承保能力、稳定经营成果和促进保险市场发展。

（1）分散风险：帮助原保险人将风险进一步分散给众多再保险人，降低单个保险人的风险集中度。

（2）扩大承保能力：使原保险人能够承担更多的风险业务，突破自身资本等限制。

（3）稳定经营成果：通过风险分担，减少原保险人因巨额赔付对经营造成的冲击，保持经营的稳定性。

（4）促进保险市场发展：增强整个保险行业应对风险的能力，推动保险产品创新和市场拓展。

8.2 比例再保险

在比例再保险中，原保险人与再保险人按照事先约定的比例，共同分担保险责任和保费。具体而言，就是原保险人将每一风险单位的保险金额，按照约定的比例向再保险人分出一部分。相应地，再保险人也按照该比例承担保险责任，并收取一定比例的保费。

比例再保险，又可分为成数再保险和溢额再保险。

成数再保险是原保险人与再保险人按固定比例分担责任和保费。

溢额再保险是在自留额的基础上，将超过自留额的部分按照约定比例分给再保险人。

比例再保险的优点，包括计算简便、双方利益关系明确、便于管理等。它在再保险市场中被广泛应用，有助于保险人之间合理分担风险和稳定经营。

8.2.1 成数再保险

成数再保险是比例再保险的一种，原保险人与再保险人在合同中约定保险金额的分割比例，将每一危险单位的保险金额，按照约定的比例在分出公司与分入公司之间进行分割。成数再保险的最大特征是“按比率”的再保险，即原保险人和再保险人保险金额的分摊、保险费的分摊、赔款的分摊，都是按照合同规定的同一比例来进行的。成数再保险的特点，主要有以下几方面。

合同双方利害一致：对盈余或亏损，保险人和再保险人的利益是一致的；

手续简化，节省成本；

缺乏弹性：由于不论业务大小和质量好坏，双方均按约定的比例分担，因而不能满足分出公司获得准确再保险保障的需求；

不能均衡风险责任：按成数决定责任，原保险合同保险金额高低不齐的问题在成数分保后仍然存在。

成数再保险适用于新公司、小公司、新业务、新险种、某些赔案发生频繁的险种、转分保业务、公司内部分保以及交换业务等。

8.2.2 溢额再保险

1. 溢额再保险的概念

溢额再保险是指由保险人与再保险人签订协议，对每个危险单位确定一个由保险人承担的自留额，保险金额超过自留额的部分称为溢额，分给再保险人承担。

简单而言，就是原保险人在自留一定额度的风险后，将超过这一额度的风险责任通过合同转让给再保险人，且双方按照约定的比例来分担这部分溢额风险及相应的保费和赔款。溢额再保险能使原保险人在控制自身风险承担水平的同时，利用再保险人的资源和能力来分散更大规模的风险。它是再保险中较为常见和重要的一种方式。

2. 溢额再保险的概念

溢额再保险的三要素为：危险单位、自留额和线数。其中，危险单位是固定因素，自留额和线数是变动因素。具体如下。

危险单位：是指保险标的发生一次灾害事故可能造成的最大损失范围。

自留额：是指原保险人根据自身情况以及所承担保险标的质量，最终确定的自行承担风险的额度。

线数：溢额再保险中，自留额是厘定再保险限额的基本单位，称之为线。分保额与自留额的倍数关系，称为线数。原保险人的溢额超过再保险人承受责任的限额时，可以与另外的保险人办理第二或第三溢额的再保险。

3. 多层溢额

多层溢额是指在溢额再保险中，原保险人将超过自留额的保险金额，依次分给多个再保险人，形成多个层次的溢额分保结构。在多层溢额分保中，第一层溢额的自留额是原保险人自行承担的风险限额，第一层的分保额是超过自留额的部分，分给第一层再保险人。第一层再保险人也可以根据自身情况和风险承受能力，将其承担的分保额再次分出，形成第二层溢额，以此类推。多层溢额的优点是可以进一步分散风险，将大额风险分散到多个再保险人身上，降低单个再保险人的风险承担压力。同时，多层溢额也可以增加再保险市场的流动性和灵活性，为原保险人提供更多的再保险选择。

4. 保险责任的分摊

多保险责任的分摊，主要是指在存在多个保险人对同一保险标的承担保险责任的情况下，如何将保险赔偿责任在这些保险人之间进行合理分配。

当同一保险标的面临损失时，可能涉及原保险人与再保险人，或者多个共同保险人等。保险责任的分摊，通常依据事先约定的规则和比例来进行。

常见的分摊方式有以下几点。

比例分摊：按照各自承担的保险金额占总保险金额的比例来分摊责任和赔款。

限额分摊：根据事先规定的赔偿限额来确定各自的分摊份额。

这样做的目的是确保各保险人之间公平合理地承担保险责任，保障被保险人的权益得到妥善落实，同时也维持保险市场的稳定和有序运行。例如，在共同保险中，若保险标的发生损失，各共同保险人需按照约定的方式来分摊赔偿责任。

8.2.3 成数和溢额混合再保险

成数和溢额混合再保险，是将成数再保险与溢额再保险结合起来的一种再保险形式。它兼具成数再保险计算简便、双方利益关系明确和溢额再保险灵活调整自留额与分出额的特点。在这种方式下，一部分保险责任按照成数再保险的方式进行分摊，另一部分则按照溢额再保险的方式处理，以更好地适应不同风险状况和业务需求，实现更优化的风险分担和资源配置。

1. 成数合同之上的溢额合同

成数合同之上的溢额合同，是一种特殊的混合再保险形式。首先，存在一个成数再保险合同，规定了基础的成数分保比例。在此基础上，对于超出成数合同部分的保额，再通过溢额合同来进一步处理。也就是说，当保险金额超过成数合同所涵盖的范围后，针对超出部分按照溢额合同的约定由再保险人承担相应责任。这样的安排既利用了成数再保险的简便性，又通过溢额合同对较大风险进行了更灵活的处理和分担，使再保险安排更加综合和全面，以适应复杂多变的风险状况和业务需求。

2. 溢额合同之内的成数合同

溢额合同之内的成数合同，是一种将成数再保险嵌套在溢额再保险之中的安排。具体而言，先有一个溢额再保险合同确定了总的溢额框架和相关规则。然后，在这个溢额范围内，对于其中的一部分或特定情况，又以成数的形式进行再保险安排。比如，在溢额部分中，规定其中一定比例按照成数再保险的方式来确定双方的责任分担。这样做的好处是，可以更精细地对风险进行分层管理和配置，结合了溢额再保险的灵活性和成数再保险的确定性，使得再保险的结构更加多样化和适应性强，能更好地满足复杂业务场景下的风险分担需求。

8.2.4 比例再保险合同中的几个关键项目

1. 再保险费和再保险佣金

再保险费：是指原保险人向再保险人支付的，用于购买再保险保障的费用。原保险人将自己承担的一部分风险转移给再保险人，相应地，需要按照约定的费率向再保险人缴纳一定金额的再保险费。再保险费的计算，通常基于分出的保险金额、再保险合同约定的费率等因素。

再保险佣金：也称为分保手续费，是再保险人支付给原保险人的一种报酬。这通常是对原保险人在招揽业务、处理赔案等方面所付出劳动的一种补偿。再保险佣金的比例，通常在再保险合同中约定，其计算可能与再保险费的金额等相关。再保险佣金，可以激励原保险人积极开展业务，并做好相关服务工作。

2. 未了责任转移

未了责任转移是指在原保险合同终止或再保险合同期满时，原保险人将尚未结束的保险责任转移给其他保险人的行为。具体而言，当原保险合同已经到期或因其他原因终止，但在这之前可能还有一些保险责任仍在有效期内。比如，一些长期业务可能存在跨期的情况。为了确保这些未结束的责任能得到妥善处理和保障，原保险人就会将这些未了责任通过一定的方式和程序转移给其他合适的保险人。这样，可以避免因合同终止而导致被保险人的权益得不到持续保障的情况发生，维持保险市场的稳定和连续性。它是保险业务运营中保障投保人利益和实现风险有效衔接的一种重要机制。

3. 保费准备金和赔款准备金

保费准备金：也叫未赚保费准备金。它是指保险人从收取的保费中，按一定比例提留的、用于应对未来保险责任的资金。因为在保险期间初期收取的保费中，有一部分是对应尚未到期的保险责任的，这部分资金需要留存下来，以保证在整个保险期间内能够履行对被保险人的承诺。

赔款准备金：这是保险人预计未来可能要支付的赔款而提前准备的资金。它包括已发生已报案未决赔款准备金（针对已经发生且已报案但尚未赔付的案件）、已发生未报案、未决赔款准备金（针对已经发生但还未报案的潜在赔款）和理赔费用准备金等。其设立的目的是，确保保险人有足够的资金来及时、足额地支付可能产生的赔款，保障被保险人的利益。

8.3 非比例再保险险

非比例再保险，它不按照保险金额的一定比例来确定再保险人和原保险人的责任分担，而是根据损失的大小来确定。当发生保险事故导致较大损失时，非比例再保险启动，再保险人通常会承担超过一定额度后的损失部分。这种再保险形式更注重对巨额风险和异常风险的应对，能为原保险人提供额外的保障，在巨灾风险、高风险业务等方面发挥着重要作用。常见的非比例再保险，包括超额赔款再保险和巨灾再保险等。

8.3.1 险位超赔再保险

险位超赔再保险是一种非比例再保险。在这种再保险形式下，原保险人与再保险人约定，对每一危险单位所发生的赔款，当超过约定的自赔额后，由再保险人承担超过部分的赔偿责任，直至达到约定的最高赔偿限额。也就是说，对于单个保险标的可能发生的巨额损失，原保险人只承担一定额度内的责任，超出这个额度的部分则由再保险人来负责赔偿。险位超赔再保险，主要用于应对单个保险标的可能出现的异常高额损失风险，有助于原保险人更好地分散风险和稳定经营。

8.3.2 事故超赔再保险

事故超赔再保险，是以一次事故所发生的赔款总和来计算自负责任额和再保险责任额。原保险人与再保险人约定，在一次事故中，当总赔款超过原保险人自行承担的额度（即自负责任额）时，超出部分由再保险人承担赔偿责任，直至达到再保险人承诺的最高赔偿限额。

这种再保险形式主要关注的是一次事故导致的整体损失情况，而不是针对单个保险标的。它对于防范大规模灾害事故或重大突发事件导致的巨额集中赔款非常有效，可以在很大程度上减轻原保险人因单次重大事故而面临的巨大赔付压力，保障保险业务的平稳运行和原保险人的财务稳定。同时，它也有助于整个保险行业分散风险，增强应对系统性风险的能力。

8.3.3 赔付率超赔再保险

在事赔付率超赔再保险形式下，原保险人与再保险人约定一个赔付率标准。当原保险人在一定时期内（通常是一年）的实际赔付率超过这个标准时，再保险人就对超出部分负责赔偿，直到达到约定的最高赔偿限额。它主要是基于赔付率这一指标来确定再保险责任，而非基于具体的损失金额或危险单位。

这种再保险形式主要用于帮助原保险人控制整体的赔付风险，特别是在业务波动较大或赔付情况难以准确预估的情况下，通过与再保险人分担赔付率超标的风险，来确保原保险人经营的稳定性和可持续性。赔付率超赔再保险，可以使原保险人在一定程度上平滑不同年份间的赔付波动，降低经营风险。

8.3.4 非比例再保险的费率和再保险费

在非比例再保险的费率：它不像比例再保险那样基于保险金额的一定比例来确定。非比例再保险的费率，通常是根据风险的特征、损失经验、市场情况等多种因素综合确定的一个相对固定的值。这个费率的确定较为复杂，需要考虑巨灾风险的可能性、以往类似风险的赔付情况等。

非比例再保险费：是根据约定的费率和相关的计算基础来确定的。计算基础可能是原保险人的预期损失额、特定时间段内的预计赔付额等。再保险费的多少与费率以及计算基础直接相关，它是原保险人向再保险人支付的用于获得非比例再保险保障的费用。由于非比例再保险主要应对的是巨额风险和异常情况，其再保险费的计算和确定，往往具有一定的特殊性和不确定性。

8.3.5 比例再保险和非比例再保险的比较

（1）在分担方式

比例再保险按照保险金额的固定比例分担风险和保费；非比例再保险则不按固定比例，而是基于损失大小等因素来确定分担责任。

（2）适用场景

比例再保险适用于常规风险的分散，对风险的划分相对精细；非比例再保险更适合应对巨灾风险、高额异常风险等情况。

（3）计算基础

比例再保险主要依据保险金额和比例；非比例再保险常依据损失额度、赔付率等。

（4）稳定性

比例再保险的风险和收益分配，相对较为稳定和可预期；非比例再保险受大灾等特殊情况影响较大，不确定性较强。

（5）对原保险人的影响

比例再保险对原保险人的自留额和分出额较为明确；非比例再保险在极端情况下，能提供更有力的保障，但平时可能较少涉及。

（6）再保险费

比例再保险费通常与保险金额直接相关；非比例再保险费的确定相对复杂，与多种因素相关。

8.4　再保险业务的经营与管理

8.4.1　再保险形式

再保险形式是分出公司与分入公司建立再保险关系所采用的具体的合同形式，它包括临时分保、合同分保和预约分保三种形式。

1. 临时分保

临时分保是指在保险业务活动中，原保险人根据业务需要，临时选择再保险人，经协商达成协议，逐笔将有关风险和责任进行分保的方式。

在临时分保中：

具有临时性和随机性，通常针对特定的、一次性的较大风险业务；双方需要就具体的保险标的、保险金额、保险责任、分保条件等进行详细洽谈和确定。

操作相对灵活，但手续可能较繁琐；能够使原保险人快速地将特定风险转移出去，以应对一些突发的、特殊的保险情况。

例如，当原保险人接到一个巨额的工程保险业务或面临一次重大灾害，可能导致的高额赔付时，就可采用临时分保来分散风险。

2. 合同分保

合同分保是指原保险人和再保险人，通过签订再保险合同来建立长期稳定的再保险关系。

在合同分保中：

合同条款是预先确定好的，包括分保的业务范围、保险责任、自留额与分保额、再保险费率等重要内容。

具有较强的稳定性和确定性，为原保险人提供了持续的风险分担安排；双方按照合同约定长期执行，不需要每次对具体业务进行单独协商；有助于原保险人进行系统的风险管理和业务规划。

比如，一家财产保险公司与再保险公司签订了火灾保险的合同分保协议，那么在合同有效期内，对于符合条件的火灾保险业务，就会按照合同规定自动进行再保险安排，而无需每次就具体业务再去临时协商谈判。

3. 预约分保

预约分保是一种处于临时分保和合同分保之间的特殊形式。

具体而言，它是指原保险人对某些特定业务，预先与再保险人达成一定的默契或约定。当这些业务实际发生且符合约定条件时，原保险人有义务向再保险人分出，而再保险人也有一定的义务接受分保。

在预约分保中：

具有一定的灵活性，不像合同分保那样涵盖所有业务类型，但又比临时分保更具确定性；部分业务有了预先的安排，使得原保险人在处理这些业务时更加有序；再保险人对预约的业务有一定的预期和准备。

例如，对于某些特定风险较高但发生频率相对较低的险种，原保险人可能与再保险人建立预约分保关系。当出现这类业务时，就可按照约定进行分保操作。

8.4.2 自留额的确定

自留额的确定是一个重要决策过程，主要涉及以下几个方面。

首先，要考虑原保险人自身的财务状况和风险承受能力。如果财务实力较强、风险偏好较高，可能会设定较高的自留额；反之，则可能较低。其次，会基于对不同风险类别的评估。对于风险较低、经验数据丰富的业务，可能会适当提高自留额；而对于高风险或不确定性较大的业务，自留额可能会较保守。再次，市场竞争状况也会影响。为了在市场中保持竞争力，可能需要根据同行的普遍做法来合理确定自留额，还会参考历史赔付数据和经验。通过分析过往类似业务的赔付情况来判断合理的自留额水平。另外，再保险市场的供给和价格也会起作用。如果再保险成本较高，可能会促使原保险人适当提高自留额；反之，则可能降低自留额以获取更多再保险保障。最后，监管要求也是一个因素。要确保自留额的设定符合相关监管规定。

总之，自留额的确定是一个综合权衡各种因素的复杂过程，需要原保险人进行谨慎评估和决策，以实现风险与收益的平衡。

8.4.3 财产险再保险

财产险再保险是财产保险公司，将自身承担的部分风险，通过一定方式转移给其他再保险人，包括比例再保险和非比例再保险等形式，涉及临时分保、合同分保、预约分保等。同时要综合考虑自身状况、风险类别、市场等因素来确定自留额，以实现风险与收益平衡。

1. 火灾险再保险

火灾险再保险是指保险人在原火灾保险合同的基础上，通过签订分保合同，将其所承保的部分火灾风险和责任，向其他保险人进行保险的行为。

火灾险再保险的主要目的是通过分散风险，降低原保险人在火灾保险业务中的风险暴露，确保其在遭受重大火灾损失时能得到足够的赔偿和支持。同时，火灾险再保险也可以帮助再保险人扩大业务规模，提高风险分散能力，并增加保费收入。

2. 水险再保险

水险再保险是再保险在水险领域的具体应用。

水险主要包括海上保险、内陆运输保险等与水路运输相关的保险业务。水险再保险就是原保险人将其承保的水险业务的一部分风险和责任，通过再保险合同转让给其他再保险人。

在水险业务中，由于面临诸如海上灾害、运输风险等较大的不确定性和潜在高额损失，原保险人通过水险再保险来分散和转移这些风险。这样可以使原保险人在经营水险业务时更加稳健。同时，也为再保险人提供了参与水险风险分担的机会，有助于整个保险市场在水险领域的平稳运行和风险管控。

3. 汽车险再保险

汽车险再保险是指针对汽车保险业务进行的再保险安排。

具体而言，汽车险原保险人将其承保的汽车保险业务中部分风险和责任，通过与再保险人签订再保险合同的方式，转移给再保险人。

在汽车险领域，由于交通事故的多发性以及潜在损失的不确定性，原保险人通过汽车险再保险来降低自身承担的风险程度。这有助于原保险人在汽车险业务中保持财务稳定，避免因一次或多次重大事故赔付而面临较大压力。再保险人则通过承接汽车险再保险业务，参与到汽车险市场的风险分担中，获取相应的收益。例如，当原保险人承保了大量汽车保险后，可能会将超出一定额度的风险通过再保险转移出去，以保障自身经营的安全性。

4. 责任险再保险

责任险再保险是指原保险人将其承保的责任保险业务中的风险和责任的一部分，通过再保险合同转移给其他再保险人。

责任险通常涉及被保险人对第三方应承担的赔偿责任。由于责任风险的复杂性和潜在赔偿金额的不确定性，尤其是一些大型责任事故可能导致巨额赔付，原保险人借助责任险再保险来分散风险。

通过责任险再保险，原保险人可以降低自身在责任保险业务中的风险敞口，保持经营的稳定性；更好地应对可能出现的高额赔付情况，确保有足够的资金来履行赔偿义务。

再保险人则通过参与责任险再保险，分担原保险人的风险，同时获得相应的再保险费收入。例如，在产品责任险、公众责任险、职业责任险等领域，原保险人可能会与再保险人建立再保险关系，以共同应对责任风险。

8.4.4 财产险再保险

1. 寿险再保险

寿险再保险是指寿险公司将其承担的寿险业务的部分风险和责任，转移给其他再保险人。

在寿险领域，由于寿险合同期限通常较长，可能面临各种不确定因素导致的潜在高额赔付。通过寿险再保险，原保险人可以分散风险，降低因个别保单或大规模风险事件带来的巨大冲击；优化自身的风险结构，使经营更加稳健；提高资本利用效率，在一定程度上释放资本用于其他业务发展；再保险人则依据再保险合同，在分担风险的同时获取相应的收益。

比如，对于一些高额寿险保单，原保险人可能会通过再保险来降低自身的赔付压力，确保公司在长期运营中能有效应对各类风险情况。它对于整个寿险行业的稳定和可持续发展，起着重要的保障作用。

2. 意外伤害和健康险再保险

意外伤害和健康险再保险是针对意外伤害险和健康险业务实施的再保险安排。

对于意外伤害险，由于意外事故的不可预测性和可能产生的高额赔付，原保险人通过再保险来分散这些风险。例如，在重大意外事故导致大量人员伤亡时，原保险人可以将部分赔付责任转移给再保险人，以减轻自身的财务压力。

在健康险方面，包括医疗保险、疾病保险等，随着医疗成本的变化和疾病情况的复杂性，也存在较大的风险。通过再保险，原保险人可以更好地应对可能出现的大规模医疗费用支出或特定疾病的集中赔付情况。

意外伤害和健康险再保险的作用，主要有帮助原保险人提升风险抵御能力，确保业务的可持续性；促进意外伤害和健康险市场的稳定发展；使再保险人能参与到这一领域的风险分担中。

总之，意外伤害和健康险再保险，对于优化整个保险体系的风险配置、保障消费者权益和推动行业健康发展，都具有重要意义。

8.4.5 再保险业的宏观管理—法定分保

1. 法定分保的概念

法定分保是指按照国家法律法规的规定，强制要求保险公司将一定比例的保险业务，向特定的再保险人或再保险机构进行分保。

（1）其主要特点包括以下几点。强制性：不是保险公司自主选择，而是必须执行的规定。

特定对象：分保对象通常是由法律明确指定的。

（2）法定分保的意义，在于增强整个保险行业的风险抵御能力，确保保险市场的稳定；在一定程度上保障国家的经济和金融安全；促进再保险市场的发展和规范。

例如，某些国家可能规定某些类型的保险业务，必须有一定比例向本国的再保险机构进行分保，以保障国内再保险市场的发展和经济稳定。随着保险市场的发展和成熟，一些国家可能会逐渐调整或取消法定分保的要求，让市场发挥更大的作用。

2. 对自愿分保的限制

自愿分保是指保险公司根据自身的业务需求和风险偏好，自主决定是否将部分保险业务进行再保险，以及选择再保险的对象和方式。

一般而言，对自愿分保可能存在以下限制。

（1）风险评估。再保险公司可能会对分出公司的风险状况进行评估，以确定是否接受分保。如果分出公司的风险过高或不符合再保险公司的承保标准，可能会限制或拒绝接受分保。

（2）分保额度。再保险公司可能会对每个分出公司设定一定的分保额度限制，以控制自身的风险暴露。这意味着分出公司可能无法将所有的保险业务都进行再保险。

（3）条款和条件。再保险合同，通常包含各种条款和条件。如保险责任、免赔额、赔付限额等。分出公司需要遵守这些条款和条件，否则可能会影响再保险的有效性。

（4）监管要求。保险行业受到严格的监管，再保险也不例外。监管机构可能会对再保险的安排进行监督和审查，以确保其符合法规和监管要求。

需要注意的是，不同的再保险公司和地区，可能会有不同的限制和要求。保险公司在进行自愿分保时，需要与再保险公司进行充分的沟通和协商，以确保分保安排符合双方的利益和要求。同时，保险公司也应根据自身的风险状况和经营策略，合理安排再保险，以提高风险抵御能力和经营稳定性。

【思政德育课堂】

“共保”变“再保”：三星手机保险案成谜

【思考题】

1. 再保险安排如何影响原保险公司的偿付能力和财务稳定性？

2. 举例说明，比例再保险和非比例再保险在风险分担上的差异。
3. 分析再保险市场中的供求关系对再保险费率的影响。
4. 探讨再保险公司如何进行风险评估和核保？
5. 在巨灾风险面前，再保险如何发挥作用？
6. 再保险合同中的条款如何影响原保险业务的经营策略？

从海上保险共保案例看再保险的权责谜题

第九章

政策保险

学习目标

了解：了解政策保险的定义和基本特征。

熟悉：能辨别不同政策保险项目的实施主体和对象。

理解：明白政策保险与商业保险、社会保险的区别和联系。

掌握：能运用政策保险的知识分析实际案例中的问题和解决方案。

9.1 政策保险概述

9.1.1 政策保险的概念

政策保险是指政府为了实现特定的政策目标，以国家财政作为后盾，运用保险技术并采取商业化经营的方式，对特定的经济领域、行业或社会群体提供风险保障的一种保险形式。

政策保险通常具有较强的政策性和公益性，它不同于商业保险以盈利为主要目的。政策保险往往是为了促进经济发展、保障社会稳定、推动特定产业发展或对特定风险进行兜底等。例如，农业保险，旨在保障农业生产、稳定农民收入；出口信用保险，有助于促进对外贸易等。政策保险在很多国家和地区的经济社会发展中都发挥着重要作用。

9.1.2 政策保险的基本特征

政策保险具有以下基本特征。

（1）政策性。这是其最突出的特征，是为了配合国家特定政策的实施而开展的，体现国家的政策导向。

（2）非盈利性。不以盈利为主要目的，重点在于实现社会目标和政策意图。

（3）强制性或半强制性。在某些情况下，可能要求特定主体必须参与，或者通过一定的引导措施促使相关主体参保。

（4）政府扶持性。通常有政府在财政、税收等方面给予支持和补贴。

（5）专门性。针对特定的领域、行业或风险，具有很强的针对性和专业性。

（6）共济性。将众多面临相同风险的主体集合起来，共同分担风险损失。

（7）社会公益性。最终目的是为了维护社会的稳定和公共利益。

9.1.3 政策保险的业务体系

政策保险的业务体系，主要包括以下几个方面。

农业保险：为种植业、养殖业在生产、哺育、成长过程中遭遇的由自然灾害或意外事故所造成的经济损失提供经济补偿的保险。

出口信用保险：国家为推动本国的出口贸易，保障出口企业的收汇安全而制定的一项由国家财政提供保险准备金的非营利性的政策性保险业务。

海外投资保险：又称海外投资保证制度，是指资本输出国政府对本国海外投资者在国外可能遇到的政治风险，提供保证或保险，投资者向本国投资保险机构申请保险后，若承保的政治风险发生，致投资者遭受损失，则由国内保险机构补偿其损失的制度。

其他政策保险：如核电站保险、洪水保险、地震保险等。

9.2 农业保险

9.2.1 农业危险

农业危险，主要包括自然灾害、生物灾害、环境灾害和人为灾害等几大方面。

自然灾害是农业面临的首要威胁。如暴雨引发的洪涝会淹没农田、干旱使作物缺水枯萎、台风和冰雹会直接破坏农作物和农业设施。在生物灾害中，病虫害的大面积爆发会严重影响作物产量和质量。例如，蝗虫灾害能迅速吃光大片庄稼。在环境灾害方面，像酸雨、土壤污染等会损害土壤肥力和作物生长环境。人为灾害则可能来自不合理的农业生产方式。比如，过度使用化肥农药导致土地板结、地力下降，以及火灾等意外事故对农业资源的破坏。此外，还有一些特殊情况在比如，野生动物的侵害，它们可能会偷吃或破坏农作物。总之，这些农业危险都会给农业生产带来巨大损失，严重影响农产品的产量和农民的收入，制约农业的可持续发展。

具体的农业危险：是指洪涝、干旱、台风、冰雹等自然灾害；各类病虫害；酸雨、土壤污染等环境灾害；过度使用化肥农药等人为灾害；野生动物侵害等。

9.2.2 农业保险及其特征

农业保险是专为农业生产者在从事种植业、林业、畜牧业和渔业生产过程中，对遭受自然灾害、意外事故、疫病、疾病等保险事故所造成的经济损失提供保障的一种保险。

农业保险具有这几个特征。首先，具有政策扶持性。通常有政府在保费补贴、税收优惠等方面给予大力支持。其次，风险具有特殊性，面临着各种自然灾害和动植物疫病等复杂风险，且风险单位大、发生频率较高。再次，经营成本较高。由于农业生产的分散性和标的的多样性，定损理赔等工作难度较大。然后，保险标的具有生命性，如农作物和牲畜等，其生长、发育和生产过程会受到多种因素影响。最后，具有较强的区域性。不同地区的气候、土壤等条件不同，风险状况也各异。农业保险对于稳定农业生产、保障农民收入、促进农村经济发展具有重要意义。

农业保险的具体特征：政策扶持性；风险特殊性；经营成本高；标的有生命性；区域性强。

9.2.3　农业保险的分类

从生产对象的角度进行划分，农业保险大致概括为种植业保险和养殖业保险这两大类。其中，种植业保险，主要是针对各类农作物以及相关植物的生产过程进行风险保障，包括粮食作物、经济作物、蔬菜、果树等；而养殖业保险则着重于对禽畜等养殖动物和水产养殖生物的养殖活动进行保障，涵盖了家畜、家禽以及各种水产养殖品等。这两大类别在农业保险体系中，都具有非常重要的地位。它们分别从不同的生产领域，为农业生产提供着关键的风险抵御和保障作用；对于稳定农业生产、保障农民利益、促进农业的持续健康发展，都有着不可或缺的意义。

1. 种植业保险

种植业保险指的是以各种植物的生产作为保险标的，将生产过程中可能碰到的一些危险当作承保责任的一类保险业务的总的称呼。它还可分为农作物保险和林木保险。其一，农作物保险是种植业保险的重要组成部分，同时也是各国农业政策保险的主要内容。按照保险标的的差别，农作物保险一般会被划分成粮食作物保险、经济作物保险以及其他作物保险这三种保险业务；依据生产周期的不同，农作物保险能够分为生长期农作物保险和收获期农作物保险。其二，林木保险包含森林保险、果树保险以及园林苗圃保险等。

2. 养殖业保险

养殖业保险是以有生命的禽畜等养殖动物和水产养殖生物为保险标的，对其在养殖过程中可能面临的风险，如疾病、自然灾害、意外事故等导致的死亡或损失进行保障的一类保险。

养殖业保险，主要包括以下几种类型。

家畜保险。如生猪保险、牛羊保险等，保障家畜因疾病或意外导致的死亡或价值损失。

家禽保险。例如，鸡、鸭、鹅等家禽的保险，针对家禽可能遭遇的疫病等风险。

水产养殖保险。对鱼、虾、贝类等水产养殖品的保险，涵盖因水质污染、自然灾害等因素造成的损失。

养殖业保险对于稳定养殖户的收入、促进养殖业的健康发展以及保障市场的肉类、蛋类等供应具有重要意义，能帮助养殖户降低风险，增强他们从事养殖生产的信心和积极性。

9.2.4 农业保险的基本内容

1. 农业保险的承保方式

在通常情况下，农业保险会普遍采用成数承保这种方式。具体而言，就是当保险机构在进行承保操作时，不会对投保人的投保给予全部足额的承保，而是仅仅对其中的特定一定比例进行承保。通过这样的方式，能有效地达到一系列的目的。一方面，可以有力地督促被保险人进一步加强对危险的管理工作，让他们更加重视和积极应对可能出现的风险；另一方面，也能显著地减少那些零零散散的索赔现象的发生。与此同时，还能使道德危险被控制在一个适当的程度，避免因道德风险而可能引发的不良后果和潜在问题，确保农业保险业务能够更加科学合理、健康有序地开展。

2. 农业保险的保险责任

在农业保险的承保责任方面，通常存在着三种明确的确定方式。其一，是单一责任保险。这种方式意味着，保险人仅仅针对某一种特定危险所引发的经济损失来给予相应补偿的保险类型。其二，是混合责任保险，也被叫做综合责任保险。在此种情况下，其承保的危险责任并非仅仅是一种，而是涵盖了多种不同的危险责任。其三，是一切险。这是一种针对农业生产过程当中一切有可能出现的危险都予以提供保障的保险形式。通过这三种方式，能从不同角度和层面来对农业保险的承保责任进行界定和明确，从而更好地适应农业生产中复杂多变的风险状况，为农业生产的稳定和农民的利益提供有力的保障和支持。无论是单一责任保险的针对性保障，还是混合责任保险的综合性考量，亦或是一切险的全面覆盖，都在农业保险体系中发挥着各自重要的作用。

3. 农业保险的保险金额

农业保险在保险金额上存在着一个较为普遍的共同特点，那便是大多都会施行低保额制。之所以这样做，是为了有利于承保人对危险进行有效的控制，同时也是为了防止可能出现的欺诈行为。具体而言，成数保额通常是标的实际价值的五成到八成左右。通过这样的设置，也就意味着农业保险需要被保险人自己去承担一定程度的危险。这是因为低保额制的采用，使得被保险人不能完全将风险全部转移给承保人，而必须要自己面对和承受一部分。这样的安排既有助于承保人对风险进行更好的把控和管理，避免过度的风险集中，也能在一定程度上抑制欺诈行为的滋生，保障保险机制的公平性和可持续性。同时，也促使被保险人更加重视风险防范和管理，提升其应对风险的意识和能力，从而促进整个农业保险体系的健康稳定发展。

4. 农业保险的保险费率

在费率的设定方面，农业保险除了要将承保危险发生的可能性以及其可能造成的损害大小纳入考虑范畴之外，还必须充分考虑到保险金额以及投保人对于交费的承受能力。基于这些综合因素，农业保险通常会采用低费率的方式，这是因为农业生产本身具有较高的风险性和不确定性。为了保障农民的利益和推动农业的稳定发展，低费率是一种较为合理的选择。然而，由于采取了低费率，农业保险自身的运营可能会面临一定的压力和挑战。所以，在这种情况下，农业保险通常就需要国家给予相应的政策扶持，甚至有时候需要直接的财政补贴。通过国家政策的支持和财政补贴的投入，能帮助农业保险更好地发挥作用，降低农民的负担，增强农业生产的抗风险能力，进而促进整个农业产业的健康、持续发展。

9.2.5 部分国家的农业保险

从全球范围来观察，农业保险主要存在着四种典型的模式。其一是苏联模式。此模式的突出特征是由国家出面构建保险机构，并且专门负责农业保险的运营，国家会为保险机构提供一部分基金以及数量众多的管理费用，这属于一种以国家占据主导地位的社会保障型模式。其二是西欧模式。其特点在于农业保险由互助保险社和商业性保险公司来共同举办，两者之间可以相互竞争，政府并不直接参与农业保险的经营活动，但会给予农业保险相应的政策优惠。其三是美国模式。该模式的特性是国家和商业保险机构都涉足农业保险的经营，然而经营者的侧重点有所不同，政府公司主要负责经营政策性的农业保险，而商业保险机构则侧重于经营商业性农业保险。其四是日本模式。其特点是农业保险主要由民间非盈利性质的保险互助团体来进行经营，而政府会向农业保险提供补贴以及再保险方面的支持。这四种模式在不同国家和地区，根据各自的实际情况发挥着作用，推动着农业保险的发展。

1. 美国

在美国，农业保险是由政府农业部的风险管理局来进行领导。联邦政府通过财政出资设立了联邦农作物保险公司，这家公司专门负责经营农作物的政策保险业务。与此同时，政府也对民间私营保险公司和各州的相互保险公司开展农业保险予以支持，并且通过联邦农作物保险公司来接纳民间私营保险公司的农业再保险业务。如果民间私营保险公司出现了亏损情况，政府就会给予相应的财政补贴。美国的农业保险推行的是自愿保险制度，也就是说，投保人或者被保险人（其中大部分是农场主）能够依据自身的意愿去选择向联邦农作物保险公司或者民间私营保险公司进行投保。在危险转嫁方面，他们能按照自身需求去选择单一责任保险、混合或综合责任保险或者一切险责任的保险。还能在农作物收获量价值保险、生产成本保险或者农贷信用保险等方面，根据实际需要，自主地选择是否投保。在承保金额与赔偿方面，美国实行成数承保和比例赔偿制度。

2. 法国

作为一项政策保险业务，法国政府在农业保险方面的支持重点体现于财政补贴上。在实际的经营运作中，农业保险主要由相互保险协会来负责办理，对于农户完全遵循自愿的原则，也就是农民可自愿加入相互保险协会并交付保费，农民自身既是保险人，同时也是被保险人。正因如此，相互保险协会的成员，可以依据互助的准则来达成保险的实施。鉴于法国的农业生产经营是以中小规模的家庭农场作为主要形式，由于政府鼓励农民进行各种类型的互助合作来对抗自然灾害，于是法国的农业再保险会社便顺势产生了。在法国，每一个行政区或地区都设有农业互助再保险机构，并且这些机构还能够把业务再分保给中央农业互助基金会。

3. 亚洲发展中国家的农业保险

亚洲发展中国家的农业保险存在不少相似点。总体而言，可归结为这几方面。首先，在组织方式上，通常采用两种形式。其一是政府直接构建农业保险公司来负责经办农业保险，其二是运用农业保险合作社这种方式。其次，就承保标的和责任范围而言，亚洲各国农业保险所承保的对象重点是像水稻、小麦之类的粮食作物，还有以牛、马、猪、蚕等为主的牲畜和家禽。再者，在实施方式上，亚洲发展中国家的农业保险分为强制以及强制加自愿这两种方式。最后，从亚洲各国农业保险的开办状况来看，政府的支持力度虽有不同，但所有国家的农业保险都得到了政府从政策、立法以及财政等方面的支持。无论是通过直接成立公司经办，还是利用合作社形式，在承保内容和实施方式上的差异，以及不同程度的政府补贴支持，都体现了亚洲发展中国家在农业保险领域的一些共同特征和努力方向。

9.3　出口信用保险

9.3.1　出口信用保险概述

1. 出口信用保险的产生与发展

出口信用保险是将出口贸易中，把外国买方的商业风险或者买方所在国的政治风险，当作承保责任的一类信用保险。

其发展历程是：出口信用保险的诞生时间比国内信用保险要晚，最初的出口信用保险是在 19 世纪后期出现的。当时，将商品贩运至澳大利亚的英国商人，开创了有记载的投保出口信用保险的先例。到了 20 世纪 30 年代以后，众多西方国家为了重新振兴出口贸易，先后构建了由政府直接运营或者由政府支持的官方或半官方性质的出口信用保险机构来负责办理出口信用保险业务，从而为其本国出口商提供收汇危险方面的经济保障。截至目前，世界上已有几十个国家和地区开展了这项业务，像美、英、法、德、意、澳、加等发达国家都建立起了规模较大且制度规范的出口信用保险机构，还组织了出口信用保险的国际组织，即国际信用和投资保险人协会。在发展中国家，印度在 1957 年成立了国营出口信用担保公司。

我国的出口信用保险出现得非常晚，直到 20 世纪 80 年代后期才出现。当时，国家为了推动出口，在全国唯一的国有保险公司，即中国人民保险公司内部设立了出口信用保险部，专门负责办理出口信用保险业务并实施单独的财务核算；进入 90 年代以后，随着中国进出口银行的成立，出口信用保险业务转而由中国人民保险公司与中国进出口银行联合办理，我国的出口信用保险业开始步入正常发展的轨道。2001 年，中国出口信用保险公司正式开始运营，它是我国唯一承办出口信用保险业务的政策性保险公司。

2. 出口信用保险的特点

出口信用保险具有诸多显著特点。首先，它不以营利为经营目的，其重点在于为国家的出口贸易提供风险保障和支持，而非单纯追求经济利润。其次，政府在其中的参与程度非常高。一方面，通过法规规范来明确出口信用保险的运作规则，同时利用行政干预确保其健康有序发展；另一方面，提供资金支持以保障业务的顺利开展，给予充足的资金保障。再次，还会给予一系列的政策优惠。比如，税收优惠等，以鼓励和推动出口信用保险的发展。最后，出口信用保险对危险管理的要求很高，因为其面临的风险不仅复杂多样，还可能涉及到国际政治局势、经济环境等诸多不确定因素。这就需要具备专业且精细的风险管理体系和手段，以准确识别、评估和应对各类风险，确保出口信用保险功能的有效发挥。这些特点共同塑造了出口信用保险的独特性和重要性，使其在国际贸易中发挥着不可替代的作用。

3. 出口信用保险的分类

依据出口合同标的存在差异，出口信用保险被划分成服务保单出口信用保险、银行担保出口信用保险、保函支持出口信用保险以及贸易展览会出口信用保险等。

按照承保的方式有别，出口信用保险能分成综合保单出口信用保险、特别保单出口信用保险与选择保单出口信用保险。

依照出口信用的期限长短来分类，出口信用保险，包含短期出口信用保险和中长期出口信用保险。

根据保险责任的起始和结束时间的不同，出口信用保险，可分为出运前信用保险与出运后信用保险。

按照银行融资方式的不同情况，出口信用保险，可分为买方出口信贷保险和卖方出口信贷保险。

9.3.2 出口信用保险的经营模式

按照各国政府在出口信用保险中介入的方式与程度来看，出口信用保险的经营模式总体上能归纳为这四种类型。其一是政府直接办理型，即由政府直接来进行相关业务操作；其二是政府间接办理型，政府通过一定的间接方式参与其中；其三是政府委托私营保险公司代理型，也就是政府把相关业务委托给私营保险公司来代理办理；其四是混合经营型，这种模式是综合了多种方式来进行经营。

1. 政府直接办理型

出口信用保险经营模式中的政府直接办理型，指的是政府全面主导并直接负责出口信用保险业务的各个方面。

在这种模式下，政府设立专门的机构或部门来运作出口信用保险，从风险的评估、保险政策的制定、承保决策到后续的理赔处理等所有环节，都由政府机构一手操办。政府运用自身的资源和行政力量来保障该业务的开展，以实现对国家出口贸易的有力支持和风险管控。这种模式能最大程度地体现国家意志和政策导向，确保国家在促进出口、保障经济安全等方面的目标得以直接有效地实施；但可能在运营效率、灵活性等方面存在一定挑战，需要不断优化和完善相关机制与流程。

2. 政府间接办理型

出口信用保险经营模式中的政府间接办理型，主要指的是政府并非直接开展具体业务操作，而是通过一些间接手段来推动和影响出口信用保险的运作。

比如，政府可能通过制定相关政策、法规来规范市场和引导业务发展方向；提供资金支持或补贴给相关机构，以鼓励它们积极开展出口信用保险业务；通过税收优惠等措施激励保险公司参与；或者设立专门的机构或基金，对出口信用保险业务进行一定的管理和协调，但不直接负责承保、理赔等具体环节。在这种模式下，政府在背后发挥着重要的支持和引导作用，利用间接方式实现对出口信用保险的有效干预和推动，同时也能借助市场主体的专业力量和灵活性来更好地开展业务。

3. 政府委托私营保险公司代理型

出口信用保险经营模式中的政府委托私营保险公司代理型，指的是政府将出口信用保险的部分或全部业务，通过特定的委托方式，交给私营的保险公司来负责具体运作。

在这种模式下，政府通常会制定相关的政策框架和要求，明确委托的范围、职责等。私营保险公司依据政府的委托，开展风险评估、承保、理赔等一系列工作。政府可能会给予一定的政策支持和补贴，以确保私营保险公司有积极性参与，并保证出口信用保险业务的顺利开展。私营保险公司利用自身在保险业务经营上的专业能力和经验，更灵活高效地处理各项事务。同时，政府也能通过这种方式借助市场力量来更好地推动出口信用保险业务的发展，在一定程度上减轻自身的运作压力，实现资源的优化配置和优势互补。

4. 混合经营型

出口信用保险的混合经营型模式是指政府和商业机构共同参与出口信用保险业务的运营。

在这种模式下，一方面，政府会发挥重要作用。比如，提供部分资金支持、制定相关政策和规则、进行宏观指导和监督等；另一方面，商业保险机构也积极介入，利用其专业的风险管理能力、市场经验和运营机制来具体开展承保、理赔等业务环节。这种模式结合了政府的资源调配优势和商业机构的专业运作能力，能在一定程度上兼顾政策目标和市场效率，更好地适应不同的业务需求和市场环境变化，为出口企业提供更为全面和灵活的风险保障服务。

9.4 海外投资保险

9.4.1 海外投资保险概述

1. 海外投资保险的概念

海外投资保险是一种针对投资者因在海外进行投资而面临的特定政治风险，提供保障的保险形式。

它主要保障投资者在海外的投资项目可能因东道国发生战争、内乱、汇兑限制、政府违约、征收等政治风险事件而遭受的损失。其目的是鼓励和保护本国投资者到海外进行投资，降低因政治风险带来的不确定性和潜在损失，增强投资者的信心和安全感，促进国际投资活动的顺利开展。通过海外投资保险，投资者可以在一定程度上转移和分散政治风险，确保其海外投资在面临不利政治环境时能得到相应的经济补偿。

2. 海外投资保险的发展

海外投资保险是在二战后出现的。当时，发达国家的海外投资，特别是对发展中国家的投资持续增加，而投资接受国的政治危险呈现出异常化的情况。在这种背景下，海外投资保险这种保险业务便应运而生了。在这方面，美国是全球最早推行海外投资保险制度的国家。进入 20 世纪 50 年代后，因为发达国家普遍有资本过剩的状况，资本所有者们都渴望把过剩的资本投向发展中国家。鉴于此，西方的发达国家纷纷仿照美国的做法，建立起属于自己国家的海外投资保险制度。这些制度的建立，为发达国家的海外投资提供了一定的风险保障，促进了国际间的资本流动和经济合作，也在一定程度上推动了全球经济的发展。

3. 海外投资保险的特点

它是一种由政府全力提供的具有显著公共性质的保险。政府通过自身的力量和资源来构建和推行这一保险形式，其目的在于为社会大众提供广泛的保障和支持。这种保险带有公共服务的鲜明特征，体现了政府对特定领域的关注和责任担当。

它对于私人海外投资起到了极大的促进作用。通过提供风险保障和安全后盾，让私人投资者能更有信心和勇气去拓展海外市场，降低了他们对未知风险的担忧，激发了他们进行海外投资的积极性和主动性，进而推动了私人海外投资规模的不断扩大和发展。

它既可以被看作是单边投资保险，因为它在一定程度上单方面为投资者提供保障。同时，它也具备双边投资保险的特性，往往涉及到两个国家之间的互动和协调。这种双重性质使得它在复杂的国际投资环境中能更加灵活地发挥作用，为投资者提供全面而有效的风险防范机制。

9.4.2 被保险人与合格投资

1. 被保险人（合格投资人）

在海外投资保险中，被保险人从法律层面而言被称作合格投资人。对于合格投资人的判定，通常会依照这些标准。其一为所在国的公民；其二是依据所在国法律所设立的法人以及其社团。从这里能看出，在海外投资保险中，对被保险人的认定是以所在国的国籍当作依据的。并且，对于被保险人的合格性要求，无论是在订立保险合同的阶段，还是在索赔的阶段都必须要具备。也就是说，投资者不但在和保险机构签署保险合同时应拥有合格的资格，在危险出现之后的索赔以及理赔阶段，同样也需要具有合格性。否则，就不能成为被保险人。

2. 合格投资

在海外投资保险中，投保人的海外投资是承保人所要承保的具体对象，依据各国法律或者双边（多边）投资协定的相关规定，其应属于合格投资，这是海外投资保险关系得以成立的内在必要条件。对于合格投资的判定，通常涵盖这些内容。首先，是属于经过东道国批准后进入的投资项目。其次，属于全新的投资。再次，投资形式要符合规定，其中包括现金、实物、股权等各种投资形态，而具体哪些是合格的投资形式由各国的海外投资保证制度或者海外投资保险制度来进行规范。最后，那些实行双边或多边投资保证协定的国家，其海外投资保险的范围仅仅局限在与所在国订有投资保证协定的国家和地区的投资项目上。

9.4.3 海外投资保险的基本内容

1. 基本运作程序

海外投资保险的基本运作程序，通常包括以下步骤。

申请：投资者向海外投资保险机构提出投保申请，提交相关资料，包括投资项目信息、自身资格证明等。

审查：保险机构对申请资料进行详细审查，评估投资项目的风险、投资者的资格等，可能会进行实地考察或要求补充信息。

审批：根据审查结果决定是否批准投保。

签订保险合同：一旦批准，双方签订保险合同，明确保险责任、期限、金额、费率等具体条款。

缴纳保费：投保人按照合同约定缴纳相应的保费。

保险期间监控：保险机构会对投资项目进行持续监控，了解其运营情况和风险变化。

风险发生：当承保的政治风险实际发生时。

通知与报案：投保人及时通知保险机构并按照要求报案。

定损核赔：保险机构对损失进行核定，确定赔偿金额。

赔偿支付：按照核定结果支付赔偿款项。

代位求偿：保险机构取得代位求偿权，向东道国等相关方面进行追偿。

2. 承保危险

海外投资保险，主要承保以下危险。

征收险：东道国政府采取国有化、没收、征用等措施，导致投资者的财产权益遭受损失。

汇兑限制险：东道国禁止或限制投资者将投资收益等货币资金转移出境，造成投资者的经济损失。

战争及政治动乱险：包括战争、内战、叛乱、革命、军事政变等，由此给投资者带来的财产损失。

政府违约险：东道国政府违反或不履行与投资者签订的合同或承诺，对投资者造成损害。

海外投资保险除外责任，主要包含这些内容。其一，在投资项目遭受损害之后，被保险人的所有商业损失，像利润之类的；其二，被保险人以及其代表违反或者不履行投资合同，又或是故意实施违法行为，从而致使东道国政府进行征用或没收而形成的损失；其三，由于被保险人没有依照规定的期限将汇款汇出所导致的损失；其四，由原子弹、氢弹等核武器所引发的损失；其五，投资合同范畴之外的任何其他财产被征用、没收所产生的损失。

3. 保险期限、保险金额、保险费率

海外投资保险的保险期限，通常可以划分为短期保险和长期保险这两种类型。在这当中，短期保险的保险责任期限是明确规定为 1 年的，然而长期保险的保险责任期限却并没有作出具体规定。就中国出口信用保险公司对这项业务的承保而言，其保险期限同样不会超过 20 年。海外投资保险的保险金额，主要是以被保险人在海外的投资金额作为依据来加以确定的。一般情况下，是投资金额和双方约定比例相乘而得出的结果，并且通常会把保险金额设定为投资金额的 90%。至于海外投资保险的保险费率，一般是依据保险期间的长短、投资接受国的政治形势、投资者自身的能力、投资项目以及所在地区的条件等多种因素综合考虑后确定的。这些因素都会对保险费率产生影响，在实际操作中需要全面分析这些因素来精准确定保险费率。

4. 赔偿处理

因保险责任各异，赔偿期限的规定也有所不同。其一，对于由东道国政府的征用、没收所引发的投资损失，要在征用、没收发生满 6 个月后才进行赔偿。其二，若是由战争、类似战争行为、叛乱、罢工等导致的投资损失，需在提出财产损失证明后或者被保险人的投资项目终止 6 个月后予以赔偿。其三，但凡汇兑限制导致的投资损失，自被保险人提出申请汇款 3 个月后给予赔偿。在海外投资保险理赔中，对于赔偿金额还有这样的规定。其一，当被保险人在保险单所列投资合同之下的投资出现保险责任范畴内的损失时，保险人会依据投资金额与保险金额的比例来进行赔付，最高的赔偿额是投资金额的 90%。其二，因为投资额的承保比例通常为投资额的 90%，所以被保险人所遭受的损失如果将来能追回，也应由被保险人和保险人按照各自承担损失的比例来进行分摊。

9.4.4 部分国家海外投资保险简介

1. 美国

美国作为当代世界上当之无愧的最大资本输出国，在海外投资领域一直有着重要的地位。同时，美国也是世界上最早且最为广泛地推行海外投资保险制度的国家。在具体实施这一制度的过程中，美国有着独特的做法和考量。它非常巧妙地将私人投资所涉及的民间经济关系上升到了两国政府间关系这样一个全新的高度。通过这种方式，美国以与投资接受国订立双边投资保证协定，作为其海外投资保险的必要前提条件。这样一来，就为美国的海外投资者提供了更为有力的保障和支持，让他们在进行海外投资时能拥有更多的安全感和确定性。美国的这一举措，在很大程度上促进了其海外投资的发展和扩张，也对全球海外投资格局产生了深远的影响。

2. 日本

自 20 世纪 50 年代起，日本在其海外投资保证制度方面所采用的是单边保证制。这种制度意味着仅仅依据国内法的相关规定，就能直接适用保险制度，而并不强求资本输入国提供投资安全保证。这在一定程度上为日本的海外投资活动，提供了相对便利和灵活的保障机制。在日本具体实行海外投资的整个过程中，通常会预先明确地确定保险对象国。通过这样的方式，可以更加有针对性地进行风险防控和保障安排。只有在被确定为保险对象国的范围内，才会给予相应的保险支持；而对于在此范围之外的投资，通常是不予保险的。这样做可以集中资源和精力，更好地应对那些被认为具有一定风险但又在可承受范围内的投资区域，从而确保海外投资活动能够在相对安全和可预期的环境下进行，有助于维护投资者的利益和推动海外投资的有序发展。

3. 其他发达国家

德国由于国内资本呈现过剩的状态，所以在对待海外投资保险方面也持有积极的态度。在德国，相关法律有明确规定，联邦政府乃是海外投资保险的法定保险人，其保险责任以及承保都需要经过财政部的批准。然而，具体的保险业务却是由德国信托监察公司以及黑姆斯信托保险公司来负责执行。相比之下，法国政府对于海外投资以及稳定海外资产是持有积极态度的，但在海外投资保险范围的扩大这一方面却表现得较为保守，没有那么激进。而英国的情况则有所不同，因为其私人海外投资的规模过于庞大，已经对国内经济发展以及国际收支平衡产生了影响，所以英国对海外投资采取了消极的态度，在相关政策和举措上会相对谨慎和限制一些，以更好地平衡国内和海外投资之间的关系。不同国家基于自身的经济状况和发展需求，对海外投资保险有着不同的立场和做法，这些差异也反映了各国在经济战略和政策取向上的不同考量。

4. 海外投资保险的新变化

随着时代的发展，国际投资环境与投资结构不断地发展变化。在这种情况下，海外投资保险制度也必然要随之做出相应的调整和改变。可以明显看到，各国的海外投资保险都呈现出扩大范围的趋势。这是因为，一方面，日益复杂的国际形势和多变的投资风险需要更全面的保障覆盖；另一方面，为了更好地保护本国投资者在海外的利益，适应全球化投资的新需求，扩大保险范围成为一种必然选择。这种变化反映了国际经济关系的动态性和复杂性，也对海外投资保险制度的不断完善和优化提出了更高的要求。

【思政德育课堂】

20 万保险金“救急”！固原薯业跨国纠纷圆满解决

【思考题】

1. 政策保险如何在支持农业现代化发展中发挥作用？
2. 分析政策保险在应对公共卫生事件方面的表现和改进空间。
3. 政策保险对促进中小企业融资方面，有哪些具体举措和成效？
4. 探讨政策保险在绿色能源发展中的角色和挑战。
5. 如何衡量政策保险在保障社会稳定方面的贡献？
6. 研究政策保险在应对贸易风险中的作用和策略。
7. 政策保险如何适应快速变化的科技发展趋势？

强降雨突袭，政策保险助韶关丹霞女农业迅速复产

第十章
社会保险

学习目标

了解：了解社会保险的基本概念和常见类型。如养老保险、医疗保险等。
熟悉：熟悉我国社会保险体系的构成和各险种的覆盖范围。
理解：理解社会保险制度设计的基本原则和理论基础。
掌握：掌握社会保险相关法律法规和政策的要点。

10.1 社会保险概述

10.1.1 社会保险的概念

社会保险是一种为丧失劳动能力、暂时失去劳动岗位或因健康原因造成损失的人口，提供收入或补偿的社会和经济制度。

它具有强制性、共济性和普遍性等特点。通过国家立法形式强制实施，由劳动者、企业（雇主）以及国家三方共同筹资，建立保险基金。其目的是保障劳动者在年老、疾病、工伤、失业、生育等情况下，能从社会获得物质帮助，维持基本生活需求，促进社会稳定和经济发展。社会保险包括养老保险、医疗保险、失业保险、工伤保险和生育保险等不同险种，以满足人们在不同生活情境下的保障需要。

10.1.2 社会保险的发展历程

1. 社会保险形成阶段（19 世纪 80 年代至 20 世纪 20 年代末）

19 世纪 80 年代至 20 世纪 20 年代末，是社会保险的形成阶段，以 1883 年德国制定《疾病社会保险法》为标志。这一阶段的特点包括以下几点。

工业发展和工人运动：工业飞速发展导致工人面临更多风险，工人运动推动了对工人权益的关注。

理论基础：新历史学派呼吁改善劳资关系，为社会保险提供了理论依据。

国家参与：政府开始介入社会保障领域，通过立法建立社会保险制度。

在这一阶段，一些国家开始制定和实施社会保险法规，为工人提供疾病、工伤、养老等方面的保障。这些早期的社会保险制度为后来的发展奠定了基础。

2. 社会保险发展时期（20 世纪 20 年代末至 40 年代末）

在 1929 年的时候，资本主义世界遭遇了一场史无前例的经济危机。鉴于这样的情况，各个国家的政府纷纷开始思索推行全新的社会保险制度，其目的在于维系社会的稳定状态。1935 年 8 月，具有重大意义的事件发生了，美国正式通过了《社会保障法》，这可是全世界范围内的第一部社会保障法。与此同时，英国政府也有所行动，在 1934 年以及 1936 年先后通过了《失业法》《农业失业法》以及《国民健康保险法》。而后到了 1939 年，第二次世界大战爆发了。这场战争在一定程度上起到了推动社会保险发展的作用。战争使得社会的不稳定性进一步加剧，人们对于保障的需求更为迫切。这促使各国更加重视社会保险制度的建设和完善，以应对战争所带来的各种挑战和问题，也使得社会保险在这一时期得到了更多的关注和发展。

3. 社会保险制度成熟阶段（20 世纪 40 年代末至 70 年代末）

在第二次世界大战结束后，西方国家把构建“福利国家”当作政策目标。由此，社会保险制度获得了极为充分的发展，众多国家构建起了“从摇篮到坟墓”这种完备的社会保险体系。“福利国家”在推行社会保险制度时，遵循了若干原则。其一是，无论家庭的收入水平怎样，都需要按照统一的标准去缴纳社会保险费以及领取补助；其二是，有关补助的领取时间和数额，应有统一的规定；其三是，对于社会保险，政府需要进行统一的管理。在这一时期，许多社会主义国家，像中国和苏联等，都确立了“国家统筹型”的社会保险模式。第二次世界大战后，社会保险制度能够得到充分发展，其原因可以归结为这几个方面。一是经济方面的因素；二是受到了凯恩斯主义的影响；三是民主社会主义思想所带来的影响。

4. 社会保险改革阶段（20 世纪 70 年代末至今）

自进入 20 世纪 70 年代起，西方资本主义国家的经济产生了一连串的问题，如石油危机出现；布雷顿森林体系崩溃；经济陷入了滞胀的状况。在这样大的经济环境之下，西方国家的社会保险制度也陷入了艰难的境地，其主要体现为：其一，社会保险支出迅猛增长，形成了沉重的财政压力。其二，雇工和企业所缴纳的社会保险费大幅增加，致使劳动力成本上升，产品在国际上的竞争力降低。其三，高福利和高税收的政策使得人们对政府的依赖思想更加严重。为了处理社会保险所呈现出的各类问题，许多国家实施了一些改革举措，包括：加重企业和个人的责任，降低保障水平；延迟退休，以此来减少社会保险金的支出；强化管理，提升效率。

10.1.3 社会保险的原则

1. 强制性原则

社会保险的强制性原则，主要指以下几个方面。

社会保险是通过国家立法强制实施的。这意味着所有符合条件的单位和个人都必须依法参加社会保险，按照规定缴纳社会保险费。它不以个人意志为转移，不能随意选择参加或不参加。

通过这种强制性，确保了社会保险制度能广泛覆盖，保障社会成员的基本权益，避免一些人因为短视或其他原因而放弃参保；从而有效分散社会风险，增强整个社会的保障能力和稳定性。

同时，强制性原则也有利于社会保险基金的筹集和稳定，为社会保险待遇的按时足额发放提供坚实基础。它体现了社会保险的公共属性和国家对公民基本保障的责任担当。例如，在养老保险中，强制要求企业为职工缴纳，保障职工退休后的基本生活；在医疗保险中，强制参保可使人们在患病时能得到及时有效的救治。

2. 基本保障性原则

首先，在将社会保险放置于社会保障体系当中进行考察的时候，普遍认为，应运用三种各不相同的保障方法，从而去满足三个不一样层次的需求。其次，通过社会救济这种方式来达成公民最低生活水平的相关要求。因为社会救济主要针对那些生活陷入极度困难的群体，给予他们最基本的生存保障。而社会保险则是用来满足劳动者基本生活水平的诉求，它为劳动者在面临各种风险时提供一定程度的经济支持，以维持他们起码的生活状态。最后，是以社会福利的形式来进一步提高公民的生活质量。比如，提供各种福利设施、津贴等，让公民能享受到更丰富的资源和更好的生活条件。这三种保障方法相互配合、互为补充，共同构建起了较为完善的社会保障体系，为社会的稳定和发展发挥着重要作用。

3. 公平性原则

社会保险是通过对国民收入进行再分配来得以实现的。具体而言，社会保险费的筹集方式往往是由国家、企业以及个人共同按照一定的比例来承担相应的责任，而并非仅仅由个人单方面去全部负担。在这当中，国家还会针对出现亏损的部分给予必要的财政补贴，以维持其正常运转。就保障的水平而言，是以劳动者丧失劳动能力时的基本生活需要作为衡量标准的。并且，在实施过程中采取的是一种有利于低收入劳动者的原则。这种原则充分考虑到了低收入劳动者的实际情况和需求，旨在给予他们更切实的保障和支持，让他们在面临各种风险和困境时，能通过社会保险制度获得一定的经济援助；从而维持基本的生活状态，减少因收入较低而可能带来的生活压力和困难；体现了制度的公平性和兜底性，有助于维护社会的稳定和和谐发展。

4. 互助互济性原则

互助互济性原则是社会保险的关键原则之一。

互助互济性原则强调的是社会成员之间的相互帮助和相互支持。在社会保险体系中，所有参保人共同参与，通过缴纳保险费用形成一个共同的资金池。当一部分参保人遭遇特定风险（如疾病、失业、工伤等）而需要经济支持时，就可以从这个资金池中获得相应的补偿或救助，这体现了参保人之间的互助。这种互助并非是一对一的直接交换，而是在整个群体范围内形成的一种广泛的互助关系。每个人在有能力时贡献力量，而当自己面临困难时也能得到他人的帮助，从而实现风险的共担和利益的共享。它有助于增强社会的凝聚力和团结性，促进社会的和谐稳定。通过互助互济性原则，社会保险能够更好地发挥其保障功能，减轻个体和家庭因意外风险带来的沉重负担，使社会成员在面临困难时不至于孤立无援，体现了社会保险制度的社会性和公益性。

5. 社会性原则

社会性原则主要体现在这几个重要方面。其一，社会保险展现出极为广泛的实施范围。它涵盖了社会的各个层面和不同群体，力求保障每一个公民的基本权益，这种广泛的覆盖性体现了其对整个社会的关注和责任。其二，社会保险基金的来源丰富多样，包括政府财政拨款、企业缴纳保险金以及劳动者个人缴纳保险金等多种渠道。这充分显示了社会保险是由社会各方共同参与和支撑的，具有明显的社会性特征。其三，在经营管理上，社会保险也遵循社会性的原则。它需要综合考虑社会整体的利益和需求，通过科学合理的规划和运作来实现保障目标。其四，社会保险还能根据被保险人的实际需要，提供各种社会服务。比如，在医疗、养老等方面给予相应的支持和帮助。这些服务的提供进一步强化了社会保险的社会性，使其更好地融入社会生活的各个环节，为人们的生活和社会的稳定发挥着至关重要的作用。总之，社会性原则是社会保险的核心原则之一，它确保了社会保险与社会的紧密联系和深度融合。

10.1.4 社会保险的功能

社会保险具有以下重要功能。

其一，它具有稳定社会的功能。通过为劳动者提供基本生活保障，缓解因失业、疾病、年老等带来的社会矛盾和不稳定因素，有助于维护社会的和谐与安定。

其二，保障基本生活的功能。确保人们在遭遇风险时，能获得一定的经济补偿，维持起码的生活水平，减少贫困和生存危机。

其三，促进经济发展的功能。一方面，它减轻了劳动者的后顾之忧，能调动劳动者的积极性，提高劳动生产率；另一方面，合理的社会保险制度安排，也有利于劳动力的合理流动和资源优化配置。

其四，调节收入分配的功能。通过社会保险的再分配机制，可以在一定程度上缩小不同群体之间的收入差距，体现社会公平。

其五，它还有利于劳动力再生产的功能。使劳动者在生病、生育等情况下，能得到必要的支持和照顾，保障劳动力的持续供给和质量。

其六，社会保险对社会文明进步也具有推动功能。体现了社会对公民的关爱和责任，促进了社会整体文明程度的提高。

10.2　社会保险与商业保险的关系

10.2.1　社会保险与商业保险的区别

1. 保险的目的不同

社会保险与商业保险在保险目的方面存在显著区别。

社会保险的主要目的，是为了实现社会公平和保障社会成员的基本生活需求。它着重于提供一种普遍的、基础性的保障，确保人们在面临年老、疾病、失业、工伤等常见风险时，能维持基本的生存和生活质量。其目标是通过社会共济的方式，减少社会成员因风险而陷入贫困或生活困境的可能性，具有很强的社会性和公益性。

而商业保险的目的主要是盈利。虽然也提供风险保障，但更多的是基于市场原则和商业运作，旨在为投保人提供个性化、更高层次的保障，并通过收取保费和合理的投资运营来获取利润。商业保险的保障内容和程度往往更加灵活多样，可以根据投保人的需求和支付能力进行定制。但相对而言，其覆盖范围和保障的基础性，可能不如社会保险广泛和深入。

总之，社会保险以社会公平和基本生活保障为核心目标，商业保险则侧重于盈利和满足个性化需求，两者在保险目的上有着本质的不同。

2. 权利与义务关系不同

社会保险的权利与义务关系，是基于劳动关系而构建的。也就是说，只要劳动者切实履行了为社会进行劳动的这一义务，那么其自身以及由其供养的直系亲属就能获取享有相关社会保险待遇的权利。在社会保险中，权利与义务的关系并非是完全对等的，不能简单地用付出和回报的完全一致性来衡量。

与之不同的是，商业保险的权利与义务关系是建立在合同关系之上的。在商业保险中，权利与义务关系呈现出的是一种等价交换的对等状态。投保人通过缴纳一定的保费来履行义务，而保险公司则根据合同约定，在特定情况下给予相应的赔付等权利。双方的权利与义务完全按照合同条款来确定，体现出明确的对等性和交换性。一切都以双方自愿达成的合同约定为准。这种关系相对而言，更加直接和明确，遵循着市场交易的基本逻辑。

3. 经办主体和管理特征不同

在经办主体和管理特征方面，社会保险与商业保险有着明显差异。

社会保险通常由政府部门或其授权的机构来经办和管理。政府在其中发挥着主导作用，以保障社会公共利益为出发点，具有很强的社会性和公益性。其管理往往遵循严格的法律法规和政策规定，注重公平、公正、公开，决策过程相对较为集中，并且会考虑到社会整体的稳定和发展。

而商业保险的经办主体主要是商业保险公司。它们以盈利为主要目的，在市场竞争环境下运营。商业保险的管理特征更突出市场化和灵活性，保险公司根据自身的经营策略和市场需求来设计保险产品、确定费率、进行风险管理等。其决策相对更加分散，更注重效率和经济效益，同时也会受到市场竞争和消费者选择的影响。

总之，社会保险的经办主体和管理特征，体现出政府主导和公共服务的特点；商业保险则更多地展现出市场主体的自主性和商业运作的特性，二者在这方面存在着显著的区别。

4. 实施方式不同

社会保险与商业保险在实施方式上存在以下不同。

社会保险是通过国家立法强制实施的。国家通过制定相关法律法规，要求符合条件的单位和个人必须参加，具有很强的法定性和普遍性。其实施过程较为规范和统一，遵循着既定的规则和程序，保障的范围和标准也相对固定。

而商业保险则是基于自愿原则实施的。投保人根据自己的风险认知、经济状况和保障需求等，自主决定是否购买以及购买何种商业保险产品。保险公司通过市场推广和营销活动来吸引客户，保险合同的签订和履行，也是在双方自愿协商的基础上进行的，具有较大的灵活性和自主性。商业保险的实施方式更加市场化，不同的保险公司，可能会有不同的产品设计和营销手段。

综上所述，社会保险以强制实施为主，体现了社会公共政策的属性；商业保险以自愿实施为主要特点，反映了市场交易的性质，二者在实施方式上有着本质的区别。

5. 保险关系建立的依据不同

社会保险与商业保险在保险关系建立的依据方面存在显著差别。

社会保险的保险关系建立主要依据国家法律法规和政策。这是由国家基于社会整体利益和保障公民基本权益的考量而设定的，具有很强的法定性和规范性。比如，对于养老保险、医疗保险等，都有明确的法律规定谁应该参保、如何缴费、享受哪些待遇等，这种保险关系的建立是基于社会公共政策和法律强制要求。

而商业保险的保险关系建立则主要依据保险合同。投保人根据自身需求选择保险公司和保险产品，与保险公司通过签订合同来确定双方的权利和义务。合同中的条款，详细规定了保险责任、保险金额、保险期限、费率等内容。保险关系完全基于双方对合同条款的认可和约定，体现出较强的契约性和自主性。

总之，社会保险依据法律法规和政策建立保险关系，强调社会公共利益和保障的普遍性；商业保险依据合同建立保险关系，突出契约自由和个性化选择，两者在这方面有着明显的不同。

6. 保险的资金来源不同

社会保险与商业保险在资金来源方面有以下明显区别。

社会保险的资金来源主要涵盖这三个重要渠道。首先，政府财政拨款是其中关键的一环，政府通过调拨财政资金来大力支持社会保险体系的建设和稳定运行，为广大民众提供坚实的保障基础。其次，企业需要依法依规缴纳相应的保险费，这是企业履行社会责任的体现，也是确保社会保险能广泛覆盖和持续发展的重要支撑。最后，劳动者个人也要按照规定缴纳一定比例的保险费，这既体现了个人对自身保障的参与和责任，也有利于社会保险制度的公平性和可持续性。这三个渠道相互配合、协同作用，共同构成了社会保险稳固的资金来源体系，为社会保险发挥其保障功能和社会稳定作用奠定了坚实的基础。

商业保险的资金则主要来源于投保人缴纳的保费。投保人根据所选择的保险产品和保障方案，向保险公司支付相应的费用。保险公司通过对众多投保人收取保费来积累资金，并运用这些资金进行投资运营以获取收益，进而用于履行对投保人的赔付责任。商业保险的资金来源相对单一，主要依靠投保人的付费，遵循市场交易原则。

由此可见，社会保险的资金来源较为多元化且具有一定的公共性和强制性，而商业保险的资金主要依赖于投保人的个体缴费，体现了市场机制下的资金筹集方式。

7. 保险给付标准依据和保障水平不同

在保险给付标准依据和保障水平方面，社会保险与商业保险存在显著差异。

社会保险的给付标准依据通常是基于法律法规以及相关政策规定。比如，养老金的发放，可能会根据参保人的缴费年限、工资水平等因素来确定；医疗保险的报销，则按照规定的比例和范围来执行。其保障水平主要是保障社会成员的基本生活需求和基本医疗等，具有一定的兜底性和基础性，保障水平相对较为固定和有限，旨在提供一种普遍的、基本的保障。

而商业保险的给付标准，依据主要是保险合同的约定。投保人在购买保险时，与保险公司就具体的保险责任、赔付条件、赔付金额等进行明确约定。保障水平则根据投保人所缴纳的保费、所选择的保险产品和保障方案的不同而有很大差异，可以实现从较低保障到高额保障的多种层次。商业保险更注重满足不同投保人的个性化、差异化需求，保障水平相对更加灵活且可高可低，完全取决于投保人的意愿和投入。

总之，社会保险的给付标准依据法定，保障水平偏基础；商业保险依据合同，保障水平更具弹性和多样性，二者在这方面有着本质区别。

8. 保险对象不同

社会保险与商业保险在保险对象上有着明显区别。

社会保险的对象通常是较为广泛的社会群体。它面向社会大众，无论是企业职工、机关事业单位人员、个体工商户、灵活就业人员等，只要符合相应的参保条件，都被纳入保障范围。它强调的是对社会成员的普遍覆盖和保障，旨在维护社会的稳定和公平。

而商业保险的对象则相对更加个体化和有针对性。商业保险往往是投保人根据自身的风险状况、经济能力和特定需求，自主选择是否购买以及购买何种保险产品。它主要针对那些有特定保险需求、希望获得更高层次或更个性化保障的个人或特定群体，其选择更具自主性和灵活性。

例如，社会保险会涵盖所有在职员工，而商业保险可能更多地被一些高风险职业者、有特殊财产需要保障的人等所选择。由此可见，社会保险注重社会整体的保障，商业保险则更侧重于满足个体的差异化需求，二者在保险对象上存在着本质的不同。

9. 与财税的关系不同

在与财税的关系方面，社会保险和商业保险存在以下不同。

社会保险通常与财税有着较为紧密的联系。一方面，部分社会保险费用是通过税收或具有税收性质的方式来筹集的。比如，职工缴纳的社保费用，通常在税前扣除。另一方面，国家财政也会对社会保险进行一定程度的补贴和支持，以确保其稳定运行。同时，在一些国家和地区，享受社会保险待遇，可能会在一定程度上影响个人的税收情况。

而商业保险与财税的关系相对较为间接。虽然企业为员工购买的某些商业保险（如团体意外险等），可能在一定范围内可以作为企业成本在税前扣除。但总体而言，商业保险的缴费和赔付与税收的直接关联度不像社会保险那么高。商业保险主要是基于合同约定和市场机制来运作，其与财税的互动更多地体现在一些具体的税收政策对商业保险市场的影响上。

总体而言，社会保险在财税方面有着较为明确和直接的规定与联系，而商业保险与财税的关系相对较为松散和有限。

10.2.2 社会保险与商业保险的互动与互制

1. 社会保险与商业保险的互动关系

商业保险往往只针对那些具备一定经济条件、有能力参加保险的人群来提供保障，其覆盖范围相对比较狭窄。相比之下，社会保险则具有突出的社会性特点，它面向的是更为广泛的社会大众。而且，社会保险还特意增开了一些商业保险所不太适宜承保的险种，像失业保险就是典型的例子。通过失业保险，很好地解决了因失业而导致家庭生活出现危机，进而引发一系列社会问题的难题，对维护社会稳定起到了至关重要的作用。同时，社会保险遵循有利于低收入劳动者的再分配原则，能有效地调节社会收入，有力地维护社会公平，这无疑是在商业保险效能基础上的进一步拓展和深化。此外，社会保险与商业保险在经营技术方面也能互相学习、彼此借鉴，并且相互推动、共同发展。需要强调的是，社会保险制度的不断健全和蓬勃发展，并不意味着要去否定或者排斥商业保险，二者完全可以相辅相成、协同共进，共同为社会的稳定和人们的保障发挥各自独特的作用。

2. 社会保险与商业保险的相互制约关系

社会保险与商业保险存在以下相互制约关系。

一方面，社会保险的广泛覆盖和相对稳定的保障，可能会在一定程度上降低人们对某些商业保险产品的需求紧迫性。例如，对于一些基本医疗保障已经较为完善的人群，他们可能对某些商业医疗保险的购买意愿会相对降低，从而对商业保险的市场拓展形成一定制约。

另一方面，商业保险在某些方面的快速发展和创新，可能也会给社会保险带来一定压力。比如，商业保险推出一些更具吸引力的养老产品或健康管理服务，可能会让人们对社会保险的保障水平有更高期待，促使社会保险不断提升自身的服务质量和保障能力。否则，可能面临参保人员满意度下降等问题。

同时，在资源分配方面，两者也可能存在一定竞争。比如，在保险资金的运用、人才的争夺等方面，可能会出现此消彼长的情况，一定程度上相互制约。

但总体而言，两者的互动关系更为重要，通过合理的协调与合作，能更好地发挥各自优势，共同构建完善的保障体系。

10.3 社会保险的类型与结构

10.3.1 社会保险制度的类型

1. 投保资助型的社会保险制度

投保资助型的社会保险制度，是被以美国、日本为代表的众多资本主义国家所采用的一种传统型的社会保险制度。在这一制度模式中，着重强调待遇与个人的收入以及缴费情况紧密相联系，通过这种关联来确保一定的公平性与合理性。而且在待遇确定方面，往往更倾向于有利于低收入者，以体现对弱势群体的照顾和保障。在保险供款方面，通常由个人、单位和政府三方（或其中两方）共同来承担相应的负担。这种多方分担的机制有利于分散风险和保障资金的稳定来源。个人的缴费体现了其对自身保障的责任和参与度；单位的供款则反映了企业对员工的社会责任；而政府的介入则发挥了宏观调控和保障公平的重要作用。通过这种综合性的供款模式，投保资助型社会保险制度得以有效运行，为社会成员提供了较为可靠的生活保障和风险抵御能力。

2. 普遍保障型的社会保险制度

普遍保障型的社会保险制度，是依据普遍性这一重要原则而构建的。它是建立“福利国家”的关键举措之一。在这种制度下，其实施范围极为广泛，通常涵盖了全体居民或是公民，完全不会去区分其是否是劳动者。它所采取的是远远超出一般社会保险水平的社会福利措施，旨在为民众提供更为全面和优厚的保障。就保险基金的来源而言，通常是以财政拨款作为主要渠道，当然，也存在由雇主和雇员缴纳保险费的情况，但其中最主要的来源还是政府通过征收所得税所获得的资金。并且，保险业务是由国家专门设立的机构来进行统一的管理，通过这样专业化和集中化的管理模式，确保整个社会保险制度能够规范、有序、高效地运行；从而更好地服务于全体国民，保障他们的基本生活和福利需求，促进社会的和谐、稳定与发展。这种普遍保障型社会保险制度，对于一个国家的社会结构稳定和人民的幸福生活有着至关重要的意义，体现了国家对人民福祉的高度关注和全面保障的决心与努力。

3. 国家统筹型的社会保险制度

国家统筹型的社会保险制度以苏联、东欧国家为代表，具有鲜明的特点和运作模式。在这种制度下，明确规定了对于一切丧失劳动能力的情况。无论是因疾病、伤残还是其他原因导致，都无一例外地实行全面的保险覆盖。在资金方面，单位承担着供款的重要责任，通过单位的投入来确保保险资金的稳定来源。并且，整个社会保险体系由国家进行统一经办和管理，从保险政策的制定到具体事务的执行，都在国家的主导和掌控之下。这种高度集中统一的模式，使得社会保险的实施能够更加高效和有序地进行。它为民众提供了广泛而坚实的保障，让人们在面临丧失劳动能力等困境时，能得到及时的经济支持和生活帮扶。从而，一定程度上减轻了个人和家庭的负担，维护了社会的稳定与和谐，也体现了国家对人民福祉的高度重视和全面关怀。

4. 投保资助型社会保险制度

投保资助型社会保险制度是一种常见的社会保险模式。在这种制度下，强调劳动者、雇主和国家三方共同承担社会保险费用。劳动者需要按规定缴纳一定比例的保险费，雇主也需承担相应部分，同时国家给予一定的资助和补贴。这种模式遵循权利与义务相对应的原则，即劳动者缴费后，在符合一定条件时可以享受相应的社会保险待遇，如养老、医疗、失业等方面的保障。

这种制度的优点在于，通过多方分担责任，能够较为广泛地筹集资金，保障社会保险体系的可持续性；同时能够调动劳动者的积极性，让他们更加关注自身的权益和保障。一些典型的发达国家，如德国、美国等多采用这种模式。其缺点在于，对于一些经济困难或收入较低的群体来说，可能会存在缴费压力较大的情况。

10.3.2　社会保险的结构

社会保险的结构，主要包括以下几个方面。

养老保险：旨在保障劳动者退休后的基本生活需求，使其在丧失劳动能力、退出劳动岗位后能获得稳定的经济来源。

医疗保险：帮助参保人减轻医疗费用负担，解决因病就医的问题。

失业保险：为因非本人意愿失业的劳动者提供一定期限的经济补偿，以帮助他们度过失业期间的困难。

工伤保险：对因工作遭受事故伤害或者患职业病的职工，给予医疗救治和经济补偿等保障。

生育保险：覆盖生育医疗费用报销、生育津贴等方面，保障女性职工在生育期间的权益。

此外，有的社会保险体系中，还可能包括长期护理保险等其他项目，以满足不同方面的保障需求。不同险种相互配合，共同构建起较为完整的社会保险结构，为人们的生活和工作提供多方位的保障和支持。

1. 养老保险

养老保险乃是国家运用立法手段，针对劳动者在达到特定规定年龄，且依照国家规定解除劳动义务之后，为他们给予一定的物质辅助，从而得以维持其基本生活水平的一种社会保险制度。养老保险在社会保险中占据着主要项目的地位，更是整个社会保障制度中极其关键且重要的组成部分。

从全球各国推行养老保险制度的实际情况来分析，将养老保险细分为这四种模式。其一是普遍保障模式，这种模式致力于为全体国民提供广泛的保障；其二是收入关联模式，强调与劳动者的收入水平相联系；其三是多层次模式，即构建起多层面的养老保障体系；其四是强制储蓄模式，通过强制要求进行储蓄来实现养老保障。

普遍保障的养老保险模式，旨在覆盖尽可能广泛的人群，给予无差别的基本保障。收入关联的养老保险模式，其保障水平往往与劳动者以往的收入情况挂钩，体现一定的公平性和激励性。多层次养老保险模式则通过不同层次的设置，满足多样化的养老需求。强制储蓄的养老保险模式，以强制储蓄为手段，为劳动者的晚年积累资金。这些不同的模式都有其特点和适用场景，各国根据自身的国情和发展需要选择和运用相应的模式，以构建起适合本国的养老保险体系，为民众的晚年生活提供坚实的保障。

2. 失业保险

失业这一社会现象，是指处于劳动年龄范围内，具备劳动能力且有强烈就业意愿的部分人员，暂时未能实现就业。其构成具备四个显著的基本特点，首先是处于劳动年龄区间内；其次是拥有劳动能力；其次是有积极的就业意愿；最后是尚未找到工作。

依据造成失业的原因属于主观还是客观，可将失业分为自愿失业和非自愿失业。而按照造成失业的客观原因的差异，非自愿失业还可以进一步细分为这五种类型。其一为摩擦性失业，其二为技术性失业，其三为周期性失业，其四为结构性失业，其五为季节性失业。

失业保险，具体而言，是指依据政府法令而设立的一种社会保险制度。它以失业作为给付条件，由国家按照劳动法的规定，在特定的期限内对符合条件的失业者发放失业救济金，多数国家都采取强制实施的方式。

关于领取失业救济金的条件。一般明确规定，必须是属于非自愿性失业，通常要求失业者在失业之前缴纳一定时长的保险费或者达到受保的工龄要求，同时必须具备劳动能力，并且已经在职业介绍所进行了登记且表达了就业的需求。

例如，在某些国家和地区，劳动年龄通常被界定在某一年龄段内。如 18 岁至 60 岁。摩擦性失业，可能是由于劳动者在转换工作过程中产生的短暂失业状态；而对于失业保险金的发放，可能会根据具体情况设定不同的标准和额度，以更好地保障失业者的权益和促进就业。

3. 医疗保险

医疗保险是社会保险结构中极为关键的一项。

医疗保险旨在解决人们因病就医时的经济负担问题。它通过建立基金的方式，让参保人在患病或受到意外伤害时，能获得一定程度的医疗费用补偿。

在医疗保险体系中，通常劳动者和用人单位共同缴纳保险费用。当参保人需要就医时，根据相关政策和规定，可以按比例报销医疗费用，包括门诊费用、住院费用、药品费用、检查费用等。医疗保险保障了人们获得基本医疗服务的权利，降低了因病致贫、因病返贫的风险，对维护社会稳定和保障人民健康具有重大意义。

不同地区的医疗保险制度可能会存在差异，但总体目标都是为了实现医疗资源的合理配置和保障人民群众的基本医疗需求。例如，一些地区会实行医保个人账户与统筹账户相结合的方式，以更好地满足不同情况下的医疗费用支付；还有的地区会不断完善医保报销目录，将更多有效的药品和治疗项目纳入报销范围。医疗保险的不断发展和完善，是社会进步和人民福祉提升的重要体现。

4. 工伤保险

工伤保险指的是当劳动者由于工作方面的原因而受伤、患病、导致残疾乃至死亡，出现暂时或者永久地丧失劳动能力的情况时，能从国家以及社会获取医疗方面、生活保障方面以及必要的经济补偿的一种社会保险制度。

相较于其他社会保险，工伤保险具备非常显著的赔偿特性。其保险费用通常都是由企业来承担，所提供的待遇相对比较优厚，而且服务项目也比较多。

当前，各国所施行的工伤保险制度，总体归纳起来，大致都遵循这些原则。其一，无责任补偿原则，也被称作“无过失补偿”原则，即在劳动者因工负伤后，无论过失在谁，都应给予相应的补偿；其二，个人不缴费原则，强调工伤保险费用完全由企业承担，劳动者个人无需缴费；其三，待遇标准从优原则，确保给予劳动者充分且优质的保障；其四，损失补偿与事故预防及职业康复相结合的原则，即在给予经济补偿的同时，注重事故的预防以及对劳动者进行职业康复训练，帮助他们尽快恢复劳动能力，重新融入社会和工作。

5. 生育保险

生育保险是社会保险结构中的重要组成部分。

生育保险是指在妇女劳动者因生育子女而暂时中断劳动时，由国家和社会及时给予物质帮助的一项社会保险制度。

它主要有这几个特点和作用。一是对生育妇女提供经济保障，包括生育津贴、医疗费用报销等，帮助她们减轻生育带来的经济负担；二是保障生育期间的基本医疗需求，确保产妇和新生儿能够得到必要的医疗照顾；三是有助于维持生育妇女的就业岗位，减少因生育对其职业发展的影响。

不同地区的生育保险政策，在具体内容和实施细则上，可能会有所差异。但总体目标，都是为了保障生育妇女的合法权益和促进人口的健康发展。例如，一些地区会根据当地的经济水平和生育成本等因素，合理确定生育津贴的标准和发放方式。同时，生育保险制度也在不断完善和优化，以更好地适应社会发展和人们的需求。生育保险对于维护妇女权益、促进家庭和谐以及推动社会可持续发展都具有重要意义。

10.4 社会保险基金

10.4.1 社会保险基金的概念及特点

社会保险基金的概念

社会保险基金是国家通过立法形式建立，用于保障劳动者因年老、疾病、工伤、失业、生育等原因导致劳动收入减少或中断时，给予一定经济补偿，使其能维持基本生活的专项资金。

其特点主要有以下几点。

（1）强制性：通过法律强制规定单位和个人必须参加并缴纳费用。

（2）共济性：集合社会力量，在不同个体间进行风险分担和互助共济。

（3）基本保障性：保障的是劳动者的基本生活和基本权益。

（4）政府主导性：政府在基金的管理、运营等方面发挥重要作用。

（5）储存性：需要进行资金的积累和储存。

（6）特定用途性：只能用于社会保险规定的各项支出和待遇支付。

（7）长期性：需要长期持续运作以满足不断变化的需求。

（8）社会性：涉及广大社会成员，关系社会稳定和公平。

10.4.2 社会保险基金的财务模式

1. 现收现付模式

现收现付模式是社会保险基金的一种财务模式，具有以下特点。

在现收现付模式下，当期征收的社会保险缴费用于支付当期退休人员等享受保险待遇者的养老金、医疗费用等支出。也就是说，正在工作的一代人，通过缴费来供养已经退休的一代人，以支定收，基本没有基金积累。

这种模式的优点在于以下几点。

（1）简单易懂，操作相对简便。

（2）能及时将筹集的资金用于保障当前参保人员的需求，资金的使用效率较高。

（3）可以较好地实现代际之间的互助共济。

但它也存在一些局限性，比如以下几方面。

（1）人口结构变化对其影响较大，如果老年人口比例快速上升，可能导致缴费负担加重。

（2）缺乏长期的财务稳定性，在人口老龄化加剧时可能面临较大压力。

（3）不利于应对未来可能出现的重大风险和变化。

例如，在一些传统的社会保险制度中，曾广泛采用现收现付模式。但随着人口老龄化等问题的出现，许多国家开始对其社会保险基金财务模式进行改革和调整。

2. 完全积累模式

完全积累模式是社会保险基金的另一种重要财务模式，具体如下。

完全积累模式是指参保人在工作期间按照规定进行缴费，这些缴费全部积累形成基金，等到参保人达到退休等享受待遇的条件时，从积累的基金中支取用于支付其养老金等保险待遇。

这种模式的主要特点和优势分别包括如下。

优点

（1）长期财务稳定性较好。通过积累形成规模较大的基金，可以更好地应对未来人口老龄化等带来的支付压力。

（2）减轻未来参保人的缴费负担。前期的积累，可为后期提供较为充足的资金保障。

（3）激励性较强。个人缴费与未来待遇直接关联，可能促使参保人更加积极地缴费。

但它也存在一些不足之处，具体如下。

（1）初期资金筹集压力大：需要在较长时间内持续积累大量资金。

（2）基金管理难度高：对基金的投资运营等管理要求较高，面临市场风险等挑战。

（3）对经济波动较为敏感：经济形势变化可能对基金积累和收益产生较大影响。

比如，一些实行强制储蓄型养老保险制度的国家或地区，采用的就是完全积累模式。参保人在工作期间积累的资金，会在其退休后成为其主要的养老保障来源。

3. 部分积累模式

社会保险基金的财务模式部分积累模式，是现收现付模式和完全积累模式两种模式相结合的一种模式。它具有以下特点。

近期横向收支平衡原则与远期纵向收支平衡原则相结合。部分积累模式在一定程度上保留了现收现付制的特点，通过当期征收的保险费来支付当期的养老金等社会保险待遇。同时，也积累一部分资金，以应对未来可能出现的支付压力。

减轻现收现付制的负担。通过积累一定的资金，可以缓解现收现付制下当代人的负担，特别是在人口老龄化加剧的情况下。

降低完全积累制的风险。与完全积累制相比，部分积累模式不需要在短时间内积累大量的资金，因此可以降低资金保值增值的压力和货币贬值的风险。

灵活性。部分积累模式可以根据实际情况进行调整。例如，可以根据人口结构、经济发展等因素，调整现收现付和积累的比例。

部分积累模式在一些国家和地区的社会保险制度中得到了应用。例如，在中国，基本养老保险制度采用了社会统筹与个人账户相结合的部分积累模式。其中，社会统筹部分体现了现收现付制的特点，个人账户部分则体现了积累制的特点。这种模式旨在平衡当代人和未来世代的养老负担，同时也考虑了资金的保值增值和风险防范。

10.4.3 社会保险基金管理

1. 社会保险基金管理的意义

社会保险基金管理的意义，包括以下几点。

（1）保障民生福祉。确保参保人员在面临各种风险时能获得相应的经济支持，提升生活质量和安全感。

（2）促进社会稳定。减少因生活风险导致的社会不稳定因素，增强社会凝聚力。

（3）实现制度可持续性。通过有效的管理，保障社会保险制度能够长期稳定运行，适应不同时期的需求。

（4）优化资源配置。合理安排基金的收支和使用，提高资金利用效率，使资源在不同群体和地区间得到更公平有效的分配。

（5）防范风险。降低基金运营中的各种风险，如财务风险、管理风险等，保障基金的安全与完整。

（6）推动经济发展。稳定的社会保险体系有助于劳动者安心工作，促进劳动力市场的健康发展，间接为经济增长提供动力。

（7）增强社会公平。使不同收入群体都能享受到基本的保障，缩小贫富差距，促进社会公平正义。

（8）提升政府治理能力。反映政府在社会管理和公共服务方面的水平，促进政府治理能力的提升。

2. 社会保险基金的管理模式

社会保险基金的管理模式可分为三种：信托基金管理模式、基金会管理模式和商业经营管理模式。

信托基金管理模式，即把社会保险基金托付给某一特定的国家机构进行管理，该机构全面负责基金的运营管理事宜。在这种模式下，专业的机构凭借其专业能力和经验，对基金进行科学合理的运作，以确保基金的安全与稳定增值。

基金会管理模式，在一些国家中，社会保险基金通过基金会的形式来加以管理。基金会通常有着特定的治理结构和运作规则，能够有效地保障基金的规范管理和合理使用。

商业经营管理模式，这是一种由政府授权的专业基金公司对保险基金实施经营管理的方式。这些基金公司运用其商业运作的经验和专业技能，努力实现保险基金的高效管理和增值。

要构建一种成功的保险基金管理模式，至少应坚定地遵循这两个原则。一是要确保基金管理的安全性和营利性。只有保障了基金的安全，才能让参保人放心，同时具备营利能力才能使基金持续发展和壮大；二是要保证基金管理的独立性和自主性，避免受到不必要的干扰和影响，从而能更加科学、公正地进行管理和决策。

【思政德育课堂】

丰顺社保惊现 18 万骗局，村干部胡某被判刑

【思考题】

1. 社会保险费率的调整如何影响企业成本和员工福利？
2. 分析养老保险的可持续性面临的挑战及应对策略。
3. 医疗保险制度如何平衡保障公平与控制费用？
4. 探讨失业保险在促进就业方面的有效性及改进措施。
5. 社会保险的异地转移接续存在哪些问题及解决办法？
6. 如何看待社会保险与个人储蓄、投资理财的关系？
7. 研究工伤保险在预防工伤事故中的作用和不足。

妹妹冒领姐姐养老金近 40 万，法网恢恢终判刑

第十一章

保险市场经营主体

学习目标

了解：了解保险市场主要经营主体的类型，如保险公司、保险中介等。

熟悉：熟悉不同类型经营主体的组织架构和运作模式。

理解：理解保险经营主体在保险市场中的地位和作用。

掌握：掌握保险经营主体合规经营的关键要点和风险防控措施。

11.1 保险市场概述

11.1.1 保险市场的概念

保险市场是指保险商品交换关系的总和或是保险商品供给与需求关系的总和。

具体而言，它包含以下几个方面。

从供给角度，保险市场是众多保险人提供各类保险产品和服务的场所，包括人寿保险、财产保险、健康保险等不同险种。保险人通过设计和销售保险产品，来满足投保人的风险保障需求。

从需求角度，它是投保人有购买保险意愿和行为的领域。投保人基于对风险的担忧和防范意识，在保险市场中寻求合适的保险保障。

保险市场还包括保险中介机构，如保险代理人、保险经纪人等，他们在保险人和投保人之间起到桥梁和纽带的作用，促进保险交易的达成。

此外，保险市场也受到法律法规、监管政策、经济环境、社会文化等多种因素的影响和制约。一个成熟、完善的保险市场，能有效地分散风险、提供经济保障、促进资金融通，对社会经济的稳定和发展有着重要意义。

11.1.2 保险市场的特点

1. 直接经营危险

保险市场的核心业务就是对风险进行管理和处置。保险人通过收取保费，将投保人面临的各种潜在危险集中起来，然后运用专业的风险管理技术和方法进行分析、评估和应对。这意味着保险人直接面对和处理这些危险，将其纳入自身的业务范畴。他们需要准确地识别危险的类型、程度和可能性，制定合理的保险条款和费率，在危险发生时履行赔付责任。这种直接经营危险的特点，使得保险市场成为一个专门处理风险、转移风险和化解风险的特殊领域，与其他市场有着明显的区别。

2. 预期性

保险市场的“预期性”特点，主要表现在以下几点。

首先，投保人购买保险是基于对未来可能发生风险的预期。他们预先支付保费，期望在未来不确定的某个时间点，当风险事件实际发生时能得到经济补偿。这种对未来风险及补偿的预期，驱动着人们参与保险市场。

其次，保险人在设计保险产品和确定费率时，也需要对各种风险在未来的发生概率和可能造成的损失进行预期和评估。他们要基于历史数据、风险模型等进行分析，以合理定价并确保保险业务的可持续性。

再次，保险市场的发展也受到人们对经济、社会等未来发展状况预期的影响。例如，如果人们预期经济形势不稳定，对风险保障的需求可能会增加，从而影响保险市场的规模和结构。

最后，保险市场的投资活动也具有预期性。保险资金的运用需要考虑未来的收益和风险，以实现资产的保值增值，这也依赖于对市场趋势和投资回报的预期判断。

总之，预期性贯穿于保险市场的各个方面，是保险市场区别于其他市场的一个重要特点。

3. 非即时结清性

保险市场的“非即时结清性”，具有以下含义。

在一般的商品交易中，往往是一手交钱一手交货，交易在短时间内就能完成并结清。但在保险市场中，投保人缴纳保费后，可能在很长一段时间内都不会发生保险事故，也就不会立即产生实际的赔付或结清。保险人收取保费后，要在保险合同约定的期限内承担保障责任，而这个过程可能会持续数年甚至数十年。只有当保险事故发生时，才会涉及到保险金的给付和结算。这中间存在一个时间差，并非即时完成所有的交易过程。这种非即时结清性使得保险市场的交易周期较长，而且具有不确定性，因为不知道何时会真正触发赔付。同时，它也对保险人的资金管理和风险控制能力提出了很高的要求，需要合理运用保费资金以应对未来可能的赔付需求。它也体现了保险作为一种风险转移和长期保障机制的独特性质。

4. 政府干预性

保险市场的“政府干预性”，主要体现在以下几个方面。

首先，保险行业关系到社会稳定和公众利益。许多保险产品，如人寿保险、健康保险等，与人们的生活保障息息相关。政府需要通过干预来确保保险市场的有序运行，保障投保人的合法权益，维护社会的安定。

其次，政府会制定相关的法律法规和监管政策，对保险市场的准入、经营行为、偿付能力等进行规范和监督。这有助于防止市场乱象，如不正当竞争、欺诈行为等，促进保险市场的健康发展。

再次，在一些情况下，政府可能会直接参与保险业务。比如，在某些政策性保险领域，政府通过提供补贴、制定优惠政策等方式来推动相关保险业务的开展，以实现特定的社会或经济目标。同时，政府还会在宏观经济层面上对保险市场进行调控。例如，通过调整税收政策等手段来影响保险市场的投资和发展方向。

最后，当保险市场面临重大风险或危机时，政府通常会发挥重要作用，采取措施进行干预和救助，以避免系统性风险的扩散和对经济社会造成严重影响。

总之，由于保险市场的特殊性和重要性，政府的干预对于规范市场秩序、保障公众利益、促进市场稳健发展具有不可或缺的作用。

11.1.3　保险市场的要素

保险市场的要素，主要包括以下几个方面。

保险人：即提供保险产品和服务的机构，是保险市场的供给方，承担着保险责任和赔付义务。

投保人：是购买保险的主体，他们有风险保障的需求，并通过支付保费来获得相应的保险保障。

保险标的：是保险保障的对象。如财产、人身等，明确了保险合同所针对的具体事物。

保险费率：这是确定保费高低的依据，它根据风险的程度和概率等因素来制定。

保险中介：包括保险代理人、保险经纪人等，他们在保险人与投保人之间起到桥梁和纽带的作用，促进保险交易的达成。

再保险：为保险人分散风险提供了途径，确保保险市场的稳定运行。

保险监管机构：负责对保险市场进行监督和管理，以维护市场秩序和投保人的合法权益。

保险合同：是明确保险双方权利和义务的法律文件，是保险交易的基础。

1. 保险市场的主体

保险市场的主体，主要包括以下几类。

保险人：也称为承保人，是依法成立的经营保险业务的机构，如保险公司。它们通过设计、推出保险产品，并承担相应的保险责任来满足投保人的需求。

投保人：是与保险人订立保险合同，并按照合同约定负有支付保费义务的人或组织。投保人是保险需求的发起者。

被保险人：是其财产或者人身受保险合同保障，享有保险金请求权的人。当保险事故发生时，被保险人有权依据保险合同向保险人请求赔偿或给付保险金。在很多情况下，投保人本人就是被保险人，但也存在投保人指定他人为被保险人的情况。

保险中介机构：主要包括保险代理人和保险经纪人。他们在保险市场中充当保险人与投保人之间的桥梁和纽带，帮助促进保险交易的顺利进行。保险代理人代表保险人招揽业务，而保险经纪人则站在投保人的立场上，为其提供保险咨询和协助办理保险事宜。

2. 保险市场的客体

保险市场的客体主要是指保险商品。具体而言，包括以下几个方面。

一是各类保险合同。这是保险交易的载体，明确了保险双方的权利和义务关系。

二是保险保障服务。如在风险发生时提供的经济补偿、医疗救助等服务，这是保险的核心价值所在。

三是保险标的所代表的利益。比如，在财产保险中财产的价值、人身保险中被保险人的生命和健康等相关利益。保险市场的客体反映了保险交易的具体内容和对象，是保险市场得以运行和发展的重要基础。

3. 交易价格

在市场经济条件下，价格无疑起着极其重要的作用，具体表现在这两个关键方面。其一，具有传递信息的功能，商品价格的高低能确切地反映出其供求状况。比如，价格上涨，可能意味着供不应求；而价格下跌，则可能暗示供大于求；其二，具备激励作用，它能对市场主体的行为产生推动或约束。

我们所提及的保险价格，确切地说就是指保险费。而保险价格存在理论价格和市场价格的区别。

在保险市场中，交易价格乃是最敏感的要素，它会对供求双方产生极为深刻的影响。因为交易价格的波动会直接左右投保人的购买决策以及保险人的经营策略，进而影响整个保险市场的供求关系和发展态势。

11.1.4 保险市场的类型

当今世界的保险市场，主要存在着以下四种类型。

完全竞争型。在这种类型的保险市场中，有着数量众多且规模相对较小的保险参与者，市场竞争极为激烈，信息透明度高，各个保险主体之间充分竞争，没有任何一家能拥有绝对的主导地位。

垄断型。其特点是仅有极少数甚至是单一的保险主体在市场中占据着绝对的垄断地位，对市场具有强大的掌控力，能很大程度上决定市场的走向和规则。

垄断竞争型。此类型中存在着数量较多的保险主体，它们所提供的保险产品具有一定的差异性，这些保险主体既相互竞争又各自具有一定的特色和优势。

寡头型。意味着市场由少数几家大型的保险主体所掌控，这些寡头保险主体拥有较大的市场份额和较强的影响力，它们之间相互竞争和制约，对整个保险市场的运行起着关键作用。

1. 完全竞争型保险市场

完全竞争型保险市场，具有以下特点。

在完全竞争型保险市场中，存在着数量众多的保险人与投保人。保险人的规模通常较小且相对较为分散。市场进入和退出相对自由，没有过高的壁垒。

保险产品高度同质化，投保人对不同保险人提供的产品差异感知较小。市场信息充分且透明，投保人能较为容易地获取关于保险产品和价格的详细信息。

由于竞争激烈，保险人几乎没有定价自主权，保险价格主要由市场供求关系决定。他们只能被动地接受市场价格，通过提高服务质量、优化运营效率等方式来竞争。

投保人在市场中有很大的选择空间，可以根据自己的需求和偏好自由地选择保险人。这种类型的保险市场通常被认为是一种较为理想的市场状态，能最大程度地促进竞争和资源优化配置。但在现实中较为少见，因为保险市场往往存在一定程度的差异化和不完全竞争因素。

2. 垄断型保险市场

垄断型保险市场，主要有以下特征。

在垄断型保险市场中，通常只有极少数甚至只有一家大型保险人占据主导地位。这家或这些保险人拥有强大的市场控制力，可以对保险产品的价格、条款等有很大的决定权。

市场进入壁垒非常高，新的竞争者很难进入和打破垄断局面。垄断保险人可能通过各种手段来维持其垄断地位。比如，利用规模优势、技术优势、资源优势等。

保险产品的供给相对单一，投保人的选择较为有限。由于缺乏充分竞争，价格可能并非完全由市场供求关系决定，而是在一定程度上受到垄断保险人的控制。

垄断保险人可能在一定程度上忽视创新和服务质量的提升，因为缺乏足够的竞争压力。这种市场类型可能会导致市场效率相对较低，消费者的利益在某些情况下，可能得不到充分保障；但在特定的历史时期或特定的市场环境下，也可能会存在。

3. 垄断竞争型保险市场

垄断竞争型保险市场，具有以下显著特点。

存在着较多数量的保险人，他们在市场中共同竞争。与完全竞争型不同的是，各保险人所提供的保险产品具有一定的差异性，可能体现在保险责任范围、保障程度、服务特色等方面。

这些保险人有一定的市场影响力，但又不像垄断型那样具有绝对控制力。他们可以在一定程度上自主定价，但也受到竞争对手和市场供求关系的影响。

投保人在这种市场中有一定的产品选择空间，可以根据自身需求和对不同产品特点的偏好来做出决策。

保险人为了突出自身产品的优势，会注重品牌建设、产品创新和服务优化，以吸引更多投保人。

市场竞争较为激烈，但又不至于像完全竞争型那样过于分散和无序。同时，由于存在产品差异，各保险人在局部市场或某些特定领域可能会形成一定的相对垄断优势。这种市场类型在现实中较为常见，它兼具一定的竞争活力和产品多样性。

4. 寡头型保险市场

在寡头型保险市场中，只有少数几家大型的保险人占据了大部分市场份额。这些寡头保险人拥有强大的经济实力和市场影响力。

进入壁垒相对较高，新的竞争者较难进入并与寡头竞争。寡头之间存在着相互依存和相互竞争的复杂关系。

保险产品虽然可能存在一定差异，但整体上具有一定的相似性。寡头保险人在定价、产品策略等方面会相互关注和影响。他们可能会通过一些非价格竞争手段，如提升服务质量、拓展销售渠道、加强品牌推广等，来争夺市场份额。

市场的稳定性相对较高，因为寡头之间往往会形成一定的默契或均衡。但这种市场结构也可能导致一定程度的市场集中度过高，对消费者的选择和市场竞争活力有一定影响。

在寡头型保险市场中，政府的监管也显得尤为重要，以确保市场的公平竞争和消费者的合法权益得到保障。

11.1.5 保险市场机制

1. 市场机制的一般原理

市场机制本质上是指价值规律、供求规律以及竞争规律这三者之间所存在的那种相互紧密联系、彼此相互作用且互为因果的复杂关系。

其中，价值规律乃是商品经济的一项最为基本的规律。它支配着商品的价值确定以及交换等过程，对商品经济的运行起着至关重要的基础性作用。

供求规律主要体现的是供给与需求之间所固有的那种必然联系。它反映着市场上商品或服务的供应量与需求量之间的动态变化和相互影响，从而对价格等因素产生深刻的作用。

而竞争规律则是市场活动中极为典型的规律。它凸显了市场主体之间在争夺资源、市场份额等方面的激烈角逐。这种竞争推动着市场主体不断进取、创新和发展，进而对整个市场的活力和效率产生深远影响。

2. 保险市场机制的作用

价值规律的主要作用，体现为对保险资源进行合理配置。

供求规律作为流通领域内极为重要的规律，其对于保险市场的作用在于可以借助保险商品的供求关系来对价格产生影响。

尽管供求状况确实能够在一定程度上左右保险价格，然而它并非是决定价格的唯一要素。事实上，危险发生的概率乃是决定价格的一个内在关键因素。另外，在进行保险精算的过程中，还需要综合考虑诸多其他因素。例如，预付保险费可能获得的投资收益、保险公司的营销成本以及管理成本等。

竞争规律属于市场经济中的重要规律。凭借竞争规律，在保险市场中将会构建起一套优胜劣汰的机制，进而促使保险资源的单位效益实现最大化。

保险企业的目标在于追求利润最大化，而这一目标是通过与对手的竞争来达成的。

价格竞争属于竞争的重要手段之一。除了价格竞争之外，还存在服务竞争、险种竞争等多种竞争形式。

11.1.6　保险市场的分类

1. 财产保险市场与人身保险市场

财产保险市场主要是针对各类财产及相关利益提供保障的保险业务所构成的市场。

在财产保险市场中，保险标的包括房屋、车辆、设备、货物等各种有形财产。旨在补偿被保险人因财产遭受损失而带来的经济损失。

其特点，包括风险评估较为复杂，保险金额的确定依据财产的实际价值等。

人身保险市场则是以人的生命和身体为保险标的的保险业务所形成的市场。

在人身保险市场中，包括人寿保险、健康保险、意外伤害保险等不同险种。重点在于为被保险人及其家属提供经济保障和风险防范。更注重对人的长期保障和风险规划，具有一定的储蓄性和投资性特点。

财产保险市场和人身保险市场是保险市场的两大重要分支，它们各自有着不同的特点和作用，共同构成了完整的保险体系，满足着社会不同方面的保险需求。

2. 国内保险市场与国际保险市场

按照保险活动范围进行划分，保险市场被划分为国内保险市场以及国际保险市场。

其中，国内保险市场，还可以进一步细分为地区性保险市场和全国性保险市场。地区性保险市场，主要是局限于特定地区范围内的保险业务活动所构成的市场，其具有一定的地域局限性；而全国性保险市场，则涵盖了整个国家范围内的保险业务，具有更广泛的影响力和覆盖范围。

国际保险市场指的是由于保险人开展跨国经营保险业务从而形成的市场。而国际保险市场又可以细致地划分为区域性保险市场和全球性保险市场。区域性保险市场侧重于特定的区域范围内。比如，某个大洲或几个国家组成的区域，在该区域内进行跨国的保险业务运作；全球性保险市场则是在全球范围开展的保险业务所形成的市场，其涉及面更为广泛，对全球的经济和社会都有着重要的影响。

3. 原保险市场与再保险市场

原保险市场是指保险人与投保人最初签订保险合同，直接承担保险责任的市场。

在原保险市场中，保险人直接面对投保人，根据投保人的需求设计和提供保险产品；承担保险标的可能发生的风险，并在风险发生时进行赔偿或给付；是保险业务的基础和源头，直接服务于广大的企业和个人客户；再保险市场则是保险人将自己承保的部分或全部风险向其他保险人进行分保的市场。

在再保险市场中，主要参与者是原保险人和再保险人；原保险人通过再保险来分散和转移自身承担的过大风险，以确保自身经营的稳定性；再保险人接受分保业务，获取相应的保费收入，并承担相应的风险责任；对于整个保险行业的稳健运行起到重要的支撑作用，有助于提升整个保险体系的风险抵御能力。

4. 自愿保险市场与强制保险市场

自愿保险市场是指投保人根据自己的意愿和需求，自主选择是否购买保险以及购买何种保险产品的市场。

在自愿保险市场中，投保人有较大的自主决策权，他们基于自身对风险的认知和经济状况等来决定是否参保；保险产品种类丰富多样，以满足不同投保人的个性化需求；市场竞争较为激烈，各保险公司通过提升服务质量、创新产品等方式来吸引投保人；强制保险市场则是基于法律规定，某些特定的保险必须购买，具有一定的强制性。

在强制保险市场中，是为了保障社会公共利益和特定群体的权益而设立的。比如，机动车交通事故责任强制保险等，旨在保障交通事故中受害人的基本权益；通常有明确的法律要求和规范，投保人必须依法履行参保义务；对于维护社会稳定、保障公民基本权益具有重要意义。

11.2 保险人

11.2.1 保险公司

保险公司是专门从事保险业务的机构，具有以下关键特征和作用。

（1）风险分散与承担。接受投保人的风险转移，通过汇聚大量风险单位，运用大数定律来分散和承担风险。

（2）经济补偿提供者。当保险事故发生后，依据保险合同向被保险人或受益人提供经济补偿或给付，帮助其恢复生产生活。

（3）产品设计与销售。研发各类保险产品，包括人寿保险、财产保险、健康保险等，并通过各种渠道将产品推向市场。

（4）资金管理者。收取保费后进行资金运作和管理，在确保赔付能力的同时，实现资产的增值。

（5）社会稳定器。在社会生活中发挥着稳定器的作用，减轻风险事件对个人、家庭和企业的冲击，促进经济社会的平稳运行。

（6）专业服务机构。拥有专业的核保、理赔、精算等团队，为客户提供专业、高效的服务。

例如，中国人民保险集团、太平洋保险集团、平安保险集团等都是在国内具有广泛影响力的保险公司，它们在不同领域和层面为社会提供着重要的保险保障服务。

11.2.2 相互保险组织与合作保险组织

相互保险组织，包含相互保险公司与相互保险社等形式。其与保险合作社以及股份有限公司保险组织存在着显著区别。

其一，针对保险股份有限公司而言，保险人与被保险人是完全割裂开来的，被保险人没有权利参与到保险公司的管理当中；然而在相互保险和合作保险组织中，被保险人本身同时也是保险人，它们归全体投保人所有，投保人具备参与管理的权利。其二，保险股份有限公司通常会采用固定费率制，但是相互保险和合作保险机构在收费方式上却呈现出多样化的特点，有着多种不同的收费模式。

这样的区别，使得相互保险与合作保险组织在保险市场中展现出独特的性质和作用，为不同需求的投保人提供了更为丰富和灵活的选择，也进一步丰富和完善了整个保险市场的生态体系。

1. 相互保险公司

相互保险公司是一种由投保人积极参与设立的法人组织。其核心经营目的并非盈利，而是致力于为投保人提供具有高性价比、低成本的保险服务。

在保费收取方面，相互保险公司会采取多种方式。比如，预收保费制，即预先收取一定的保费；摊收保费制，按照一定规则分摊收取保费；永久保费制等。

相较于保险股份有限公司，相互保险公司具有鲜明的特点。首先，相互保险公司的投保人在一定程度上与股份公司股东类似（需注意的是相互保险公司实际上是不存在股东的）。其次，相互保险公司严格遵循合作分红的原则，在其财务报表里，不存在股本，而仅有盈余这一项。最后，相互保险公司的最高权力机构乃是由全体会员共同组成的代表大会，而董事会就是从代表大会中产生的。

通过这些特点，相互保险公司展现出了独特的运营模式和优势，在保险市场中发挥着重要作用，为投保人提供了一种不同的保险选择途径。

2. 相互保险社

相互保险社作为保险组织的初始形态，通常规模较小。它指的是某一特定行业的人员，为了抵御同类灾害，可能导致的损失而自发组织形成的保险机构。

当其中某一成员遭遇保险事故并遭受损失时，这种损失将由全体成员共同来分摊。相互保险社的运营方式较为简便，保单持有人也就等同于该社社员，各个保单的保险金额不存在高低差异，所以每个人都拥有相同的投票权来选举理事以及高级职员。在收取保费方面，相互保险社并非通过数理计算，而是依据具体的损失额度来进行分担。

相互保险社具备这几个显著特征。其一，保单持有人就是该社社员，社员之间相互给予对方提供保险；其二，相互保险社不存在股东，其经营所需资金来自于社员缴纳的分担金，并且各保单的保险金额不存在高低之别；其三，社员都能参与到相互保险社的管理活动当中，每人都持有相同的投票权。一般情况下，保险社会设置若干专职人员，专门负责处理保险社的日常事务。

这些特征使得相互保险社在特定领域和群体中发挥着独特的作用，以一种相对简单而直接的方式，为社员提供保险保障和互助支持。

3. 保险合作社

保险合作社是一种由社员共同出资入股设立的保险组织形式。

在保险合作社中：

（1）社员既是投保人，也是保险人。

（2）它以社员为服务对象，旨在为社员提供风险保障。

（3）通常在一定区域或特定群体内开展业务，具有较强的互助共济性质。

（4）决策机制可能会体现社员的意愿和参与。

（5）其运营和管理也会围绕社员的需求和利益进行。

例如，一些农村保险合作社，专注于为农村地区的社员提供农业相关风险的保障；或者某些行业性的保险合作社，专门为该行业的从业人员提供针对性的保险服务。保险合作社在满足特定群体的保险需求、促进社会稳定和经济发展方面发挥着积极的作用。

4. 交互合作社

交互合作社是一种自发的保险组织，由投保人自发合作，一起交纳保费委托代理人管理，以为投保人提供低成本的保险。交互合作社具有以下特点。

（1）自发组织。交互合作社是由投保人自发形成的，没有外部的强制或干预。

（2）共同缴纳保费。社员共同缴纳保费，形成保险基金，用于承担可能发生的风险和损失。

（3）委托代理人管理。社员将保险事务委托给代理人进行管理，代理人负责处理保险业务，如选择风险、处理赔偿等。

（4）提供低成本保险。通过社员之间的合作和资源共享，交互合作社可以为投保人提供相对低成本的保险产品。

交互合作社的具体运作方式和规则，可能因地区、行业和具体情况而有所不同。在一些情况下，交互合作社可能会受到法律和监管的约束，以确保其运作的合法性和稳定性。如果你对交互合作社或其他保险组织形式感兴趣，建议进一步研究相关的法律法规和实际案例，以获取更详细和准确的信息。同时，在选择保险产品时，应根据自己的需求和风险状况进行综合考虑，并选择合适的保险机构和产品。

11.2.3　个人保险组织

1. 劳合社

英国伦敦的劳合社乃是全球范围内规模最大、同时也是历史最为悠久的保险机构。劳合社主要具有这几种关键职能。其一，能全面收集来自全世界的有关保险的资料，并且针对危险损失做出极为完整的记录；其二，助力其成员妥善处理理赔相关事务，同时监督各地区的救难与维修工作的开展；其三，为会员打造了进行保险交易的专门场所；其四，负责制定保险交易的规则，对纠纷进行仲裁，积极开发新的险种，并且为会员邮寄送达保险单。

劳合社拥有数量众多的成员，这些成员能够充分利用劳合社来开展保险经营活动，劳合社的成员可细分为这几种类别。一是承保会员；二是非承保会员；三是年费会员；四是准会员。劳合社的会员除了经营常规的一般险种之外，还会经营诸多特殊的险种。劳合社这种无所不包的广泛经营范围，具备两个显著的特点。其一，在其他保险企业无法购买到的险种在劳合社却能够买到，这极大地强化了它的竞争实力，其二，劳合社总是可以成功开发出新的险种，这吸引了其他保险企业纷纷效仿，往往会产生良好的社会效果和可观的经济效果，进而有力地推动了整个保险业的向前发展。

劳合社的交易拥有十分严格的自律机制，类似于我们平常所见到的股票交易所的形式。承保会员常常会通过辛迪加的形式来展开经营活动。劳合社之所以能在世界范围内享有盛誉长达数百年，其中一个重要原因，就在于它拥有一套非常完备的财务制度。

2. 美国纽约的保险交易所

美国纽约保险交易所是美国经营再保险业务的机构，于 1980 年 10 月 10 日成立，其仿照伦敦劳合社的做法并与其相抗衡，经营国内的分保业务，以减少外汇流出，同时也吸收全世界保险业务，以增加外汇收入。

该交易所由于忽视业务质量，造成高赔付率，许多承保组织破产倒闭。1987 年 11 月 23 日，纽约保险交易所的主管人员举行了一次特别会议，投票通过决定自当日起停止接受业务和续保工作。已签发的任何一张 1987 年 12 月 23 日后生效的保险单不再生效，从此宣告纽约保险交易所的解体。

11.2.4 政府保险组织

政府保险组织是指由政府直接设立或参与管理的保险机构。

其主要特点包括以下几点。

（1）政策导向性。通常是为了实现一定的社会政策目标或经济发展目标而设立。比如，促进特定产业发展、保障民生等。

（2）稳定性。有政府信用作为后盾，在资金实力和信誉方面具有较高的稳定性。

（3）公共服务性。旨在为社会公众提供广泛的保险保障和服务，可能涉及一些商业保险机构不愿或难以覆盖的领域。

（4）非营利性或微利性。不一定以盈利为主要目的，重点在于履行其特定的职责和使命。

一些常见的政府保险组织的例子，包括一些国家的农业保险机构，负责为农业生产提供风险保障；还有一些专门针对特定弱势群体的保险计划等。政府保险组织在维护社会稳定、促进经济发展和保障人民生活等方面，发挥着重要的作用。

11.3　保险市场中介

11.3.1　保险代理人

保险代理人是根据保险人的委托，向保险人收取佣金，并在保险人授权的范围内代为办理保险业务的机构或者个人。

保险代理人具有以下几个重要特点。

（1）代表保险人。他们以保险人的名义开展业务，与投保人进行沟通和交易。

（2）专业服务。需要具备一定的保险知识和销售技巧，以便能够准确地向客户介绍保险产品、解答疑问。

（3）拓展业务。负责寻找潜在客户，推销保险产品，促成保险合同的签订。

（4）收取佣金。其报酬主要来源于根据业务量所获得的佣金。

具体而言，保险代理人可以分为个人保险代理人和专业保险代理机构。个人保险代理人通常独立开展工作，而专业保险代理机构则有较为规范的组织和管理体系。他们在保险市场中发挥着重要的桥梁作用，连接着保险人与投保人，帮助双方顺利达成保险交易，推动保险行业的发展。例如，在人寿保险领域，许多保险代理人通过与客户的深入沟通，了解客户需求，为客户推荐合适的保险产品，确保客户在面临风险时有相应的保障。

11.3.2　保险经纪人

保险经纪人是指基于投保人的利益，为投保人与保险人订立保险合同提供中介服务，并依法收取佣金的机构或个人。

保险经纪人具有以下一些特点和作用。

（1）代表投保人。与保险代理人不同，保险经纪人主要站在投保人一方，为其寻找最合适的保险方案和保险公司。

（2）专业知识丰富。通常对各类保险产品和市场非常熟悉，能准确评估风险和需求。

（3）提供个性化服务。根据投保人的具体情况，量身定制保险计划，包括险种组合、保额确定等。

（4）协助理赔。在发生保险事故后，帮助投保人进行理赔事宜，维护投保人的权益。

（5）促进市场竞争。能在众多保险公司中进行比较和选择，促使保险公司不断提升产品和服务质量。

比如，在一些复杂的商业保险领域，保险经纪人凭借其专业能力和广泛的行业资源，能为企业客户提供精准且高效的保险安排服务，确保企业在面临各种风险时有足够且合适的保障。他们在平衡保险市场供需关系、提高保险交易效率等方面，发挥着重要作用。

11.3.3 保险公估人

保险公估人是指依照法律规定设立，受保险公司、投保人或被保险人委托办理保险标的的查勘、鉴定、估损以及赔款的理算，并向委托人收取酬金的公司。

保险公估人的主要特点，包括以下几方面。

（1）独立性。独立于保险人和投保人之外，以客观、公正的立场开展工作。

（2）专业性。具备专业的保险知识、技术和经验，能够准确评估损失。

（3）公正性。对保险双方负责，给出公平合理的评估结果。

（4）服务性。为委托方提供专业的公估服务。

保险公估人在保险市场中的作用，主要有以下几点。

（1）确定损失。科学、准确地确定保险事故造成的损失程度和金额。

（2）化解纠纷。其公正的评估有助于减少保险人和被保险人之间关于赔偿的争议和纠纷。

（3）提高效率。加快保险理赔的进程，节省各方的时间和成本。

例如，在发生重大财产损失的保险事故时，保险公估人能迅速介入，通过专业的勘查和分析，确定合理的赔偿金额，避免因双方意见不一致而导致理赔拖延。他们在维护保险市场的公平、有序和高效运行方面发挥着重要作用。

【思政德育课堂】

政府推动！海南乡村产业保险开启风险保障新篇章

【思考题】

1. 保险公司如何在激烈的市场竞争中塑造独特的品牌形象？
2. 分析保险中介机构的业务拓展策略及其面临的挑战。
3. 探讨小型保险公司在市场中的生存之道和发展机遇。
4. 保险集团如何实现旗下各子公司的协同效应？
5. 对于新兴的保险经营主体，如何突破传统模式获取市场份额？

6. 研究保险经营主体在数字化转型过程中的关键成功因素。
7. 保险经营主体如何平衡业务创新与风险控制？

保险经纪失职酿纠纷：丙公司索赔之路

第十二章

保险费率

学习目标

了解：了解保险费率的基本概念和常见表述形式。

熟悉：能辨别不同保险产品费率之间的差异和原因。

理解：明白风险评估在保险费率确定中的关键作用。

掌握：掌握对保险费率进行调整和优化的策略和技巧。

12.1　大数定律及其在保险中的应用

12.1.1　大数定律

再大数定律是指在随机试验中，随着试验次数的增加，事件发生的频率会趋近于该事件的概率。

具体而言，当重复进行独立的随机试验时，尽管单个试验的结果具有不确定性，但从总体上看，其平均结果会呈现出一种稳定的趋势。

比如，在保险中，虽然无法确切知道每一个被保险人是否会出险，但当被保险人的数量足够多时，实际的出险频率会逐渐接近理论上的出险概率。大数定律为保险行业利用统计数据进行风险分析和定价，提供了理论基础。它使得保险公司可以基于大量样本对未来的风险状况做出较为准确的预估，从而合理规划业务和管理风险。

1. 切比雪夫大数定律

切比雪夫大数定律是大数定律的一种重要形式。它表明：当随机变量序列的方差有界，且两两不相关时，随着样本数量的不断增加，样本均值会趋近于总体均值。

在保险领域，切比雪夫大数定律有着重要的应用。比如，它解释了为什么保险公司可以通过承保大量具有相同风险特征的标的来稳定经营。随着承保数量的增多，实际的平均赔付额会越来越接近预期的平均赔付额，从而使得保险公司能够较为准确地进行风险预测和定价，降低个别风险事件对公司经营的冲击。它为保险业务中依靠大量数据来评估风险和制定策略，提供了有力的理论支持。

2. 贝努利大数定律

贝努利大数定律指出，在独立重复的伯努利试验中，当试验次数足够多时，事件发生的频率会趋近于事件发生的概率。

在保险中，这一定律有显著意义。例如，对于某一类型的保险风险（如车辆出险），可以看作是一系列的伯努利试验。随着承保的同类型车辆数量不断增加，实际出险的车辆比例会逐渐接近理论上的出险概率。这帮助保险公司更准确地把握风险特征，合理制定保险产品的价格和条款，确保在长期经营中实现盈利和稳定。它强调了大量重复试验对于准确估计概率和稳定风险评估的重要性。

3. 泊松大数定律

泊松大数定律指出，若随机变量序列服从参数为λ的泊松分布，当n趋向于无穷大时，这些随机变量的算术平均值依概率收敛于λ。

在保险中的应用，主要体现在对一些具有特定概率分布的风险事件的分析方面。比如，对于一些小概率但可能造成较大损失的事件（如某些巨灾风险），其发生的次数可能符合泊松分布。通过泊松大数定律，保险公司可以更好地理解和预测这类事件在大量样本情况下的平均表现，从而为风险管控和定价策略提供依据。它进一步强化了在大量数据和重复事件中寻找确定性和规律的重要性，帮助保险公司更科学地应对各种风险情况。

12.1.2 保险运行的数理解释

1. 大数定律与损失分摊

大数定律与损失分摊之间有着紧密的联系。

大数定律表明，随着样本数量的不断增加，样本的统计特征会趋近于总体的真实特征。在保险中，这意味着当保险公司承保了足够多的具有相同风险特征的标的时，实际发生的损失情况会逐渐接近预期的损失情况。

基于大数定律，保险公司可以将众多被保险人面临的潜在损失进行分摊。因为虽然单个被保险人面临的损失具有不确定性，但从大量被保险人的整体来看，损失的分布会呈现出一定的规律性。通过收取保费并将其汇聚起来，当个别被保险人遭受损失时，就可以用整体的保费资源来进行补偿。

例如，在车险中，虽然每辆车是否会发生事故以及事故的损失大小是不确定的，但当承保了大量车辆后，整体的出险频率和损失程度会相对稳定。保险公司就可以根据这种预期来合理分摊损失，让众多车主共同承担风险。

大数定律为损失分摊提供了理论依据和可行性，使得保险机制能有效运行，实现风险的分散和转移，保障被保险人的利益，同时也确保保险公司自身的可持续经营。

2. 大数定律与风险分散

根据大数定律，随着风险单位数量的不断增加，实际结果会越来越接近预期结果。在保险领域，这意味着当保险公司承保了大量的、具有相似风险特征的标的时，尽管单个标的的风险是不确定的，但整体的风险表现会呈现出相对稳定的态势。

通过承保众多的风险标的，保险公司将这些标的的风险进行了分散。即使其中某些标的发生了较大的损失，由于大数定律的作用，其他未出险标的的情况会平衡这部分损失，从而降低了单个风险事件对保险公司整体经营的冲击。

例如，一家保险公司承保了成千上万的房屋火灾保险。虽然每栋房屋发生火灾的概率和损失大小各不相同，但当数量足够多时，实际发生火灾的房屋数量以及总的损失金额会在一定范围内波动，而不是出现极端的情况。

大数定律使得保险公司能利用风险的分散效应，合理地制定保险费率，确保公司有足够的资金来应对可能的赔付，同时也让被保险人可以通过支付相对较小的保费来转移自身面临的较大风险。它是保险行业实现风险分散和稳定经营的重要数学基础。

3. 大数定律在保险中应用的双重性

大数定律在保险中的应用具有双重性，表现如下。

（1）积极方面

风险稳定性。它确保了保险公司在面对大量同质风险时，实际损失情况会逐渐趋向于预期损失，使公司的经营具有较强的可预测性和稳定性。

定价合理性。帮助确定合理的保险费率，使保费既能覆盖预期损失，又能保障公司盈利，促进保险市场的健康发展。

风险分散效果。让保险公司能够通过承保众多风险来有效分散个体风险，降低单个风险对公司的巨大冲击。

（2）消极方面

道德风险。可能导致被保险人因为有了保险保障而降低自身的风险防范意识，出现一些不道德的行为，增加潜在风险。

逆选择风险。一些高风险的个体可能更倾向于购买保险，而低风险个体可能选择不参保，这可能会一定程度上破坏大数定律发挥作用的基础，影响保险公司的风险评估和定价准确性。

总之，大数定律虽然是保险运行的重要基础，但也需要保险公司在实际应用中谨慎应对其可能带来的双重影响，通过有效的风险管理措施来最大程度地发挥其积极作用，减少消极影响。

12.2 保险费率厘定的原则与方法

12.2.1 保险费率的构成

保险费率，简单而言，就是保险费与保险金额的比例，其也被形象地称为保险价格。通常，会用每百元或每千元的保险金额应缴纳的保险费来进行明确表示。

保险人在制定费率时，主要是以过去的损失和费用统计记录作为重要参考，并且在此基础上，对未来即将发生的损失以及可能产生的费用进行前瞻性的预测。

而保险费率在一般情况下，是由纯费率与附加费率这两个关键部分所共同组成的。其中，纯费率，也就是常说的净费率，它主要用于支付赔款或保险金，并且其计算依据会因险种的不同而存在差异。具体而言，财产保险纯费率的计算依据是损失概率，通过对损失概率的分析和评估来确定合适的纯费率；而人寿保险纯费率的计算依据则是利率和生命表，依据这些来精准计算人寿保险的纯费率。

附加费率，指的是附加保费与保险金额的比率。当把纯费率和附加费率进行加总之后，便构成了完整的保险费率。

12.2.2 保险费率的构成

1. 公平合理原则

公平具有两方面重要的含义。

从保险人的角度而言，保险人所收取的保费应当与自身所承担的危险程度达到相当的水平。也就是说，保险人不能收取过低的保费却承担着过高的风险，这样可能会导致保险人在赔付时面临巨大压力，影响其经营的稳定性和可持续性；也不能收取过高的保费而承担相对

较低的风险，这对投保人而言是不公平的。保险人需要通过精准的风险评估和合理的定价机制，确保收取的保费与所承担的危险状况相匹配，以实现公平合理的经营。

对于投保人而言，其负担的保费应与被保险人所能获得的保障呈现出相对称的状态。投保人缴纳一定的保费，是期望在风险发生时能够获得相应的保障和补偿。如果投保人缴

纳了较多的保费，却只能获得较少的保障，这显然是不公平的，会损害投保人的利益；反之，如果缴纳较少保费却能获得过高的保障，这可能会引发道德风险等问题，也不利于保险市场的健康发展。投保人需要根据自身的保障需求和经济承受能力，选择合适的保险产品和保费水平，以实现保费与保障之间的相对称和平衡。

2. 充分原则

充分原则具体是指这样一种情况，即所收取的保费在用于支付赔款以及合理的营业费用、缴纳相关税收之后，仍然能有一部分剩余作为利润。

这意味着保费的设定需要充分考虑到各种成本和潜在风险，要确保收取的保费不仅能覆盖因保险事故而产生的赔款支出，还要能承担保险公司运营过程中产生的各种合理营业费用。比如，员工薪酬、办公开支、营销成本等，同时也要依法履行纳税义务。只有在满足了这些之后，保费还应该有一定的盈余，这样才能保障保险公司具有持续经营和发展的能力，能在市场中稳定地运行；有足够的资金去应对可能出现的各种情况，实现自身的盈利目标和长远发展规划；并且能够不断提升服务质量和保障水平，更好地为投保人提供服务。

3. 相对稳定原则

相对稳定原则意味着在某一个特定的一定时期内，应当保持保险费率处于稳定的状态。

这一原则强调在一段既定的时间范围内，保险费率不能随意地频繁变动。保持费率的稳定具有重要意义，它能为保险市场提供一种可预期性和确定性，让投保人能够较为准确地规划自己的保险投入，增强他们对保险的信任和信心；对于保险公司而言，稳定的费率有助于维持业务的平稳开展，避免因费率频繁波动而导致客户的不满和流失，也有利于公司进行长期的经营规划和资源配置。当然，这种稳定是相对的，在必要的情况下，如市场环境发生重大变化、风险状况有显著改变等，也需要对费率进行合理的调整。但总体而言，在一定时期内保持费率的相对稳定，是保障保险市场健康、有序发展的重要原则。

4. 促进防灾防损原则

促进防灾防损原则指出，保险费率的厘定应具备有利于推动促进防灾防损这一重要作用。

详细而言，就是在确定保险费率时，对于那些高度重视并积极开展防灾防损工作的被保险人，应采取相对较低的保险费率。这是因为这些被保险人通过自身的努力和投入，有效地降低了风险发生的可能性和潜在损失程度，他们的这种积极行为不仅对自身的风险防控有益，从整个保险体系来看也是非常有价值的。给予他们较低的费率，一方面是对他们积极进行防灾防损工作的一种认可和鼓励，激励更多的被保险人重视并加强这方面的工作；另一方面也体现了保险机制的公平性和合理性，让那些为降低风险做出努力的被保险人能够享受到相应的实惠。

通过这种方式，可以在一定程度上引导被保险人更加主动地参与到防灾防损中来，进而提升整个社会应对风险的能力，促进保险行业与社会风险防控的良性互动和协调发展。

12.2.3 保险费率厘定的方法

保险费率厘定的方法主要有三种：分类法、增减法和观察法。

1. 分类法

分类法首先需要确定一些关键的分类标准，这些标准通常与风险的性质和特点紧密相关。例如，对于财产保险而言，可能按照财产的类型（如建筑物、设备、存货等）、用途（如商业用、住宅用等）、地理位置（不同地区的风险状况不同）等进行分类。

在确定了分类标准后，将众多的保险标的依据这些标准划分到不同的类别中。每个类别代表着具有相似风险特征的一组保险标的。

然后，针对不同的类别分别确定相应的基本费率。这个基本费率是基于该类风险的历史数据、统计分析以及精算模型等得出的。例如，对于火灾风险较高的类别，其基本费率可能会相对较高；而对于风险较低的类别，基本费率则会相对较低。

在实际操作中，分类可能会非常细致和复杂，以尽可能准确地反映不同保险标的之间的风险差异。而且，随着时间的推移和新情况的出现，分类标准和相应的费率也可能需要不断地调整和优化，以适应市场和风险的变化。

分类法的优点在于，它能较为系统和规范地处理大量的保险标的，提供相对稳定和可比较的费率结构。同时，通过不断完善分类体系，可以提高费率厘定的准确性和科学性。但它也存在一定的局限性。比如，可能无法完全涵盖一些特殊的、个性化的风险因素，需要结合其他方法来进行补充和完善。

2. 增减法

增减法具体包括以下几种常见的方式。

（1）表定法。这是一种根据保险标的的风险状况，通过预先制定的表格来确定费率调整幅度的方法。保险人会根据标的的具体特征，如建筑物的结构、使用年限、地理位置等，在表格中查找对应的调整系数，然后对基本费率进行增减。例如，对于防火设施完善的建筑物，可能会给予一定的费率折扣。

（2）经验法。该方法基于保险人以往的承保经验数据。如果被保险人或其所属群体在过去一段时间内的实际损失情况优于预期，那么费率可能会降低；反之，如果损失情况较差，则费率可能会增加。保险人会分析大量的历史赔付数据，以确定合理的费率调整幅度。

（3）追溯法。以保险期间的实际损失为基础来确定最终费率。在保险期限结束后，根据实际发生的损失情况来调整最初确定的费率。如果实际损失低，被保险人可能会获得部分保费的返还；如果损失高，则可能需要补交一定的保费。这种方法使得费率能够更紧密地与实际风险状况挂钩。

（4）折扣法。直接给予符合特定条件的投保人一定比例的费率折扣。比如，对长期连续在同一家保险公司投保且无出险记录的投保人给予折扣优惠，以鼓励投保人保持良好的风险防控意识和忠诚度。

总体而言，增减法通过灵活地调整费率，更好地适应不同保险标的的风险差异和实际情况变化，使保险费率的厘定更加科学、合理和公平。

3. 观察法

观察法主要依赖于保险人自身的专业判断和经验。保险人会对特定的保险标的或被保险人进行仔细的观察和分析，综合考虑各种风险因素。

在运用观察法时，保险人会直接评估风险的程度和潜在损失的可能性。他们可能会考虑保险标的的独特属性。如特殊的使用环境、被保险人的风险偏好和管理水平等。保险人不单纯依据固定的标准或数据表格，而是根据自己对风险的直观感受和深入理解来确定费率。

例如，对于一个新出现的、缺乏足够历史数据的风险类型，保险人可能主要运用观察法来厘定费率。他们会实地考察保险标的的实际情况，与被保险人进行深入交流，了解其风险管控措施等，然后凭借自身的专业素养和经验来大致估算出一个合适的费率。

观察法的优势在于其灵活性和针对性。它可以更好地适应一些复杂的、个性化的风险情况，尤其是在缺乏完善的统计数据和分类标准的情况下。但这种方法也存在一定的主观性和不确定性，可能会因保险人的不同而导致费率差异较大。

为了提高观察法的准确性和可靠性，保险人通常会结合其他方法进行综合考量。同时，不断积累经验和数据，以便在后续的费率厘定中能更加科学合理。

12.3 人寿保险费率的厘定

12.3.1 人寿保险费概述

人寿保险费主要由两大部分组成，即纯保险费和附加保险费。其中，投保人所缴纳的纯保险费部分，又可以进一步细分为危险保险费和储蓄保险费。危险保险费专门用于当年保险金的支付，它是确保在保险事故发生时能及时进行赔付的重要资金来源；而储蓄保险费则是一种不断累积的保险费，其作用在于弥补未来可能出现年份的资金赤字，以维持保险业务的稳定运行。

另一方面，附加保险费主要用于满足保险费经营过程中的所有费用开支需求。纯保险费和附加保险费共同构成了营业保险费，这便是寿险机构在实际业务中向投保人收取的保险费。

在寿险计算中，基本原则是收支平衡原则。这里的“收”，具体是指保险机构收取的保险费总额，涵盖了纯保险费和附加保险费；而“支”，则包括保险机构需要进行的保险金给付以及支出的各项经营费用。只有确保收支的平衡，才能保证寿险业务的健康持续发展。

以缴费方法作为划分依据，寿险保险费可以分为自然纯保险费、趸缴纯保险费和均衡纯保险费。自然纯保险费是根据自然保费计算原则所确定的保险费；趸缴纯保险费是投保人一次性缴纳的全部纯保险费；均衡纯保险费则是通过均衡保费计算方法得出的相对平稳的保险费缴纳方式。不同的缴费方式各有特点，适应不同的需求和情况。

12.3.2 利息

利息本质上是资金所有者因将资金借出而应获取的报酬。

从分类来看，以计算利息的期限单位作为划分标准，利率能被划分为年率、月率以及日率等不同形式。而在利息的计算层面，存在两种主要的计算方法。其一为单利，其二是复利。

单利是指仅以本金为基数计算利息，利息不再产生新的利息。而复利则是不仅本金计算利息，前期产生的利息在下一周期也会加入本金继续计算利息，从而导致利息不断滚动增长。随着时间推移，复利所产生的利息收益可能会远远超过单利。在实际的金融活动和经济生活中，这两种利息计算方法都有着广泛的应用场景，人们可以根据具体的需求和情况，选择合适的方式来计算利息和评估资金的收益。

1. 单利

单利是一种利息计算方式。

单利是指在计算利息时，只以初始的本金作为计算基础，无论时间经过多久，每期的利息都固定为本金乘以利率。在整个借贷期间，利息不会加入本金重复计算利息。

例如，本金为 1000 元，年利率为 5%，如果按照单利计算，经过 3 年后的利息为 $1000\times5\%\times3=150$ 元，本息和为 $1000+150=1150$ 元。

单利的特点是计算相对简单直接，但在长期的资金运用中，可能会导致最终的收益相对较低。它在一些短期借贷或特定的金融业务中仍被广泛应用。

2. 复利

复利指的是在计算利息时，将前一期的利息加入本金，然后一起作为下一期计算利息的基础，逐期滚算。也就是说，利息也会产生利息。

打个比方，本金为 1000 元，年利率为 5%，第一年的利息为 $1000\times5\%=50$ 元，本息和为 $1000+50=1050$ 元；第二年则以 1050 元为本金计算利息，利息为 $1050\times5\%=52.5$ 元，本息和为 $1050+52.5=1102.5$ 元，以此类推。随着时间的推移，复利会产生越来越显著的利息增长效果。

与单利相比，复利在长期投资或借贷中能带来更可观的收益或成本增加。在许多金融领域，如长期储蓄、投资基金等，复利的作用十分重要。复利的魔力使得初始的少量资金在经过足够长的时间后，可能会积累成巨大的财富。但同时，如果是债务采用复利计算，也可能会使债务负担迅速加重。

3. 终值和现值

终值是指现在的一笔资金在未来某个时间点上，按照一定利率计算后所具有的价值。简单而言，就是将当前的资金经过一段时间的复利计算后，到未来那个时间点上能达到的金额。例如，现在投入一定金额的资金，经过若干年后，加上利息后所得到的最终金额就是终值。

现值则与终值相反，它是指未来某一时点上的一定金额的资金，按照一定的利率折现到现在的价值。也就是说，为了在未来获得一定金额，现在需要投入多少资金。通过计算现值，可以帮助人们在不同的投资或决策方案中进行比较和选择，判断当前的投入是否合理。

4. 年金

年金是指在一定期限内或终身，按照约定的时间间隔（如每年、每月等）定期给付一定金额的款项。

具体而言，人寿保险中的年金具有以下特点。

（1）它可以提供一种长期稳定的现金流。被保险人或受益人可以在规定的时期内持续获得一定金额的支付，这对于保障晚年生活、补充养老资金等具有重要意义。

（2）年金的给付通常是基于被保险人的生存状态。只要被保险人存活，就可以按照约定领取年金。

（3）在人寿保险中，年金可以作为一种养老规划工具。投保人在年轻时缴纳保费，到了退休年龄后，通过年金的形式领取资金，以维持生活水平。

（4）年金还可以具有一定的灵活性。例如，在领取方式、领取时间等方面，可以根据个人需求进行定制或调整。

（5）它也能起到资产配置和财富传承的作用。为投保人提供一种较为稳健的投资选择，同时可以确保财富按照约定的方式传递给指定的受益人。

总之，年金在人寿保险中扮演着重要角色，为人们提供了一种规划未来、保障生活和进行财富管理的有效方式。

12.3.3 生命表

1. 生命表的含义及分类

生命表是根据一定时期、某一国家或地区的特定人群的有关生存和死亡的统计资料，经过分析整理而编制成的一种表格。

生命表的分类，主要有以下几种。

（1）国民生命表。根据全体国民或特定地区的人口统计资料编制的生命表。

（2）经验生命表。依据人寿保险公司的被保险人实际死亡统计资料编制的生命表。

生命表对于人寿保险的定价、风险评估、准备金计算等都有着至关重要的作用。它反映了特定人群在不同年龄段的生存和死亡概率，帮助保险公司更准确地预测风险和确定合理的保险费率。同时，也为相关的人口研究和社会政策制定，提供了重要的数据参考。

2. 生命表的内容

在生命表构建中，以 0 岁作为初始年龄是常见的做法。通过设定一个较大的整数作为 0 岁时的生存人数基数，如 10 万、100 万或 1 000 万等，然后基于实际的生存和死亡统计数据，逐步计算出后续各个年龄的生存人数、死亡人数、生存率、死亡率等关键指标。

这种设定基数的方式，有助于更清晰地呈现不同年龄阶段人群的生存和死亡规律，为寿险行业的产品设计、费率厘定、风险评估等提供重要的依据和参考。它使得对大规模人群的生存状态进行分析和量化成为可能，是生命表发挥作用的重要基础之一。

生命表包含了以下内容。

（1）生存人数。记录了不同年龄阶段起始时活着的人数。

（2）死亡人数。显示了各年龄段中死亡的人数。

（3）生存率。表示特定年龄的人，在未来一年或其他特定时间段内存活的概率。

（4）死亡率。反映了特定年龄的人在单位时间内死亡的概率。

（5）平均余命。即预期寿命，是指某一年龄的人今后预期还能生存的平均年数。

把这些内容综合起来，就能全面、系统地反映了特定人群，在不同年龄阶段的生存和死亡状况等重要信息，是人寿保险等领域进行风险分析和业务决策的重要依据。

3. 生命表中的几个关系式

（1）$Lx-dx=Lx+1$。该式表示，x 岁的人年初的生存数 Lx 与年内的死亡数 dx 的差额，就是次年 $x+1$ 岁的人的生存人数 $Lx+1$；

上式也可写作：$dx=Lx-Lx+1$ 即来年死亡人数是本年初生存人数与次年初生存人数之差。

（2）$dx+dx+1+\cdots+dx+n-1=Lx-Lx+n$。该式表示连续数年死亡人数之和，等于第一年年初生存人数与最后一年年初生存人数之差。

（3）$px=Lx+1/$（$Lx@$）。该式给出了生存率与存活人数之间的关系。生存率是次年年初生存人数与本年年初生存人数之比，它表示 x 岁的人能生存到 $x+1$ 岁的概率。

同理，可以推导出另一个关系式 $npx=Lx+n/$（$Lx@$），表示 x 岁的人存活到 $x+n$ 岁的生存率。

（4）$qx=dx/Lx$。死亡率是年内死亡人数和年初生存人数的比率。显然：$qx=Lx-Lx+1/Lx$

同理，可推导出 x 岁的人在 n 年间的死亡率关系式：$nqx=Lx-Lx+n/Lx$

不难发现，x 岁的人年度生存率与死亡率之和为 1。$px+qx=1$

（5）$t|u┤\ qx$ 表示 x 岁的人在生存了 t 年之后，于 u 年内死亡的概率。$t|u┤\ qx=Lx+t-Lx+t+u/Lx$

12.3.4　纯保险费率的计算

与自然纯保险费、趸缴纯保险费、均衡纯保险费对应，保险费缴纳方式分为两种：趸缴和分期缴纳。

趸缴是指投保人将保险费一次缴清。这种方式手续简单，交完后无需再每年缴纳保费，也不用担心忘记缴费而导致保单失效。趸缴的总保费相对较低，适合短时间收入较高且不稳定的人群。

分期缴纳指在一定期限内按某一数额缴纳保险费。分期缴纳可以分散经济压力，适合收入稳定且具有持续长时间支付保费能力的人。

趸缴和期缴各有优势，适用的产品种类也不一样，投保人可以根据自己的经济状况和保险需求进行选择。

1. 趸缴纯保险费的计算

趸缴纯保险费是在长期寿险合同签订时，投保人将保险期间应缴付保险人的纯保险费一次全部缴清。趸缴纯保费应与保险合同所规定的保险人在整个保险期内的给付义务相等价。

根据险种不同，趸缴纯保费的计算，分为定期生存保险、定期死亡保险、两全保险、混合保险及年金保险：

（1）定期生存保险的纯保险计算。定期生存保险是被保险人，在保险期间内因发生保险事故而死亡，由保险人给付保险金的保险。该保险对于保险期限届满时仍然生存的被保险人，则不给付保险金。

（2）两全保险的趸缴纯保费计算。两全保险是被保险人至保险合同规定的期限届满时，无论生存或死亡均可按保险合同约定领取保险金的保险。既然被保险人在保险期限届满时无论生存或死亡均享有保险金请求的权利，因而，也应承担交付生存和死亡两份保险费的义务，即为生存保险与死亡保险趸缴纯保费之和。

（3）混合保险趸缴纯保险费率的计算。混合保险是一种生死保险，是一种无论被保险人生死与否，一旦保险期届满，保险人均须支付保险金的保险形式。

（4）年金保险的趸缴纯保险费的计算。年金保险是指保险公司在一定时期内，以年金方式按期支付直至期满的一种保险形式。年金保险分为两个阶段：一是缴费期；二是年金支付期。

2. 分期缴付纯保险费的计算

分期缴付纯保险费的计算，通常基于以下几个因素。

（1）保险金额。即保险合同中约定的在保险事故发生时，保险公司应支付的赔偿金额。

（2）保险期限。保险合同的有效期限。

（3）被保险人的年龄和健康状况。这些因素会影响保险费率。

（4）保险费率。根据被保险人的风险情况，确定的每吨保险金额应缴纳的保险费。

具体的计算方法，可能因不同的保险产品和保险公司而有所差异。一般而言，保险公司会根据上述因素制定相应的费率表，投保人可以根据自己的需求和经济状况选择合适的保险金额和保险期限，然后按照费率表计算出每期应缴纳的保险费。

在实际计算中，还可能需要考虑其他因素。如保险费的缴纳频率（如年缴、半年缴、季缴等）、保险合同的附加条款等。此外，有些保险产品可能采用均衡保费的方式，即每期缴纳的保费相同；而有些产品可能采用自然保费的方式，即保费会随着被保险人年龄的增长而增加。

12.3.5 毛保险费的计算

毛保险费是由纯保险费和附加保险费构成的。纯保险费是用于支付保险赔款或保险金给付金额的期望值，它基于保费与保额对等关系的考虑而计算收取，是投保人为获取保险保障而支付给保险公司的对价。附加保费则是保险公司的营业费用和合理利润，通常包括三项内容：营业费用、预期利润和异常风险费用。

毛保费的计算公式为：毛保费=纯保费+附加保费。其中，纯保费的计算基础是纯费率。纯费率是通过把以往若干年的平均保额损失率加上一定数量的危险附加率之和得到的。附加费率则是附加保费与保险金额总和的比率。

在实际的保险业务中，保险公司会根据被保险人的风险情况、保险期限、保险金额等因素，综合考虑纯费率和附加费率，来确定毛保费的具体金额。投保人需要按照约定的方式和期限缴纳毛保费，以获得相应的保险保障。

1. 三元素法

三元素法，把附加费用分为三类：原始费用、维持费用、收费费用。

原始费用是保险公司为招揽新合同，在第一年度支出的一切费用，可把单位保额的原始费用设为 P1。

维持费用是指整个保险期间为使合同维持保全的一切费用。它应分摊于各期，可把单位保额的维持费用设为 P2。

收费费用是指收取保险费时的支出，与维持费用一样，它也分摊于各期，单位保额的费用可设为 P3。

然后，把将来年份的附加费用折合成现值，就可得到附加保险费的现值之和。再根据“毛保险费现值=纯保险费现值+附加保险费现值”的原理，来计算总保险费。

2. 比例法

比例法假设附加保险费，为毛保险费的一定比例 K。这一比例通常是根据经验来确定的。

设毛保险费为 P，纯保险费为 P，附加保险费比例为 K，则有：$P=P+KP$

整理得，$P=P/1-K$

3. 比例常数法

比例常数法是根据每张保单的平均保额，确定出的每单位保额所必须支付的费用，并把其作为一个固定常数。然后，再确定一个毛保险费的比例作为附加保险费。

设固定常数为 C，则可得：$P=P+KP+C$

整理得 $P=P+C/1-K$

12.4 财产保险费率的厘定

财产保险费率的厘定是以损失概率为基础的，它通过对保额损失率和均方差的计算求出纯费率，然后再计算附加费率。具体步骤如下。

（1）确定纯费率。纯费率是根据保险事故发生的概率和保险事故发生后的赔偿金额来确定的。通过研究有效索赔的概率分布和金额，计算出平均保额损失率，并根据均方差和稳定系数进行调整，得到纯费率。

（2）计算附加费率。附加费率包括费用附加、风险附加和利润附加等。这些附加费率是根据保险公司的经营管理费用、风险承担成本和预期利润等因素来确定的。

（3）确定保险费率。保险费率由纯费率和附加费率组成。保险公司根据自身的经营策略和市场竞争情况，综合考虑纯费率和附加费率，确定最终的保险费率。

在厘定财产保险费率时，需要遵循合理性、公平性和充足性原则，确保费率水平合理、公平，并能满足保险公司的偿付能力和利润要求。同时，保险公司还需要根据不同的保险产品和风险特征，进行差异化的费率厘定，以反映不同风险的差异。

12.4.1 纯费率的计算

（1）纯费率是用于弥补被保险人因保险事故而造成的损失的金额，其计算公式为：

纯费率=保额损失率 ×（1+稳定系数）

式中，保额损失率是赔偿金额与保险金额的比值，稳定系数则是衡量期望值与实际结果密切程度的一个参数。

（2）保额损失率的计算公式为：

保额损失率=赔偿金额/保险金额 ×100%

根据历年来的保险事故发生的情况，可求出平均保额损失率。

（3）稳定系数的计算公式为：

稳定系数=均方差 ÷ 平均保额损失率

式中，均方差是各保额损失率与平均损失率离差平方和平均数的平方根，它反映了各保额损失率与平均保额损失率相差的程度，说明了平均保额损失率的代表性，均方差越小，则其代表性越强；反之，则代表性差。

一般认为，稳定系数在10%至20%之间是较为合适的。稳定系数越小，保险经营稳定性越高；反之，稳定系数越大，保险经营的稳定性越低。

12.4.2　附加费率的计算

（1）附加保险费率与营业费用紧密相关，其计算公式为：

附加保险费率=营业费用开支总额 ÷ 保险金额 ×100%

营业费用包含：

（1）按保险费一定比例的业务费、企业管理费、代理手续费以及缴纳的税金。

（2）支付的工资及附加费用。

（3）预期的营业利润。

除了按此公式计算外，还可依据纯保险费率的一定比例确定，比如规定附加保险费率为纯保险费率的 20%。

财产保险的毛保险费由纯保险费和附加保险费组成，计算公式为：

毛保险费=纯保险费+附加保险费。

【思政德育课堂】

安福蜜柚保险：费率机制护航产业振兴

【思考题】

1. 影响保险费率的主要因素有哪些？请举例说明。
2. 保险费率的厘定过程是怎样的？包含哪些关键步骤？
3. 为什么不同年龄的人购买同一种保险产品，保险费率可能不同？
4. 风险评估与保险费率之间有着怎样的紧密联系？
5. 市场竞争对保险费率会产生怎样的影响？
6. 保险费率的高低如何影响投保人的购买决策？
7. 宏观经济环境的变化怎样影响保险费率的调整？
8. 对于一些高风险行业，保险费率通常较高，原因是什么？

云南咖啡保险新探索：费率背后的产业保障

第十三章

保险准备金与保险投资

学习目标

了解：了解保险准备金的基本概念和主要类型。如未到期责任准备金、未决赔款准备金等。

熟悉：能辨别不同投资渠道的特点和风险收益特征。

理解：理解保险投资风险的评估和管理方法。

掌握：掌握保险投资绩效的评估指标和分析方法。

13.1　保险准备金及其计提

13.1.1　保险准备金及分类

保险准备金是保险公司为履行未来的赔偿或给付责任而预先提取的资金。

主要分类包括以下几种。

（1）未到期责任准备金：是为尚未到期的保险责任而提取的准备金，用于应对在保险期间内可能发生的赔付。

（2）未决赔款准备金：是针对已经发生但尚未赔付的保险事故而提取的准备金，以保证未来能够支付赔款。

（3）寿险责任准备金：寿险公司为承担人寿保险业务未来的给付责任而提取的资金。

（4）长期健康险责任准备金：长期健康险业务中提取的用于未来健康保险赔付的准备金。

（5）总准备金：也叫自由准备金，是保险公司为应对巨灾风险或其他不可预见情况而留存的资金。

13.1.2　非寿险准备金及其计提

非寿险准备金，主要包括以下几种及计提方式。

（1）未到期责任准备金

通常按照三百六十五分之一法、二十四分之一法、十二分之一法等方法计提。根据保险合同在会计年度内的不同起保日期，将保费收入按照一定比例分摊到各个期间，以反映未到期责任的准备金。

（2）未决赔款准备金

又分为已报案未决赔款准备金、已发生未报案未决赔款准备金和理赔费用准备金。

已报案未决赔款准备金，一般根据具体案件的估损金额来计提；已发生未报案未决赔款准备金，则需要通过精算模型等方法进行估计；理赔费用准备金根据预计的理赔相关费用来确定计提金额。

1. 赔款准备金

（1）赔款准备金，主要包括以下几种。

已报案未决赔款准备金：是针对已经报案但尚未结案赔付的保险事故，根据实际情况估计的可能赔付金额而计提的准备金。

已发生未报案未决赔款准备金：这是对已经发生但还未报案的潜在保险事故所计提的准备金。由于有些事故可能存在延迟报案等情况，需要通过一定的统计方法和经验数据来估算其可能的赔付金额。

理赔费用准备金：为了支付与处理赔案相关的费用而计提的准备金。比如，勘查费用、鉴定费用、诉讼费用等。

这些赔款准备金的计提对于保险公司准确评估自身的赔付责任和财务状况至关重要，有助于确保保险公司具备足够的资金来履行赔付义务。

（2）赔款准备金的计提一般有三种方法

个案估计法：这种方法较大程度上依赖于保险公司理赔部门的经验判断，较适用于大额赔案。

平均值法：适用于索赔案多，且索赔金额大致相同的业务，如汽车险。

赔付率法：按照保险公司历史赔付数据计算得出。

此外，还有一些其他方法也可用于计提赔款准备金。如逐案估计法、保费比例法等。不同的计提方法适用于不同的情况，保险公司会根据实际情况选择合适的方法。同时，赔款准备金的计提，对于保险公司的财务稳定和风险控制至关重要，需要谨慎处理。

2. 未到期责任准备金

未到期责任准备金，是指保险企业非寿险业务，在准备金评估日，为尚未终止的保险责任而提取的准备金，包括保险企业非寿险业务为保险期间在一年以内（含一年）的保险合同项下尚未到期的保险责任而提取的准备金，以及为保险期间在一年以上（不含一年）的保险合同项下尚未到期的保险责任而提取的长期责任准备金。

根据《中华人民共和国保险法》的规定，除人寿保险业务外，经营其他保险业务，应从当年自留保险费中提取未到期责任准备金，提取和结转的数额，应当相当于当年自留保险费的 50%。

13.1.3 寿险准备金及其计提

人寿保险公司在经营过程中需要提取多种准备金，以下是一些常见的准备金类型。

（1）未到期责任准备金。适用于 1 年定期寿险、健康保险和伤害保险等，是为保险期间在 1 年以下但尚未到期的保险责任提取的准备金。

（2）未决赔款准备金。用于应对会计年度决算前已发生保险事故但尚未结案的案件，为这些案件提取的准备金。

（3）总准备金。指从税后利润中按比例提取并每年进行累计的资金，用于应对发生巨大赔款造成亏损时的弥补。

（4）寿险责任准备金。这是人寿保险公司针对人寿保险设立的准备金，由保险公司收取的纯保费和利息收入组成，用于将来发生保险给付和退保给付。

这些准备金的提取和管理，对于人寿保险公司的财务稳定和风险控制至关重要。同时，准备金的具体计提方法和比例，可能会受到监管要求和会计准则的影响。在实际操作中，人寿保险公司会根据自身的业务情况和风险评估来确定准备金的提取水平。如果你对特定的人寿保险公司或准备金计提有更详细的问题，建议咨询专业的保险精算师或相关监管机构。

1. 寿险保费缴付方式

（1）自然保费：以人的每一年龄及一年期间的死亡率为基础所制定的各年龄的保险费。它随着被保险人年龄的增加而逐年增加。

（2）趸缴纯保费：毛保费中扣除附加保费的部分，在投保之日一次性缴清的纯保费，相当于未来给付支出的现值。

（3）均衡纯保费：毛保费中扣除附加保费的部分，在约定缴费期限内，每次缴费金额始终不变的纯保费，是一个年金的概念。

这三种纯保费的本质都是用于保险人未来的给付支出，但其缴费形式和计算方式各不相同。在选择保险产品时，需要根据自己的实际情况和需求，综合考虑各种因素，选择最适合自己的保费缴纳方式。同时，也需要注意保险合同中的条款和细则，了解保费的计算方式、保额、保险期限、保险责任等重要信息。

2. 寿险责任准备金性质

寿险责任准备金，具有以下性质。

（1）负债性。它是寿险公司对被保险人的一种未来债务准备，代表着未来需要履行给付保险金的义务。

（2）未来性。是基于未来可能发生的保险赔付而提前准备的资金。

（3）估计性。其金额是通过一定的精算方法和假设进行估计得出的，具有一定的不确定性。

（4）稳定性要求。需要保持相对稳定，以确保寿险公司能够持续稳定地履行赔付责任，保障被保险人的利益。

（5）风险抵御性。是寿险公司抵御风险的重要保障之一，有助于应对各种可能影响公司财务状况的不利情况。

3. 寿险责任准备金的计提

寿险责任准备金，通常根据预定死亡率、预定利息率和预定费用率等因素，采用精算方法来计提。

具体而言，会考虑以下几个方面。

首先，依据保险合同约定的保险责任和保障期限等条款，确定未来可能的赔付情况。然后，结合历史数据和精算模型，对死亡率等风险因素进行评估和预测。在计算过程中，要考虑保费收入以及资金的时间价值，按照预定的利率进行折现计算。同时，还会考虑保险公司的运营费用等因素对准备金的影响。

不同类型的寿险产品可能会有不同的计提方法和要求，而且精算师会根据实际情况不断调整和优化计提的过程和结果，以确保准备金的充足性和合理性，保障保险公司的稳健运营和对被保险人的承诺得以履行。

13.2　保险投资概述

保险投资，亦称为保险资金运用，是保险公司为增强保险补偿能力和共享社会平均利润，运用所集保险资金在各资本市场展开的有偿经营活动。

主体：保险公司；客体：保险资金；成果：投资收益；首要目标：利用保险资金有偿运营实现最大投资价值。

13.2.1　保险资金的来源

保险资金的主要来源，包括以下几个方面。

（1）保费收入：这是最主要的来源，投保人缴纳的保费构成了保险资金的基础。

（2）投资收益再投入：之前保险资金投资所获得的收益，也可以作为后续投资的一部分资金来源。

（3）股东投入资金：保险公司的股东可能会注入一定的资金。

（4）留存收益：保险公司在经营过程中积累的未分配利润等留存下来的资金。

1. 资本金

资本金是指企业在工商行政管理部门登记的注册资金。

在保险领域，资本金具有重要意义。

对于保险公司而言，资本金是其开展业务的基础和保障。它体现了保险公司的经济实力和承担风险的能力。足够的资本金可以增强保险公司的信誉和稳定性，有助于其抵御各种风险和应对可能出现的赔付压力。

资本金的规模通常受到监管要求的限制，以确保保险公司具备足够的财务能力来履行保险责任和保障投保人的利益。同时，资本金也会影响保险公司的业务拓展和发展规模，在一定程度上决定了其能承担的保险业务量和风险程度。

它主要通过股东出资、发行股票等方式筹集。随着公司的发展和经营状况的变化，资本金也可能会进行调整和补充。

2. 非寿险保险准备金

非寿险保险准备金，主要包括以下几种。

（1）未到期责任准备金：针对非寿险业务中保险期间在一年以内（含一年）但尚未到期的保险责任而提取的准备金。

（2）未决赔款准备金：为尚未结案的赔案提取的准备金，用于应对已发生保险事故但还在处理过程中的赔付需求。

（3）理赔费用准备金：用于预计在处理赔案过程中可能产生的相关费用。

3. 寿险保险准备金

寿险包括死亡保险、生存保险、生死两全保险和养老年金。其共同特点是，保险期限长，保险费一般按月、季、年分期缴付。

寿险公司的保险基金可供长期投资，寿险公司可获取长期收益，这一点与非寿险公司的资金运用大有差异。

4. 保险保障基金

保险保障基金是指保险机构为了有足够的能力应付可能发生的巨额赔款，从年终结余中所专门提存的后备基金。

保险保障基金与未到期责任准备金及未决赔款准备金不同。未到期责任准备金和未决赔款准备金是保险机构的负债，用于正常情况下的赔款；而保险保障基金则属于保险组织的资本，主要是应付巨大灾害事故的特大赔款。只有在当年业务收入和其他准备金不足以赔付时，方能运用。

按照国家有关规定，为了保障被保险人的利益，支持保险公司稳健经营，保险公司应按照保险法则的规定，从公司当年保费收入中提取 0.8%作为保险保障基金。该项基金提取金额达到保险公司总资产的 10%时可停止提取。

13.2.2 保险投资的原则

保险投资的原则，主要包括以下几点。

（1）安全性原则。确保资金的安全，避免本金遭受重大损失，这是首要原则。

（2）收益性原则。追求合理的投资回报，以增强保险公司的盈利能力和竞争力。

（3）流动性原则。保证部分资金能够较为便捷地变现，以应对可能出现的资金需求和赔付需要。

（4）分散性原则。通过分散投资于不同的资产类别和项目，降低风险，避免过度集中。

（5）合规性原则。严格遵守法律法规和监管要求进行投资活动。

1. 稳妥性原则（或称安全返还性原则）

稳妥性原则（或称安全返还性原则）强调以下要点。

在保险投资中，首要的是保障投资的稳妥可靠。这意味着要尽量选择风险较低、稳定性强的投资项目和渠道。确保所投入的资金能够安全地收回，避免出现本金的大幅损失或无法收回的情况。要对投资对象进行充分的评估和分析，考虑各种风险因素对资金安全的影响。同时，要注重投资的长期稳定性，不追求高风险高收益的短期投机行为，而是着眼于资金的安全返还和长期的稳健回报。在决策过程中，遵循严格的风险控制和管理流程，以确保投资活动符合稳妥性原则的要求，保障保险公司和投保人的利益。

2. 流动性原则

流动性是指保险投资项目应具有应变能力，这作为保险投资的原则，是由保险经营中风险的不确定性与损失的不确定性所决定的，尤其是对财产与责任保险公司而言，更是如此。

3. 分散性原则（或称多样性原则）

分散性原则（或称多样性原则），主要包括以下内容。

分散性原则要求，在保险投资中避免将资金过度集中于某一种或少数几种投资资产或领域。通过广泛地分散投资，可以降低单一资产或领域的风险对整体投资组合的影响。

具体而言，要在不同的资产类别之间进行分散。如股票、债券、基金、房地产等，使得不同资产的风险和收益特征相互补充。同时，在同一资产类别中，也要选择多个不同的具体投资标的，避免对个别标的的过度依赖。

还要在不同的地域、行业、企业等层面进行分散，减少因特定地区、行业或企业的不利变化而导致的损失风险。

遵循分散性原则有助于实现投资组合的风险均衡，提高投资的稳定性和可靠性，降低整体风险水平，保障保险资金的安全和合理收益，更好地应对各种复杂多变的市场情况和风险因素。

4. 择优性原则

择优性原则，包含以下要点。

在保险投资过程中，要对各种投资机会和对象进行全面、深入的分析和比较。通过评估不同投资的风险水平、收益潜力、流动性等多方面因素，筛选出最具优势和潜力的投资选择。

这意味着不能盲目地进行投资决策，而是要基于充分的信息和专业的判断，挑选出那些在风险与收益平衡方面表现更优的投资途径。要不断关注市场动态和投资环境的变化，及时调整和优化投资组合，以确保始终能选择到最有利于实现投资目标的项目。同时，择优性原则也强调在合规的前提下，追求高质量、高回报的投资机会，使保险资金能够获得较好的增值效果，更好地服务于保险公司的发展和对投保人的保障责任。并且，要综合考虑短期和长期的利益，不局限于眼前的利益而忽视长远的发展潜力，做到真正的择优投资。

5. 收益性原则

收益性原则，强调以下几个方面。

收益性原则要求保险投资要努力追求合理的投资回报。保险资金在安全的基础上，应尽可能地实现资产的增值，以增强保险公司的财务实力和盈利能力。

这需要对各种投资渠道和项目进行深入研究和分析，选择具有较好收益前景的投资机会。要考虑不同投资工具的收益率水平、市场趋势以及潜在风险等因素，以做出明智的投资决策。

在追求收益的过程中，不能忽视风险控制，要确保收益的取得是在可承受风险范围内的。不能单纯为了高收益而盲目冒险，必须兼顾安全性和收益性的平衡。同时，要根据保险公司的战略目标和财务状况，合理设定收益目标，并通过有效的投资组合管理和运营来实现这些目标。

13.3　保险投资的组织模式

13.3.1　保险投资的组织模式

以下是一些常见的保险投资的组织模式。

（1）内设投资部门模式。保险公司内部设立专门的投资部门，负责保险资金的投资运作。

（2）专业化控股投资模式。成立专门的控股公司，对保险资金进行集中管理和投资。

（3）委托外部专业机构模式。将保险资金委托给专业的资产管理公司、基金公司等外部机构进行投资管理。

（4）保险资产管理公司模式。设立独立的保险资产管理公司，全面负责保险资金的投资业务，实现专业化、市场化运作。

（5）集团化运作模式。在大型保险集团内部，通过各子公司之间的协同合作来进行保险投资的运作和管理。

1. 专业化控股投资模式

专业化控股投资模式，主要具有以下特点。

在这种模式下，保险公司通过设立或控股专业的投资公司来专门负责保险资金的投资管理。该投资公司拥有独立的治理结构和专业的投资团队，具备丰富的投资经验和专业知识。他们能集中精力专注于投资业务，对各种投资机会进行深入研究和精准决策。这种模式可以实现投资业务的专业化和集约化，提高投资效率和效果。通过专业化的运作，能够更好地应对复杂多变的市场环境和投资风险。同时，控股关系也便于保险公司对投资公司进行有效的管控和监督，确保投资策略符合保险公司的整体利益和风险偏好。

投资公司可以灵活运用多种投资工具和策略，在不同的资产类别和市场中进行配置和运作，以追求更优的投资回报。此外，这种模式还有利于整合资源，吸引优秀的投资人才，提升整个保险投资体系的竞争力。它为保险公司的投资业务提供了更强大的组织保障和运营支持。

2. 集中统一投资模式

集中统一投资模式，具有以下特征。

在这种模式下，保险资金的投资决策和管理高度集中。由保险公司总部或特定的集中管理机构统一规划、调配和执行投资活动。所有的投资行为都遵循统一的投资策略和标准，以确保投资的一致性和协调性。这样能更好地统筹资源，避免分散决策带来的混乱和不一致性。集中统一模式有利于对投资风险进行全面把控和管理，通过集中的风险评估和监控机制，及时发现和应对潜在风险。它便于制定长期的投资规划和目标，并确保各项投资活动围绕这些目标有序开展。能够高效地整合和运用保险资金，提高资金的利用效率和投资效果。

在人员和资源配置方面，能够集中优秀的投资专业人才，形成强大的投资团队，为投资决策和执行提供有力保障。

同时，这种模式也有利于与外部机构进行集中谈判和合作，提升在市场中的话语权和影响力。通过集中统一的管理和运作，促进保险投资业务的规范化和专业化发展。

3. 内设投资部门投资模式

内设投资部门投资模式，是指保险公司内部设立专门的投资部门来负责投资业务。

这个投资部门通常配备专业的投资人员，包括投资经理、分析师、交易员等。他们具备丰富的金融知识和投资经验。

在这种模式下，投资部门直接隶属于保险公司，能紧密结合公司的整体战略和业务需求进行投资决策。

它的优势在于沟通协调相对便捷，能快速响应公司内部的需求和变化。投资部门对公司的资金状况、风险承受能力等有深入了解，能更好地制定符合公司特点的投资策略。可以充分利用公司内部的信息资源和专业支持，与其他部门协同合作。

然而，这种模式可能存在一定的局限性。比如，受限于公司内部资源和视野，在投资的多元化和创新方面可能相对不足。同时，与外部专业投资机构相比，在某些领域的专业深度和广度上可能会有一定差距。

但总体而言，内设投资部门投资模式，是保险投资中较为常见和基础的一种组织形式，在保障保险资金的合理运用和增值方面发挥着重要作用。

4. 委托外部机构投资模式

委托外部机构投资模式，具有以下特点。

（1）保险公司将部分或全部保险资金，委托给专业的外部资产管理机构，进行投资管理。

（2）这些外部机构通常在投资领域具有深厚的专业知识、丰富的经验和广泛的资源。它们可以包括专业的资产管理公司、基金公司、证券公司等。

（3）通过委托，保险公司能借助外部机构的专业能力和优势，拓展投资渠道和范围，获取更广泛的投资机会。

（4）外部机构的独立性和客观性，有助于提供多元化的投资观点和策略，减少内部决策可能带来的局限性。

（5）保险公司可以根据自身需求和风险偏好，选择合适的外部机构，并与其签订明确的委托合同，约定投资目标、范围、风险控制等事项。

这种模式减轻了保险公司自身在投资管理方面的压力，使其能专注于核心保险业务。同时，外部机构之间的竞争也有助于提高投资效率和服务质量。

然而，委托也存在一定风险。如对外部机构的选择不当、信息不对称、委托代理问题等可能影响投资效果。保险公司需要建立有效的监督和评估机制，对外部机构的投资行为进行持续跟踪和考核，以确保其投资活动符合委托要求和公司利益。

总体而言，委托外部机构投资模式为保险投资提供了一种灵活的选择，在合理运用和整合外部资源方面发挥着重要作用。

13.3.2 保险投资组织模式的基本评价

从西方保险投资活动进程看，四种投资组织模式各有优劣且常见。内设投资部门与委托外部机构模式相对初级，专业化控股与集中统一模式更为高级。

1. 对专业化控股投资模式的评价

（1）优点

高度专业化：能够集中专业人才和资源，专注于投资业务，提升投资决策的科学性和准确性。

增强管控能力：通过控股关系，保险公司对投资业务有更强的掌控力，可以更好地确保投资策略符合公司整体利益。

灵活配置资源：有利于在不同投资领域和资产类别间灵活调配资源，适应多变的市场环境。

提升竞争力：打造专业的投资平台，提升在投资市场中的竞争力，吸引更多优质投资机会。

风险隔离较好：相对独立的运作有助于在一定程度上实现风险隔离，降低对保险公司主体业务的影响。

（2）缺点

设立与运营成本高：建立和维持专业化控股公司，需要较高的成本投入。

协调难度：可能存在与保险公司主体之间的协调问题，信息沟通和决策协同需要高效的机制保障。

对人才依赖大：高度依赖专业投资人才，一旦人才流失可能对业务产生较大影响。

市场适应周期：在面对新的市场变化和挑战时，可能需要一定时间来调整和适应。

2. 对集中统一投资模式的评价

（1）优点

统筹规划优势。便于制定全面、长远的投资规划，确保投资的战略性和连贯性。

高效资源利用。能最大化地整合和利用保险资金，避免资源分散和浪费。

风险集中管控。有利于对各类风险进行集中、系统地管理和监控，及时应对风险。

决策效率较高。减少决策层级和环节，在一定程度上提高投资决策的效率。

一致性强。确保投资行动的高度一致性，更好地服务于公司整体目标。

（2）缺点

灵活性受限。可能在应对某些特殊情况或新兴投资机会时不够灵活，反应相对迟缓。

对决策层压力大。所有投资决策高度集中，对决策层的能力和经验要求极高，决策失误可能带来较大影响。

缺乏多元视角。相对单一的决策主体可能会缺乏多元的观点和思路，存在一定局限性。

内部协调复杂。涉及众多部门和环节的集中统一，内部协调工作可能较为复杂和困难。

3. 对内设投资部门投资模式的评价

（1）优点

沟通便捷。与公司内部其他部门沟通协调较为顺畅，能快速响应公司需求。

深入了解公司。对公司的资金状况、战略规划等有深刻理解，能更好地契合公司实际进行投资。

忠诚度高。员工对公司的忠诚度相对较高，更关注公司的长期利益。

成本相对较低。相较于其他模式，在初期建设和运营成本方面可能有一定优势。

便于管理。直接受公司管理和监督，管理起来较为方便。

（2）缺点

专业广度受限。可能在某些领域的专业知识和经验不如专业投资机构广泛。

视野局限。相对容易局限于公司内部视角，对外部市场变化的敏感度可能不够。

创新动力不足。在创新投资方式和策略方面可能动力欠缺，相对保守。

可能存在利益冲突。与公司其他业务部门之间，可能存在潜在的利益冲突问题。

人才吸引力有限。相比专业投资机构，对顶尖投资人才的吸引力可能稍弱。

4. 对委托外部机构投资模式的评价

（1）优点

专业优势。借助外部机构的专业知识和丰富经验，提高投资的专业性和成功率。

拓宽视野。能接触到更广泛的投资领域和机会，拓展投资视野和渠道。

分担风险。将部分风险转移给外部机构，降低自身风险压力。

资源整合。利用外部机构的资源网络，实现更好的资源整合和利用。

独立性。外部机构相对独立，能提供客观的投资建议和决策。

（2）缺点

委托代理问题。可能存在道德风险、逆向选择等委托代理问题，影响投资效果。

信息不对称。保险公司对外部机构的实际操作和情况，可能存在一定程度的信息不对称。

费用成本。需要支付一定的委托管理费用，增加成本支出。

不可控性。对外部机构的投资行为存在一定的不可完全掌控性。

稳定性风险。若外部机构出现问题或变动，可能对投资产生不利影响。

13.3.3　对保险投资组织模式的选择

欧美国家保险公司普遍选择专业化控股和集中统一投资模式，原因在于美日有相关教训。相比之下，欧洲保险公司规模大、实力强，多采用集团或控股组织形式形成金融集团，将银行、证券、保险等纳入管控，发挥规模效益和协同竞争优势，实现了保险投资和保险业的稳健发展。

13.4 保险投资的形式

13.4.1 储蓄存款

储蓄存款指保险公司把保险资金存银行获利息收入，以银行为投资中介，安全性高，但收益低，因银行扣除存贷利差且双方背离保险公司不担风险（除非银行破产），不能带来真正意义上的投资利润和扩大保险基金积累。所以，储蓄存款通常不是保险资金运用的主要形式，各保险公司仅将其作为必要临时的机动资金，不会保留过多。

13.4.2 有价证券

有价证券是有一定券面金额、代表股本所有权或债权的凭证，属金融资产，持有人有收益请求权。证券投资是各国保险公司资金运用的主要形式，包括股票、债券、证券投资基金三类。

1. 股票

优点。可转让且方式灵活，可享股东多项权利，能获高投资收益和资本利润。

缺点。股价变动难预测，风险高，安全性低于其他有价证券。

2. 债券

债券投资是保险公司有价证券投资的主要部分。

优点。具有比股票更佳的流动性与收益安全性。

3. 证券投资基金

保险公司购买证券投资基金券是委托投资行为，通过购买投资管理公司基金券完成，由其负责资金运营，保险公司分享收益并承担风险。投资对象包括资本市场的上市股票和债券，也有货币市场的短期票据等，还可能包括未上市但有潜力的公司债券和股权。

13.4.3 贷款

贷款是保险公司作为信用机构，以特定利率和必须归还等条件，向需要者提供资金的放款或信用活动。

贷款是保险公司资金运用的形式之一。其形式有抵押贷款、流动资金贷款、技术改造项目贷款、寿险保单贷款等。

1. 抵押贷款

抵押贷款即财产担保贷款，包括动产或有价证券抵押、不动产抵押、银团担保、银行保付等，是期限长且较稳定的投资业务。

2. 流动资金贷款

流动资金贷款是以需要流动资金的企业为对象发放的贷款。

3. 技术改造项目贷款

技术改造项目贷款是保险公司对企业技术改造、技术引进提供的固定资产投资性贷款以获取收益。

4. 寿险保单贷款

寿险保单贷款是基于这样一种情况，即寿险保单是具有一定现金价值的。在此基础之上，依照保险合同所明确规定的内容，寿险公司会应保单持有人提出的申请而发放相应的贷款。

具体而言，当寿险保单具备了现金价值这一前提条件后，根据保险合同中对于寿险保单贷款这一事项的具体约定，当保单持有人有资金需求并向寿险公司提出申请时，寿险公司就会按照相关流程和规定，向其发放贷款。这种贷款形式，为保单持有人在特定情况下，提供了一种获取资金的途径。同时，也体现了寿险业务在金融服务方面的多样性和灵活性。

13.4.4　不动产投资

不动产投资是保险公司购买土地、房产以获取收益的形式。

保险公司的不动产投资分两类。一是业务等所需取得的不动产，包括办公楼等，还有因抵押权等取得的不动产，以及因赠与所得的不动产；二是为获利投资取得的不动产。如投资可改良或开发的地产、进行与营业无关的商业房产买卖等。

其特点是投资期限长，项目选准可获长期稳定高收益回报；但流动性差，单项投资资金占用大，且因期限长有潜在风险。

13.4.5　项目投资

项目投资是保险公司直接利用保险资金进行直接投资。如投入生产经营、建立独资或合伙企业以获收益。

项目投资建立的独立企业有独立法人资格，经济效益受市场检验。项目投资作为一种投资形式，在保险投资中有一定地位。

13.4.6 其他投资形式

现阶段，在我国，保险资金除了常见的一些投资形式外，还存在其他诸多投资形式。比如，对金融产品进行投资、涉足基础设施项目、参与集合资金信托计划、投入创业投资基金，以及设立保险私募基金等等。

值得一提的是，在 2020 年的时候，保险资金在投资金融产品方面所占的比例已然达到了 18%之高。这充分显示出金融产品在保险资金投资组合中的重要地位，也反映了保险资金运用的多元化趋势在不断加强，其投资领域在持续拓展，以更好地适应市场变化和实现资产的优化配置，从而为保险行业的稳健发展和经济效益的提升提供有力支持。

【思政德育课堂】

2023 年中邮人寿深陷亏损，保险准备金和投资引关注

【思考题】

1. 保险准备金的主要类型有哪些，它们各自的作用是什么？
2. 阐述保险准备金的计提原则和方法。
3. 为什么要设立保险准备金，其对保险公司的重要性体现在哪里？
4. 分析不同保险投资渠道的风险和收益特点。
5. 保险投资如何在安全性、流动性和收益性之间取得平衡？
6. 保险投资的决策过程受到哪些因素的影响？
7. 结合实际案例，说明保险投资成功或失败的经验教训。

中国太保 2019 年：保险准备金变革与投资新局

第十四章

核保与理赔

学习目标

了解：了解核保与理赔的基本概念和工作流程。

熟悉：能辨别不同类型保险理赔的特点和处理方式。

理解：明白理赔原则在实际操作中的应用和重要性。

掌握：掌握核保与理赔中的沟通技巧和客户服务要点。

14.1 保险核保

14.1.1 保险核保的含义

保险核保是指保险人对投保申请进行审核，决定是否接受承保这一风险，并在接受承保风险的情况下，确定保险费率的过程。

具体而言，核保人员会对投保人的相关信息进行详细审查，包括但不限于投保人的基本情况、健康状况（对于人身保险）、财务状况、保险标的的风险状况等。通过核保，可以确保保险人所承担的风险是合理的、可预测的，并且能与所收取的保费相匹配。

核保的目的在于防范逆选择和道德风险，保证保险业务的质量和稳定性。同时，也保护广大投保人的利益，使保险市场能够健康、有序地运行。例如，对于高风险的投保人或保险标的，可能会被要求增加保费、附加条件承保或直接拒保，以确保保险经营的安全性和可持续性。

14.1.2 保险核保的基本要求

1. 扩大承保能力并保证保险人经营的稳定性

扩大承保能力

这意味着保险人能承担更多的风险业务量。为了实现这一点，保险人可以采取多种措施。比如，不断优化风险评估模型和方法，更精准地识别和量化风险，从而能够在确保风险可控的前提下，接受更多原本可能被视为高风险的业务；加强自身的风险管理能力和技术水平，提高应对复杂风险的能力，以便能承接更广泛类型的保险需求；积极开拓新的市场和业务领域，通过创新产品和服务来扩大业务覆盖面，进而增加承保能力。

保证保险人经营的稳定性

一是通过科学合理的核保，避免过度集中的高风险业务，确保风险在时间和空间上的分散，降低因个别重大风险事件导致经营波动的可能性；二是建立充足的风险准备金，以应对可能出现的赔付高峰，保障公司在面临各种情况时都能有足够的资金支付赔款，维持正常运营；三是保持良好的业务结构，平衡不同险种、不同客户群体之间的比例，避免对某一类业务过度依赖而产生经营风险；四是密切关注市场动态和宏观经济环境变化，及时调整经营策略，以适应外部环境的不确定性，确保经营始终处于相对稳定的状态。

总之，扩大承保能力和保证经营稳定性，是保险人在激烈的市场竞争中持续健康发展的关键要素，需要保险人在业务拓展、风险管理、策略制定等多方面，进行综合考量和平衡。

2. 保证核保质量，获得最大经营收益

保证核保质量

这意味着在核保过程中要做到严谨、细致、准确。核保人员需要全面收集和分析投保人及保险标的的相关信息，严格按照既定标准和流程进行评估，不放过任何可能影响风险的细节。确保只有符合承保条件且风险合理的业务得以通过核保，从而避免因核保失误而导致后续可能出现的高额赔付、理赔纠纷等问题，维持保险业务的健康有序开展。

获得最大经营收益

一方面，通过高质量的核保筛选出优质业务，降低赔付成本和风险成本，使保费收入与赔付支出之间保持良好的平衡，实现利润的最大化。另一方面，可以根据核保结果合理制定保险费率，对不同风险程度的客户收取相应的保费，实现精准定价，提高保费的合理性和充足性。同时，高质量的核保有助于提升保险公司的声誉和市场竞争力，吸引更多优质客户，进一步扩大业务规模，从而创造更多的收益。此外，还可以通过优化核保流程、提高核保效率等方式，降低运营成本，间接增加经营收益。总之，保证核保质量是获得最大经营收益的重要基础和保障，两者相互关联、相互促进，共同推动保险公司的持续发展。

14.1.3 核保的环节与程序

1. 制定核保方针、编制核保手册

制定核保方针

核保方针是保险公司为指导核保工作而确立的总体原则和方向。它反映了公司对风险的态度、经营策略以及对市场环境的适应策略。核保方针通常会明确公司在不同业务领域、不同风险类型下的基本立场。比如，对于高风险业务是谨慎承保还是积极拓展、对于某些特定行业或群体的业务采取何种政策等。核保方针还可能涉及到对核保标准的严格程度、对创新业务的接纳程度、与再保险的配合策略等方面，旨在确保核保工作与公司的整体目标和风险承受能力相一致。

编制核保手册

核保手册是将核保方针具体落实到操作层面的详细指南。它系统地阐述了核保的各项具体流程、要求和规范。核保手册会详细说明不同险种的核保要点和关键因素，包括投保人的基本信息审核要点、健康状况评估方法和标准、财务状况的分析角度等。同时，会明确核保过程中的各个环节及相应的职责分工、决策权限等，还会列举各种常见风险情况及对应的处理建议。此外，核保手册可能包含大量的案例分析和参考资料，以便核保人员更

好地理解和运用核保标准，确保核保工作的统一性、准确性和高效性。它是核保人员开展工作的重要依据和参考，有助于提升核保工作的质量和效率，保障公司的稳健运营。

2. 核保信息的收集和整理

这是核保过程中的关键步骤。主要包括以下方面信息的收集。

（1）投保人信息。如姓名、年龄、性别、职业、联系方式等，以了解投保人的基本情况和可能面临的职业风险。

（2）被保险人信息。特别是健康状况方面的信息，包括过往病史、体检报告、家族病史等，这对评估健康风险至关重要。

（3）保险标的信息。例如财产保险中标的的位置、性质、价值等，或者人寿保险中被保险人的生活习惯、爱好等可能影响风险的因素。

（4）财务信息。如投保人的收入、资产状况等，有助于评估其缴费能力和潜在的道德风险。

核保信息的整理。

在收集到大量信息后，需要进行系统的整理。这包括：

（1）分类整理：将不同类型的信息进行分类。如个人信息、健康信息、财务信息等，便于后续分析。

（2）去重和核实：去除重复信息，对关键信息进行核实，确保其真实性和准确性。

（3）建立信息档案：将整理好的信息以规范的形式存储，形成核保信息档案，方便核保人员随时查阅和使用。

（4）信息关联和分析：将不同类别的信息进行关联和综合分析，以全面评估风险状况。通过有效的信息收集和整理，能为核保决策提供坚实的基础，提高核保的质量和效率。

3. 审核

核保决策指的是承保人在全面掌握并核实有关被保险人或投保标的物的信息后，对投保申请予以审核，进而决定是否承保以及确定以何种条件承保，这一过程也被称作审核。

在审核工作中，其主要目标在于准确辨别投保危险的程度，并且要让可能接受承保的危险物品保持一致。也就是说，要对不同危险程度的投保标的进行细致分类，按照不同的标准来进行承保，并合理制定相应的费率。通过这样严谨的审核工作，能有力地保证承保业务的质量，确保保险公司的稳健运营和投保人的合法权益得到充分保障。

4. 影响核保的因素

（1）逆向选择的存在。逆向选择现象明确指出，那些在生活中遭遇危险机会处于最高层级的人，往往是最有意愿去购买保险的群体。因为他们深知自身面临的风险较大，所以希望借助保险来转移风险。然而，那些遭遇危险机会相对较少的人，他们购买保险的动机就不那么强烈了。倘若保险人在整个过程中不经过严格仔细的核保流程，就仓促地做出决策，那么极有可能出现这样一种结果，那就是最终参加保险的人和相关标的都属于高危险的范畴。这种情况的出现会严重扰乱保险市场的正常秩序，给整个行业带来极大的负面影响。

（2）道德危险。当保险机制得以确立后，在某种程度上却使得危险事故发生的可能性呈现出增加的态势。这是因为一些人在有了保险作为后盾后，可能会在心理上产生懈怠，对危险的防范意识降低，从而有意无意地做出一些增加危险发生概率的行为。比如，可能会在行为上变得更加冒险，或者在面对风险时不再像以前那样谨慎应对，这无疑给保险公司带来了额外的风险和挑战。

（3）公司自身经营因素。这的确是一个十分复杂的综合因素。首先，保险人自身的承保能力以及其在市场中所占的份额大小，对核保决策有着显著的影响。承保能力较强且市场占有率较大的保险人，在核保方面或许会拥有更多的灵活性和更宽松的标准；反之，则可能需要更加谨慎对待。其次，展业部门与核保部门之间的平衡协调至关重要。展业部门致力于拓展业务，而核保部门要严格把控风险，二者必须紧密配合，以达到一种良好的平衡状态，才能确保公司的业务既能够积极推进，又可以稳健发展。最后，核保人员自身的素质和经验也是关键所在，具备丰富专业知识和大量实践经验的核保人员，能够更加精准地评估风险，从而做出更为合理有效的核保决策。

（4）其他因素。除了以上这些重点因素之外，还存在着许多其他方面的因素，也可能对核保产生重要影响。比如，宏观经济环境的变化、政策法规的调整、社会文化背景的不同等。这些因素会从各种角度和层面影响投保人的行为以及保险标的的风险状况，进而影响核保人员的判断和决策。同时，随着科技的不断进步和创新，也可能会带来新的风险和挑战，这就需要核保人员不断学习和适应，以确保核保工作能够与时俱进，适应社会发展的各种变化和需求。

5. 核保决策的主要内容

核保决策的主要内容，包括以下几个方面。

首先是风险评估。即对被保险人的健康状况、职业风险、生活习惯等进行全面分析，以确定其潜在风险的高低。例如，对于从事高风险职业的人，或有既往严重病史的人，要仔细考量其风险程度。

其次是保险标的的审查。对于投保的财产等标的，要核实其实际价值、所处环境、维护状况等，判断其遭遇损失的可能性。

再次是保险金额的确定，要根据被保险人的风险状况和保障需求，合理确定给予的保险金额，确保保额既不过高也不过低。然后是保险条款的制定或审核，明确保险责任的范围、免责条款等重要内容，确保保险合同公平合理且符合公司利益。还有对投保人动机的分析，判断投保人是否存在恶意投保或欺诈行为等。

最后是综合考虑公司自身的风险承受能力、经营策略等因素，确保核保决策与公司整体目标和资源相匹配，保障公司的稳健运营和可持续发展。总之，核保决策是一个综合性、多维度的过程，需要全面权衡各种因素以做出科学合理的决策。

6. 签发正式保险单

签发正式保险单是核保流程中的一个关键步骤。

当核保过程完成，经过对投保人及相关信息的全面审核、风险评估并做出最终决策后，如果决定给予承保，保险公司就会签发正式保险单。这意味着保险公司正式确认了与投保人之间的保险合同关系。保险单上会明确记载保险标的、保险金额、保险期限、保险责任、免责条款等重要内容。它是具有法律效力的文件，是投保人在保险事故发生后获得赔偿或给付的重要依据。

签发正式保险单，代表着保险公司对投保人所承担的责任和义务的明确承诺，也标志着整个核保程序的圆满完成和保险业务的正式确立。从此，投保人需按照保险单的约定履行缴费等义务，而保险公司则需在符合条件的情况下履行赔付等责任。

7. 单证管理

正式签发保险单后，当投保人或被保险人完成交付保险费这一关键步骤以及签收保险单这一必要环节时，所有相关的单证应当立即进行归档处理。这一过程需要高度的严谨性和规范性，以确保这些单证能够被妥善地保管起来。归档后的单证就如同珍贵的档案资料，它们承载着保险合同的重要信息和细节，对于日后可能出现的各种情况，无论是理赔、查询还是其他相关事务的处理，都具有至关重要的意义。

与此同时，随着当今信息技术的飞速发展和广泛应用，各大保险公司纷纷顺应时代潮流，建立起了先进的保险单证电子化系统以及全方位的电子查询网络。通过这样的系统和网络，实现了单证从扫描到出单再到档案管理的一体化流程。在这个过程中，先进的信息技术发挥了巨大的作用。单证的扫描能将纸质单证快速转化为电子数据，方便存储和管理；出单过程变得更加高效和便捷，大大提升了业务办理的速度；而档案管理也实现了智能化和数字化，使得单证的查询、检索和调用变得轻而易举。这样的一体化模式不仅极大地提高了工作效率，降低了管理成本，还增强了信息的安全性和准确性。为保险公司的稳健运营和持续发展提供了强大的技术支持和保障，也为投保人或被保险人带来了更加优质、便捷和高效的服务体验。

14.2 保险理赔

14.2.1 受理赔案

受理赔案是保险理赔过程中的初始环节。

当被保险人或投保人向保险公司提出理赔申请时，保险公司开始受理赔案这一工作。这意味着保险公司正式接收并登记有关此次理赔事件的详细信息，包括但不限于报案时间、报案人、保险标的情况、事故发生的时间、地点、经过等。

在受理赔案阶段，保险公司的相关工作人员会对报案信息进行初步审查，确保信息的完整性和准确性。他们会核对保险合同的相关条款，确认该赔案是否属于保险责任范围。同时，可能会向报案人进一步了解详细情况，指导报案人提供必要的证明材料和文件。

受理赔案是开启整个理赔流程的起点，它为后续的调查、定损、审核等工作奠定基础，其高效、准确的处理对于提升理赔服务质量和客户满意度至关重要。通过规范的受理赔案流程，保险公司能有序地推进理赔工作，确保理赔过程的公平、公正和及时。

14.2.2 初步审核

保险理赔初步审核是保险理赔流程中紧接着受理赔案之后的重要步骤。

在这一阶段，理赔人员会对赔案的基本信息进行细致的分析和检查。他们会再次确认保险合同的有效性，包括保险期间是否覆盖了出险时间、投保人是否按时缴纳保费等。同时，会对报案信息的真实性和合理性进行初步判断。例如，事故发生的原因、经过是否符合常理。

理赔人员还会对提交的理赔材料进行初步审阅，检查材料是否齐全、是否符合规定的格式和要求。对于一些关键信息，如医疗诊断证明、事故鉴定报告等，会进行重点核实。

初步审核还会涉及对保险责任范围的初步界定，判断出险情况是否属于保险保障的范畴。如果存在疑问或需要进一步了解的地方，理赔人员可能会与报案人或相关方面进行沟通。

通过保险理赔初步审核，可以初步筛选出符合理赔条件和可能存在问题的赔案，为后续深入的调查、定损等工作明确方向，有助于提高整个理赔流程的效率和准确性，保障保险公司和被保险人双方的权益。

14.2.3 确认危险事故原因

确认危险事故原因，主要包括以下几个方面。

首先，要对事故现场进行仔细勘查和分析。通过查看现场的痕迹、物证等，结合相关人员的陈述，来推断事故发生的具体情形和原因。比如，在车辆事故中，查看车辆受损情况、碰撞点等。

其次，会收集各种相关证据，如警方报告、医疗记录、监控视频等。这些证据能帮助更准确地了解事故发生的经过和原因。然后，对被保险人的行为和相关情况进行调查。例如，是否存在违规操作、故意行为等可能影响事故原因认定的因素。还会咨询专业人士，如技术专家、医学专家等。利用他们的专业知识和经验来判断事故原因。特别是在一些复杂的技术领域或医学领域的保险理赔中，他们的意见至关重要。此外，会对保险合同中关于事故原因的约定进行深入研究，确保认定的原因符合合同条款的规定。

最后，综合所有收集到的信息和证据，运用逻辑推理和专业判断，来最终确定危险事故的真正原因。这一过程需要严谨细致，以确保理赔的公正合理，保障各方的合法权益。比如在火灾保险理赔中，需要确定是意外失火还是人为纵火等不同原因。

14.2.4 确定赔偿金额

1. 比例责任赔偿方式

这种方式按保险财产的保险金额与出险时实际价值的比例来计算赔偿金额。

（1）在不定值保险情况下，保险赔偿金额按保险保障程度计算，其计算公式为：

保险赔偿金额=保险财产实际损失额 × 保险保障程度

保险保障程度=保险金额/保险标的出险时实际价值

式中，保险保障程度不得超过 1，在足额保险与不足额保险情况下，保险保障程度小于等于 1，在超额保险情况下，保险人按足额保险处理，超额部分无效

（2）在定值保险情况下，保险赔偿按财产受损的损失程度来计算，其计算公式为：

保险赔偿金额=保险金额 × 损失程度

损失程度=保险标的受损价值/保险标的受理时约定的价值

=1-残值/保险标的受理时约定的价值

式中，保险金额≤实际价值

2. 第一危险责任赔偿方式（第一损失赔偿方式）

第一危险责任赔偿方式，是即指在保险金额限度内所发生的损失，被保险人能够获得完全彻底的赔偿。也就是说，赔偿金额与损失金额是完全等同的，然而却不得超出保险金额所规定的范围。

该赔偿方式所具有的显著特点是，赔偿金额的确定主要取决于保险金额与损失金额这两个关键要素，而不会去着重考量保险金额与财产价值之间所存在的比例关系。这种赔偿方式在一定程度上，为被保险人提供了较为明确和直接的保障。只要损失在保险金额的限定范围内，被保险人就可以获得与损失金额相对应的全额赔偿，不必受到保险金额与财产实际价值比例的影响。使得被保险人在遭遇损失时能较为快速和确定地获得应有的经济补偿，从而更好地帮助被保险人应对可能面临的风险和损失情况，为其提供相对稳定和可靠的保障支持。同时，这也对保险公司在核赔和定损等方面，提出了更高的要求，需要确保赔偿金额的确定，既符合保险合同的约定，又能合理公平地保障双方的权益。

3. 限额责任赔偿方式，分为限额责任赔偿和免责限度赔偿两种

（1）限额责任赔偿，是指保险人只承担事先约定的损失额以内的赔偿，超过损失额部分，保险人不负赔偿责任。

（2）免责限度赔偿，是指损失在限度内保险人不负赔偿责任，这种限度是保险人享受的免责权。免责限度又分为相对免责限度和绝对免责限度两种。

相对免责限度指财产受损程度超过免责限度时，按全部损失赔偿，其计算公式为：

赔偿金额=保险金额 × 损失率

绝对免责限度指财产损失程度超过免赔限度时，只对超过部分负赔偿责任，其计算公式为：

赔偿金额=保险金额 ×（损失率-免赔率）

4. 定值保险赔偿方式

定值保险赔偿方式，是指在正式签订保险合同时，对于保险金额的明确确定，是以双方经过共同商议并约定的保险价值，作为一个具有结论性意义的基础。

当不幸发生保险事故进而造成损失的时候，如果是属于全部损失的这种情况，那么就会按照保险金额的全部数目来给予赔偿；而要是属于部分损失的情形，那么此时仅仅只需要确切地确定损失的程度，然后依据损失程度的相应比例来进行赔偿，而不再去花费精力估算受损财产的实际价值。

并且，保险人对于保险赔偿金额的最终认定，必须要经过被保险人、投保人或者受益人的确认才行。倘若后者对于赔偿金额存在异议，并且双方未能达成一致的意见，那么是可以按照保险合同中有关条款的具体规定来提起仲裁或者进行诉讼的。这一系列的规定和流程，旨在确保保险赔偿过程的公平性、合理性以及准确性，保障各方的合法权益，避免可能出现的纠纷和争议，使得保险赔偿能够在合法、合规且符合双方意愿的前提下顺利进行，让保险机制能更好地发挥其应有的保障作用，维护社会经济的稳定和发展。

14.2.5 进行保险赔偿、给付

在全面且细致地调查完损失情况，并确切地确定了赔偿或给付的具体数额之后，保险人必须要在第一时间及时且有效地履行其给予赔偿的应尽义务。

就保险赔付的具体方式而言，人身保险在大多数情况下，通常是采取给付保险金的形式。而对于财产保险的赔偿方式，则主要有这几种不同的类型。其一。货币赔付，这是一种较为常见且直接的方式，通过给予相应金额的货币来弥补损失；其二。修复原物，即对受损的物品进行专业的修复，使其尽可能恢复到原来的状态；其三。更换部件，针对损坏的部分进行部件的替换，以保证物品的正常使用功能；其四，重置。也就是用全新的物品来替换受损的物品，从而实现对损失的赔偿。这些不同的赔偿方式都有着各自的特点和适用场景。保险人会根据具体的保险合同约定以及实际的损失情况，合理地选择和运用相应的赔偿方式，以确保被保险人能得到妥善且合理的赔偿，最大程度地减少损失所带来的不利影响。

14.2.6 处理损余、行使代位追偿权

处理损余是指在保险事故发生后，对于保险标的遭受损失后尚有经济价值的残留部分进行处理。当保险标的发生部分损失后，可能会留下一些残余的物资或财产，这些损余可能仍然具有一定的价值。保险人在进行赔偿后，通常会对这些损余进行作价处理，可以通过拍卖、折价归被保险人等方式来实现其价值的回收，以避免保险赔偿中的不合理情况。

行使代位追偿权则是指，当保险标的由于第三者的责任导致损失，保险人在向被保险人履行了赔偿义务后，依法取得在赔偿金额范围内向第三者请求赔偿的权利。也就是说，保险人代替被保险人向造成损失的第三者进行追偿。这一权利的行使，可以使保险人在赔付后尽可能地挽回损失，也有助于维护保险市场的公平和正常秩序。同时，它也对被保险人起到了一定的保障作用，确保其在遭受损失后能够得到及时和充分的赔偿，而不会因为第三者的过错而无法获得应有的经济补偿。

【思政德育课堂】

保险理赔争议：孙先生投保隐瞒病史遭拒付

【思考题】

1. 在核保过程中，如何平衡风险控制和业务拓展的需求？
2. 分析在数字化时代，核保流程如何借助技术手段提高效率和准确性？
3. 对于重大疾病保险的理赔，如何判断疾病是否符合保险条款的定义？
4. 探讨保险公司在理赔时如何防范欺诈行为？
5. 核保中的健康告知环节，投保人未如实告知会带来哪些后果？
6. 研究在车险理赔中，如何确定事故责任和赔偿金额？
7. 保险理赔纠纷通常由哪些原因引起，如何避免？

贵州六盘水陆某保险骗保案：300 万重疾险理赔遭拒

第十五章

保险监管概述

学习目标

了解：知道保险监管的历史发展脉络和国际概况。

熟悉：能辨别不同国家或地区保险监管模式的特点。

理解：明白保险监管如何维护金融稳定和保护消费者权益。

掌握：能运用保险监管的知识分析具体的监管案例和问题。

15.1 国家监管的经济学分析

15.1.1 国家监管的原因

国家监管主要有以下一些原因。

首先，保险行业具有广泛的社会性和公共性。它涉及众多投保人的利益，关系到社会的稳定和人民生活的保障。国家监管可以确保保险市场的健康有序运行，保障广大民众的基本权益。

其次，保险经营具有复杂性和专业性。保险产品的设计、精算、风险评估等都需要专业知识和技能，普通消费者往往难以准确理解和判断。国家进行监管能规范行业行为，防止不正当竞争和欺诈行为，保证保险业务的质量和可靠性。

再次，为了维护金融市场的稳定。保险是金融体系的重要组成部分，其稳定与否对整个金融系统有重要影响。国家监管可以加强风险管控，防范系统性风险的发生，避免保险市场的波动对经济造成较大冲击。此外，防止保险公司的不当经营行为。如过度冒险、滥用资金等，以保护投保人的资金安全和利益。

最后，促进保险行业的健康发展。通过制定合理的政策和法规，引导保险公司在合规的前提下创新发展，提升行业整体竞争力，更好地服务经济社会发展。

15.1.2 国家监管的可能性

以下是关于保险监管中强调国家监管可能性的一些方面。

（1）从法律层面而言，国家拥有制定和执行法律法规的权力，能通过建立完善的保险监管法律体系，为国家监管提供坚实的法律依据和保障，使监管行为有法可依、有章可循。

（2）在机构设置方面，国家可以组建专门的保险监管机构，并赋予其相应的职责和权力，能够有效地组织和实施监管工作，对保险市场进行全面的监督和管理。

（3）国家具备强大的资源调配能力，可以投入大量的人力、物力和财力来支持保险监管工作的开展，包括培养专业的监管人才队伍、建立先进的监管信息系统等，以确保监管的效率和效果。同时，国家可以利用其权威性和公信力，在保险市场中树立明确的监管标准和规范，使得各保险主体能够自觉遵守，保障监管措施能够顺利推行。

而且，国家能从宏观经济和社会发展的角度出发，综合考虑各种因素对保险监管进行科学合理的规划和布局，从而更好地适应经济社会发展的需要，实现对保险市场的有效监管和引导。另外，国家在获取信息和数据方面具有较大优势，可以通过各种渠道收集和分析保险市场的相关信息，及时发现问题并采取有效的监管行动。

15.1.3 保险监管的几种学说

1. 市场失灵论

市场失灵论是保险监管的重要学说之一。该学说认为，在保险市场中，由于存在信息不对称、外部性、公共物品等问题，可能导致市场无法有效配置资源，无法实现帕累托最优状态。

具体而言，信息不对称，可能使得投保人难以准确了解保险产品的风险和保障程度，保险公司也可能利用信息优势进行不正当竞争或损害投保人利益；在外部性方面，比如，某些高风险行为可能导致保险公司承担较大风险，进而影响整个保险市场的稳定；公共物品特性可能体现在一些基础的保险保障服务上，如果完全依靠市场机制，可能出现供给不足的情况。

基于这些市场失灵的表现，就需要国家通过保险监管来干预市场，纠正市场失灵带来的不良后果。比如，通过监管要求保险公司充分披露信息、限制不正当竞争行为、对某些领域进行强制保险等措施，以保障保险市场的公平、高效和稳定运行，维护投保人、被保险人和社会公众的利益。

2. 监管占据论

监管占据论明确指出，监管政策实际上反映的是那些参与到政治过程当中的各个利益集团所提出的具体要求。

并且在监管政策的制定过程中，会受到四个极为关键的因素所产生的影响，这四个因素分别是工业集团，其具有自身独特的诉求和影响力；消费者集团，他们代表着广大消费者的利益和期望；监管机构本身，其在整个过程中扮演着重要的角色和职责；以及政治精英人物，他们的决策和倾向也会对监管政策的走向产生不可忽视的作用。

更进一步来看，监管在很大程度上是被被监管的行业所占据的，并且是为了该行业的利益而进行服务的，成为了这些行业利益的一种体现和维护手段。

3. 公众选择论

公众选择论强调，保险监管是公众出于自身利益的考虑而做出的一种选择。

在这种学说下，公众认识到保险市场存在各种潜在风险和问题。比如，保险公司可能因经营不善而无法履行赔付责任、可能存在不公平的定价或条款等。为了保障自身的经济安全和合法权益，公众希望通过有效的监管来规范保险市场，确保保险公司的稳健运营，促进保险市场的公平竞争，提高保险服务的质量和可获得性。

它认为公众通过政治程序表达对保险监管的需求和意愿，促使政府建立和执行相应的监管制度和措施。监管的目的是为了满足公众对保险市场秩序、公平性和可靠性的期望，以保障公众整体利益在保险领域能够得到切实维护。

15.1.4 保险监管的目标

简要而言，保险监管的目标可包括以下三个方面。

其一，保护保单持有者至关重要。要全方位保障他们的权益，防止其遭受欺诈行为的侵害，避免他们在保险公司偿付能力不足的情况下遭受不必要的损失。这需要通过严格的监管机制，确保保险公司在经营过程中诚实守信，信息披露完整准确，让保单持有者能够清晰明了地知晓自己所购买保险的各项细节和潜在风险，并且在面临赔付需求时能够及时、足额地获得应有的补偿，使他们在保险保障下能安心生活和工作。

其二，对保险业整体稳定性进行审慎监管。这包括防止保险机构过度集中，避免市场出现垄断或寡头竞争的局面，以确保行业内存在适度的竞争环境。只有在合理的竞争机制下，保险公司才会不断提升自身的服务质量和创新能力，从而推动整个行业的健康发展。同时，要密切关注保险机构的运营状况和风险水平，及时发现并解决可能影响行业稳定的问题，确保整个保险体系能够安全、平稳地运行。

其三，要积极引导保险业在整个经济发展中充分发挥其作用。通过合理的政策引导和监管措施，促使保险业更好地服务于实体经济，为社会经济的发展提供风险保障和资金支持。并且，要让保险业在促进社会福利提高方面发挥积极作用。比如，在应对自然灾害、重大疾病等方面提供有力保障，减轻社会负担，提升公众的安全感和幸福感，为整个社会的和谐稳定发展贡献力量。

1. 维护保单持有者利益

保险监管将维护保单持有者利益作为重要目标，主要体现在以下几点。

首先，确保保险公司的稳健运营。通过监管促使保险公司具备充足的偿付能力，降低破产风险，这样保单持有者不用担心其保险权益无法兑现。比如，对保险公司的资本充足率进行严格要求和监督。

其次，规范保险市场秩序。防止保险公司出现不正当竞争行为、欺诈销售等，让保单持有者能够在公平、透明的市场环境中获得保险服务。例如，打击误导销售、虚假宣传等违规行为。

再次，保障保险合同的履行。监督保险公司按照合同约定及时、足额地进行赔付和给付，使保单持有者在遭遇风险时能顺利获得经济补偿。像在理赔环节进行监管，确保理赔流程合理、公正。

最后，促进保险产品的合理性和适应性。推动保险公司开发符合消费者需求、保障充分的产品，让保单持有者能够买到真正适合自己且有价值的保险。比如，监管部门对一些重疾险产品条款的合理性进行审视和规范，以更好地保障消费者在重大疾病方面的权益；

或者对一些长期寿险产品的收益承诺进行监管，确保消费者利益不受侵害。这样，保单持有者才能对保险行业保持信任和信心，保险行业也才能持续健康发展。

2. 确保保险业整体稳定发展

对保险市场实施监管，其中一个重要目标就是保持市场处于适度竞争的状态，既要限制乃至避免垄断行为的出现，也要防止恶性竞争行为的发生。因为只有这样，才能切实有助于效率目标的达成。为此，构建完善的市场准入与退出机制是非常必要的，同时还要对保险机构的兼并、破产等相关行为进行严格的监管。通过这样的监管措施，可以有效地防止因一家保险企业经营不善而引发偿付危机的扩散，进而有力地维护保险业整体的稳定与持续发展。

此外，值得注意的是，在众多国家中，保险监管常常带有一定的保护主义色彩。这种保护主义主要体现在维护本地保险机构的正常运营方面，通过一系列政策和措施来防止外国保险服务过度输入对本地保险市场造成过大的冲击。这样做的目的在于，在一定程度上保护本地保险产业的发展，使其能在相对稳定的环境中逐步成长和壮大，避免因过度的外来竞争而受到严重挤压，确保本地保险行业能够在合理的范围内有序竞争和发展，为经济社会的稳定和人们的生活保障发挥重要作用。然而，这种保护主义也需要把握好度，过度保护可能会导致市场缺乏活力和创新，不利于整个行业的长远进步。

3. 发挥保险业对社会经济发展的推动作用

将发挥保险业对社会经济发展的推动作用作为保险监管目标，具有多方面的重要意义。

从经济层面，保险可以为企业提供风险保障，使得企业能更安心地进行生产经营和投资活动，促进产业的发展和升级。监管通过规范行业，确保保险资金的合理运用和风险防控，能更好地为实体经济输血。比如，支持基础设施建设、助力新兴产业发展等，从而推动经济的持续增长。

在社会层面，完善的保险体系可以增强社会的稳定性和安全感。监管确保保险在应对自然灾害、意外事故等方面发挥更大作用，减轻政府的救助压力，促进社会和谐。例如，在重大灾害发生后，高效监管下的保险公司能及时进行赔付，帮助受灾群众和企业恢复生产生活。

保险监管还能推动创新。鼓励保险公司开发适应社会发展需求的新险种、新服务，如绿色保险、科技保险等，为经济转型和创新发展提供有力支撑。

而且，健康的保险行业能创造大量就业机会，包括保险销售、核保理赔、风险管理等多种岗位，对缓解就业压力有积极作用。

通过保险监管，能引导保险业更好地与社会经济发展相融合，充分发挥其经济“助推器”和社会“稳定器”的功能，为国家的繁荣和人民的幸福作出更大贡献。

15.2　国家监管保险的方式

15.2.1　公示主义

国家监管保险的方式公示主义，是指国家对保险业的经营不作任何直接监督，仅规定保险业必须依照政府规定的格式、内容，定期地将营业结果呈报主管机关并公告。至于保险业的组织、内部资金运用等，政府不加过问与干涉。

这是一种较为宽松的监管方式，其优点在于，给予了保险公司较大的经营自主权，使其能够在较为自由的竞争环境中发展。然而，这种方式也存在一定的缺陷，由于普通公众难以准确评判保险公司的优劣，可能导致市场的不规范和消费者权益受损。

在实际应用中，不同国家会根据自身的情况和需求，选择适合的保险监管方式。有些国家可能会采用更为严格的准则主义或实体主义，以确保保险业的稳定和健康发展。

15.2.2　准则主义

准则主义是国家监管保险的一种方式。

在准则主义下，国家对保险公司的设立规定了一系列明确的准则和标准，包括最低资本要求、治理结构、业务范围、经营规则等。保险公司只要符合这些既定的准则，完成相应的法定程序，就可以获得营业执照进行经营活动。

这种方式具有以下特点。

一方面，它为保险市场设立了清晰的规范和门槛，确保进入市场的保险公司具备一定的实力和条件，有利于提升行业整体质量，保障保险市场的有序性和稳定性。

另一方面，相对明确的准则也为有意进入保险行业的主体提供了可遵循的路径，促进了市场的适度竞争。

例如，监管部门规定了保险公司在资本充足率、风险管理体系、高管资质等方面的具体标准，只有达到这些标准的企业才能顺利开展保险业务。这有助于减少因保险公司自身实力不足或经营不规范而引发的风险，同时也让市场参与者能够清楚地了解进入该行业的要求和条件。与公示主义相比，准则主义对保险公司的前期把关更严格，能更好地维护保险市场的健康发展

15.2.3 实体主义

国家监管保险的方式中的实体主义，又称许可主义，是指国家制定相应法律，对保险企业的设立许可、业务经营、财务结构，以及发生清算倒闭等予以有效监管。

在实体主义下，国家会对保险公司的设立、组织形式、资本金要求、业务范围、经营规则等方面进行严格的规定和审批。保险公司必须遵守这些规定，并接受国家的监督和检查。这种方式可以确保保险公司的稳健运营，保护投保人的利益，防止保险公司的不当行为和风险积累。

例如，国家可能会规定保险公司的最低注册资本金要求，以确保其具备足够的财务实力来承担风险。此外，国家还会对保险公司的业务范围进行限制，以避免过度竞争和风险集中。同时，国家会对保险公司的经营行为进行监督，包括保险产品的设计、定价、销售和理赔等环节，以确保其公平、合理地对待投保人。

实体主义是一种较为严格的监管方式，它强调国家对保险业的直接干预和控制。这种方式通常适用于保险市场发展初期或存在较大风险的情况下，以保障保险市场的稳定和健康发展。

15.3　保险监管体系的构建

15.3.1　外部监管制度

由于各商业保险机构通常是以营利为目的，所以在经营进程中必然会呈现出对利润最大化的竭力追求倾向。在这种强烈的逐利动机推动下，保险机构自身的控制行为往往会服从于其经营目标，这与社会整体利益并非完全一致，甚至在某些特定情形下，可能会背离社会福利最大化这一重要的社会目标。鉴于此，实施外部监管就显得极为必要，通过外部监管来规范保险机构的经营活动，保障保险业能够实现整体的良性发展。

外部监管可以进一步细分为三个层次。其一是国家监管。这是最具权威性和主导性的监管力量；其二是行业自律。通过行业内部的自我约束和规范来提升整体水平；其三是社会监督。这里面包括了各种监督力量，如评级机构，它们能对保险机构的信用状况等进行客观评价和公示；独立审计机构，能对保险机构的财务状况等进行专业审核；还有社会媒体，能发挥舆论监督的作用等。这些层次相互配合、相互补充，共同构建起全面而有效的保险监管体系，从而确保保险行业的健康、稳定与可持续发展。通过这样的监管体系，可以促使保险机构在追求自身利益的同时，也能充分考虑到社会整体利益，实现经济效益和社会效益的有机统一。

1. 国家监管

保险监管体系构建中的外部监管制度之国家监管，主要体现在以下方面。

国家监管是由专门的政府机构对保险行业进行全面的监督和管理。监管机构会依据相关法律法规，对保险公司从设立到运营的各个环节严格把关。

在保险公司设立阶段，国家监管确保其具备相应的资质、资本等条件，防止不具备实力的主体进入市场。在日常运营中，对保险产品的设计与定价进行审核，保障消费者的权益，防止不公平条款的出现。对保险公司的资金运用进行监控，确保其安全性和收益性的平衡，避免资金滥用带来风险。同时，对保险公司的市场行为进行规范，制止不正当竞争和违规操作。

国家监管还会开展定期或不定期的检查和评估，及时发现问题并要求整改。通过制定和调整监管政策，引导保险行业适应经济社会发展的需要。例如，在面对重大风险事件或行业发展新趋势时，监管机构会及时出台相应政策措施，保障保险市场的稳定和有序。国家监管以其权威性和强制性，为保险行业的健康发展提供了坚实的保障，维护了整个金融体系的稳定和社会公众的利益。

2. 保险行业自律

保险行业自律是保险监管体系构建中外部监管制度的重要组成部分。

保险行业自律是指保险行业内的各个主体通过自发组织形成的自我约束、自我管理机制。行业自律组织，通常由保险公司、保险中介机构等共同参与组成。

行业自律具有以下几个方面的重要作用。

首先，它可以制定高于法律规定的行业标准和规范，引导会员单位提升服务质量和经营水平，避免恶性竞争，维护行业的良好形象和声誉。

其次，行业自律组织可以在会员之间进行协调沟通，解决一些共性问题和矛盾，促进业内的合作与交流，营造健康有序的行业发展环境。

最后，它可以对会员单位进行监督和检查，及时发现和纠正违规行为，起到一定的预防和警示作用。例如，保险行业自律组织会制定诸如职业道德准则、业务操作规范等，要求会员单位严格遵守；当不同保险公司在某些业务领域出现分歧或竞争冲突时，自律组织可以进行协调化解；对于违反自律规则的会员，自律组织可以采取警告、通报批评、限制业务等措施进行惩处。总之，保险行业自律是对政府监管的有益补充，能更好地促进保险行业的规范发展。

3. 社会监督

险监管体系构建中的外部监管制度之社会监督，主要包括以下方面。

首先，社会监督首先包含媒体监督。媒体通过对保险行业各类事件、现象的报道和深入挖掘，曝光保险机构可能存在的违规操作、不良经营行为等，引起公众关注和监管部门重视，从而推动问题的解决和行业的规范。

其次是公众监督。广大消费者通过对保险服务的切身体验，提出意见、建议和投诉，反馈保险机构在产品设计、销售、理赔等环节存在的问题，督促其改进和完善。

再次，独立的第三方机构监督也很重要。比如，一些专业的保险咨询机构、消费者权益保护组织等。它们以客观、专业的视角对保险行业进行审视和评判，为监管提供有益参考。

最后，行业协会等自律组织也发挥着一定的社会监督作用，通过制定行业规范和标准，引导保险机构自律，对违反自律规则的行为进行约束和纠正。

社会监督的意义在于形成广泛的监督网络，多维度地对保险行业进行监督。它能弥补行政监管和法律监管可能存在的不足，增强监管的全面性和有效性，促进保险机构更加注重自身行为的社会影响；保障消费者的合法权益，推动保险行业健康、持续发展。

15.3.2 内部控制机制

保险监管体系构建中的内部控制机制，主要包括以下几个方面。

内部治理结构：完善的董事会、监事会和管理层的架构设置，明确各自职责和权力边界，形成相互制衡的机制，以确保决策的科学性和公正性。

风险管理体系：建立全面的风险识别、评估、监测和应对机制，对市场风险、信用风险、操作风险等进行有效管控，保障公司的稳健运营。

合规管理：制定并严格遵守各项内部规章制度和法律法规，确保公司的业务活动合法合规，避免违规行为带来的风险和损失。

审计监督：内部审计部门对公司的财务、业务流程等进行定期或不定期的审计，及时发现问题并督促整改。

人力资源管理：选拔和培养高素质的员工队伍，进行职业道德和专业技能培训，同时建立合理的激励约束机制，调动员工的积极性和责任感。

信息系统控制：确保信息系统的安全性、稳定性和准确性，保障信息的及时传递和有效利用，为决策和管理提供可靠支撑。

例如，保险公司的董事会会对重大决策进行审议和监督，监事会对公司运营进行全面监督；公司会运用风险模型和技术手段来量化和管理风险；定期对员工进行合规培训；内部审计严格审查各项业务流程是否合规；通过良好的人力资源政策吸引和留住优秀人才；不断完善信息系统以提升管理效率等。内部控制机制是保险监管体系的重要组成部分，与外部监管相互配合，共同保障保险行业的健康、稳定和可持续发展。

【思政德育课堂】

富德生命人寿宁夏监管之罚

【思考题】

1. 保险监管如何适应金融科技在保险行业的快速应用?
2. 分析不同国家保险监管模式，对保险市场竞争格局的影响。
3. 探讨保险监管在防范系统性金融风险方面的重点和难点。
4. 保险监管如何平衡对大型保险公司和中小保险公司的监管力度?
5. 对于新兴的保险业务模式（如相互保险），现有监管框架存在哪些挑战?
6. 研究保险监管如何促进保险行业的可持续发展?
7. 保险监管中的信息披露，要求对市场透明度的提升作用，如何评估?

四家险企垄断学平险，鄂州市重罚 534 万

第十六章

保险监管内容

学习目标

了解：了解保险监管内容所涵盖的主要方面。如市场准入、产品监管等。

熟悉：能辨别不同保险产品监管要求的差异。

理解：明白保险销售和服务监管如何保障消费者权益。

掌握：能运用监管知识分析保险业务活动中的潜在风险。

16.1 保险机构监管

16.1.1 保险机构设立的监管

1. 保险公司设立的监管

从组织形式的角度来审视，在国外，通常会把股份公司、相互公司等都归入法定的保险组织形式范畴。而在我国，现行的《保险法》里面实际上已经消除了对于保险公司组织形式的限定。

从具体条件方面而言，一般涵盖了对资本金的要求，即要有一定规模和充足性的资本金；对人员素质的要求，包括管理人员的专业能力和素养等；还有对硬件设施的要求。比如办公场所、设备等。这些对资本金的要求、人员素质的要求以及硬件设施的要求，乃是一家保险公司申请得以成立的最为基础的条件，缺少其中任何一项都不行。但凡符合法律规定要求的申请人，就拥有了申请的资格。但是，保险监管部门在对设立申请进行审查时，不仅仅只是关注这些基本条件，还需要综合考虑到保险行业发展以及公平竞争的需求，从而对申请人进行有针对性的选择。

由此可见，针对保险公司所设置的监管，其关键之处就在于对资格条件的严格审查。只有通过全面、细致、严格的资格审查，才能确保新设立的保险公司具备足够的实力、规范的运营能力和良好的发展潜力，以保障保险市场的健康、稳定和有序发展。同时，这种资格审查也有助于维护消费者的合法权益，促进整个保险行业朝着更加健康、可持续的方向迈进。

2. 保险公司分支机构的设立

从保险公司是能申请设立分支机构的，其中包含分公司、中心支公司、支公司、营业部等等。这些分支机构具备独立开展保险业务的能力，然而它们并不具备独立的法人资格，其相应的民事责任是由总公司来承担的。

要知道，并不是所有满足条件的申请都必然会获得批准。《保险公司管理规定》以及《保险公司分支机构市场准入管理办法》，针对设立分支机构的条件均作出了明确的规定。通常情况下，银保监会会依据市场的发展需求，并紧密结合保险公司的保费收入规模、偿付能力、经营效益、经营管理水平、内控制度建设情况，还有已有分支机构的分布状况和数量等诸多方面的因素，对保险公司申请设立分支机构进行综合的审批。通过这样严格的审批机制，能更好地确保保险市场的有序性和稳定性，保障保险业务的健康开展。同时，也有利于维护消费者的合法权益和整个金融市场的良好秩序。

3. 外资保险公司的设立

外资保险公司，具体所指的是依据中华人民共和国相关法律、行政法规的规定，经过批准后在中国境内进行设立并开展营业活动的合资保险公司、独资保险公司以及外国保险公司的分公司。

在2019年的时候，对《外资保险公司管理规定》进行了修订。其中规定，外国保险公司如果想要提出设立申请，那么在提出申请的前一年年末，其总资产不能少于50亿美元，要符合所在国家或者地区的偿付能力标准，并且所在国家或者地区的有关主管当局也同意其提出申请。只有满足这些条件，才能申请在我国设立外资保险公司。这样的规定有助于进一步规范外资保险公司进入我国市场的门槛和条件，促进保险市场的健康有序发展，同时也保障了消费者的权益和市场的稳定。

16.1.2　对保险公司兼并的监管

兼并所带来的经济效益体现为：其一，兼并能产生规模经济效应和范围经济效应，通过资源整合和协同作用实现更高效的运营和成本节约；其二，兼并还有可能催生出名牌效应，提升品牌影响力和市场竞争力。

保险兼并在一定程度上是受到鼓励的，从国外的立法情况而言，在原则上，也是较为自由的。

通常而言，各方面存在的约束主要包含这几点。首先是反垄断法的限制，防止兼并形成过度垄断而损害市场公平竞争；其次是公司组织形式上的限制，要符合相关组织形式的规定和要求；最后是股东利益上的限制，需充分考虑和保障股东的权益，避免对股东利益造成不当损害。这些约束条件在一定程度上保障了保险兼并活动的有序性和合理性，确保其在促进市场发展的同时不会引发不良后果。

16.1.3　保险公司的整顿与接管

1. 对保险公司的整顿

对保险公司的整顿，是监管部门针对出现特定问题的保险公司采取的一种监管措施。当保险公司存在严重违反保险法规定的经营行为，或者其偿付能力严重不足等情况时，监管机构可能会决定对其进行整顿。

在整顿期间，保险公司的日常经营活动会受到严格监管和限制。可能会要求其调整经营策略、改善内部管理、补充资本金等，以恢复正常的经营秩序和提升偿付能力。

整顿的目的是为了促使保险公司尽快纠正问题，重新回到稳健经营的轨道上来，保障投保人、被保险人的利益，维护保险市场的稳定和健康发展。同时，整顿也是监管部门履行职责、加强保险行业监管的重要手段之一。监管部门会密切关注整顿的进展和效果，并根据实际情况决定是否进一步采取其他更为严厉的监管措施。如接管等。通过有效的整顿机制，能推动保险公司不断提升自身素质和竞争力，更好地适应市场的变化和发展要求。

2. 保险公司的接管

保险公司的接管是一种较为严厉的监管举措。当一家保险公司出现严重的经营危机，如偿付能力严重不足、存在重大风险隐患、严重损害消费者利益且依靠其自身已难以有效解决问题时，监管部门会依法对其进行接管。

在接管期间，通常会指定专门的接管组织或机构全面负责该保险公司的经营管理事务。接管方会采取一系列措施来稳定公司运营，包括但不限于对公司资产和业务进行清理和评估、调整经营策略、加强风险管理、改善公司治理结构等。

接管的主要目的是为了防止风险进一步扩大，保护广大投保人、被保险人的合法权益，维护保险市场的稳定和秩序。通过接管，给处于困境中的保险公司一个调整和恢复的机会，使其能够逐步回到正常的经营轨道。

接管是监管部门维护保险行业健康发展的重要手段之一。它体现了监管的权威性和严肃性。在接管过程中，监管部门会密切关注进展情况，确保接管工作的顺利进行和目标的实现。同时，接管也会对其他保险公司起到警示作用，促使它们更加重视风险防控和合规经营，以避免陷入类似的困境。总之，保险公司的接管对于保障保险行业的稳定和可持续发展具有重要意义。

16.1.4　保险公司解散、撤销、破产和清算的监管

1. 保险公司的解散和清算

（1）保险公司的解散

保险公司的解散是指其主体资格的终止。保险公司可能因为多种原因而解散。比如，公司章程规定的营业期限届满或其他解散事由出现；股东大会决议解散；因公司合并或者分立需要解散；依法被吊销营业执照、责令关闭或者被撤销等。

（2）保险公司的清算

一旦保险公司决定解散或被依法强制解散，就需要进入清算程序。清算组会被成立，负责对公司的资产、负债等进行全面的清理和处置。在清算过程中，要优先保障被保险人、受益人的权益，确保他们能够获得应有的赔偿和给付。清算组会对公司的各项财产进行评估、变现，清理债务，按照法定的顺序进行分配。清算工作必须依法、公正、有序地进行，以维护各方利益的平衡。清算结束后，要向监管部门提交清算报告，完成相关的注销手续，至此保险公司正式退出市场。

保险公司的解散和清算过程是一个复杂且严谨的过程，涉及众多法律规定和程序要求，其目的是为了妥善处理公司的遗留问题，保障保险市场的稳定和投保人、被保险人的

合法权益。

2. 保险公司的撤销和清算

（1）保险公司的撤销

保险公司可能因严重违反法律法规、经营管理不善等原因而被监管部门依法撤销。当保险公司存在未按照规定报送有关报告、报表、文件和资料，或者编制或者提供虚假的报告、报表、文件和资料；拒绝或者妨碍依法监督检查；未按照规定使用经批准或者备案的保险条款、保险费率等严重违法违规行为时，监管部门有权作出撤销其经营保险业务许可证的决定。

（2）保险公司的清算

在保险公司被撤销后，必须进行清算。清算组将承担起清理公司资产、负债和处理各种事务的责任。首先会对公司的资产进行全面清查和评估，包括固定资产、流动资产、投资资产等。同时，要妥善处理与客户的保险合同，保障被保险人、受益人的合法权益，确保保险责任的继续履行或合理赔付。对公司所欠的债务，包括应付账款、借款等，要按照法定的顺序进行清偿。清算过程中要遵循公平、公正、透明的原则，保护各方利益。清算完成后，需向相关部门报告并办理注销等后续手续，至此保险公司彻底退出市场。清算工作对于维护保险市场秩序、保障投保人利益以及社会稳定具有重要意义。

3. 保险公司的撤销和清算

（1）保险公司的撤销：是指保险公司违法经营，保险监督管理机构吊销其经营保险业务许可证而强制关闭保险公司的行为。

原因：保险公司违反法律、行政法规，包括违反保险法、其他有关法律以及国务院依照保险法制定的实施条例或者细则。例如，保险公司超出保险监督管理机构核定的业务范围从事保险业务，或者不按规定提存保证金、动用保证金、提取或结转责任准备金、提取未决赔款准备金、提取保险保障基金、公积金，或者不按规定办理再保险分出业务，或者违反规定运用保险公司资金；情节严重的，由保险监督管理机构吊销其经营保险业务许可证。

后续处理：吊销经营保险业务许可证，是指保险监督管理机构对于违法经营保险业务情节严重的保险公司，依法取消其经营保险业务资格的一种行政处罚。保险监督管理机构吊销经营保险业务许可证的，应依法撤销保险公司。保险监督管理机构依法撤销保险公司的，应指定人员组成清算组，对保险公司进行清算。

（2）保险公司的清算：是指保险公司被撤销后，对其资产、负债和业务进行清理和处置的过程。

清算组的成立：参照公司法清算组成立的十五日期间，保险监督管理机构应当在撤销保险公司之日起十五日内成立清算组。

清算组的职权：保险监督管理机构指定成立的清算组，在清算期间行使清算组职权。

清算的顺序：保险公司的清算财产不足以偿付非人寿保险合同保单利益的，保险保障基金会提供救助。保单持有人为个人的，五万元以下的损失全额救助；损失超过五万元，超过部分可以救助 90%。

16.1.5 保险中介机构的监管

保险中介机构，扮演着保险公司和保险消费者之间重要媒介的角色。其中，它主要涵盖了保险经纪人、保险代理人以及保险公估人等。

具体而言，保险经纪人是基于投保人的利益，为投保人提供保险安排、协助理赔等服务；保险代理人则是代表保险公司开展业务，向消费者推销保险产品；而保险公估人主要负责在保险事故发生后，对保险标的进行查勘、定损、理算等工作，以确定保险责任和赔偿金额。这些不同类型的保险中介机构在保险市场中各司其职，共同搭建起了保险公司与消费者之间沟通和交易的桥梁，推动着保险行业的稳定运行和发展；对于满足消费者多样化的保险需求、提升保险交易的效率和质量等，都发挥着不可或缺的重要作用。

1. 保险经纪人

保险经纪人是指基于投保人的利益，为投保人与保险人订立保险合同提供中介服务，并依法收取佣金的机构或个人。

保险经纪人具有以下特点。

（1）代表投保人利益。与保险代理人不同，他们首要考虑的是投保人的需求和利益，而非保险公司。

（2）专业知识丰富。熟悉众多保险产品和条款，能够根据客户的具体情况提供个性化的保险方案建议。

（3）提供综合服务。不仅帮助客户选择合适的保险，还在后续理赔等环节提供协助和支持。

（4）中立客观。能在众多保险公司和产品中进行比较和筛选，为客户找到最适合的保险配置。

（5）风险管理顾问。可以为客户进行全面的风险评估，制定整体的风险管理策略。

保险经纪人在保险市场中发挥着重要作用，他们的存在有助于提高保险市场的效率和透明度，更好地满足客户的保险需求，促进保险行业的健康发展。

2. 保险代理人

保险代理人是根据保险人的委托，向保险人收取佣金，并在保险人授权的范围内代为办理保险业务的机构或者个人。

具体而言，保险代理人具有以下一些重要特征和职责。

（1）受委托关系。他们与保险公司存在委托代理关系，代表保险公司开展业务。

（2）业务拓展。负责向潜在客户介绍和推销保险产品，帮助客户理解保险条款和保障范围。

（3）客户服务。协助客户办理投保手续，解答客户关于保险的疑问和咨询。

（4）信息传递。在保险公司和客户之间传递信息，确保双方沟通顺畅。

（5）市场触角。由于分布广泛，能深入到各个地区和领域，是保险公司了解市场需求和动态的重要渠道。

（6）持续跟进。在保险合同生效后，可能会对客户进行一定的后续跟踪服务。

保险代理人在保险销售和服务环节中扮演着重要角色，他们的专业素养和服务质量会直接影响客户对保险公司的印象和评价，对于推动保险业务的发展具有不可忽视的作用。

3. 保险公估人

保险公估人是指依照法律规定设立，受保险公司、投保人或被保险人委托办理保险标的的查勘、鉴定、估损以及赔款的理算，并向委托人收取酬金的公司。

保险公估人具有以下显著特点。

（1）独立性。独立于保险人和被保险人之外，以公正、客观的立场开展工作。

（2）专业性。具备丰富的保险知识、专业的评估技能和相关行业经验，能准确对保险标的进行评估和鉴定。

（3）查勘定损。在保险事故发生后，负责到现场进行细致的查勘，确定事故的原因、损失程度等。

（4）理算赔付。根据查勘结果和保险合同条款，精确计算赔偿金额。

（5）提供报告。会出具专业的公估报告，作为保险理赔的重要依据。

化解争议：在保险人和被保险人对理赔存在分歧时，起到沟通协调和评判的作用，有助于化解矛盾。

保险公估人的存在，对于维护保险市场的公平、公正，提高保险理赔的效率和准确性，保障各方权益具有重要意义。他们的专业工作有助于减少保险纠纷，促进保险行业的健康发展。

16.1.6　保险机构高级管理人员的监管

保险机构高级管理人员，是指对机构重大经营管理活动和风险控制有决策权或重大影响的主要负责人。如总经理、副总经理、董事会秘书、合规负责人、总精算师、财务负责人、审计责任人等。

他们对保险机构经营影响重大，管理人员素质水平与保险机构发展状况相关性较大。且保险公司高级管理人员任职前需取得银保监会或其派出机构核准的任职资格。若其行为违反法律法规，银保监会可依情节轻重取消其一定期限内直至终身的任职资格。

16.2 保险业务监管

16.2.1 保险机构设立的监管

保险业务范围监管，是指国家对保险企业的营业范围、保险条款和保险费率、再保险业务以及保险中介人的监督和管理。其具体内容包括以下几点。

营业范围的限制。为保障被保险人利益，各国一般禁止非保险业经营保险或类似保险业务，禁止保险公司经营保险以外的业务。部分国家还禁止保险公司同时经营寿险和非寿险业务。

核定保险条款和费率。为保证保险条款的公平、公正，很多国家的保险监管部门会依法审查保险条款。同时，许多国家规定保险费率的制定须报经主管部门核准。

再保险业务的监管。各国对再保险业务进行监管，以利于保险公司分散风险和稳定经营，防止保费外流和发展民族保险业。

对保险中介人的监管。各国政府通过法律明确保险代理人、保险经纪人、保险公证人的地位、资格、执业条件、法律责任等。保险中介人一般需经考试合格，向保险监管部门注册登记，并交存规定的保证金后，才能经办保险业务。

精算制度的监督管理。由于人寿保险业务必须通过精算，才能保证保险公司科学地收取保险费、提取寿险责任准备金。因此，《保险法》规定，保险公司必须聘用经保险监督管理机构认可的精算专业人员，建立精算报告制度。

16.2.2 保险条款和保险费率监管

1. 保险条款监管

保险条款监管是保险监管的重要组成部分。

一方面，监管部门会对保险条款的公平性和合理性进行严格审查。确保条款内容不存在不合理的限制、歧视或霸王条款，保障投保人、被保险人和受益人的合法权益。例如，对一些可能导致投保人利益受损的模糊表述或苛刻条件进行规范和纠正。

另一方面，对保险条款的准确性和清晰度进行监管。要求条款的表述准确无误，避免产生歧义，使消费者能够清晰地理解保险责任、除外责任、理赔条件等关键信息。这样可以减少因条款理解差异而引发的纠纷和投诉。

同时，监管部门还会关注保险条款的适应性和与时俱进性。随着社会经济的发展和风险状况的变化，保险条款需要不断更新和完善，以更好地适应新的需求和形势。监管机构会督促保险公司及时调整和优化条款，确保其在市场中的有效性和竞争力。

此外，对于一些具有创新性的保险条款，监管部门也会谨慎对待，在鼓励创新的同时，确保其风险可控，不会对保险市场的稳定和消费者权益造成负面影响。通过严格的保险条款监管，有助于提升保险行业的整体质量和信誉，促进保险市场的健康、有序发展。

2. 保险费率监管

保险费率是各险种中每个危险单位的保险价格。因费率确定和保险费缴纳先于实际损失发生，所以确定合理费率水平对保险公司很重要。为此，监管部门对保险费率厘定实施必要监管。方法包括：事先批准、先备案后实施、先实施再备案、公开竞争、制定费率。我国趋向于对保险费率分类监管，分为法定费率、批准费率、备案费率和自由竞争费率，以维护费率相对稳定，允许适度市场竞争，给保险公司一定自由空间。

16.2.3　保险合同监管

1. 保险合同形式监管

关于保险合同形式，不同国家有着不一样的监管模式。在我国，除了航空人身意外伤害保险和机动车辆险的主要单证之外，其他的保险合同形式都是由各个保险公司自行进行制定的。而航空人身意外伤害保险单、机动车辆保险单、暂保单、拖拉机/摩托车单额保险单这些一律是由保险监管部门来监制，并且各个保险公司一定要使用监制单证。

2. 保险合同当事人、关系人监管

保险合同有当事人，也就是保险人和投保人，还有关系人，如被保险人、受益人等。各个国家通常会以许可证的方式，对保险业务进行授权经营。除了依法成立的保险人外，其他任何个人或者企业都不可以经营保险业务。投保人要购买保险需要具备特定的前提条件。作为自然人的投保人，必须要有民事行为能力和权利能力。投保人和被保险人在保险合同里的地位是有差别的，他们可以是同一个人，也可以是不同的两个人。受益人的这种规定是人身保险所独有的。因为在一般的财产保险中，享有保险金请求权的就是被保险人，不存在再另外指定受益人的情况。而在人身保险中，受益人可以由被保险人指定，或者经被保险人同意后由投保人指定。

3. 保险合同当事人、关系人监管

依据我国《保险法》的规定，只要投保人提出保险要求且经保险人同意承保，那么保险合同就会宣告成立。在合同成立后，除了《保险法》有其他规定或者保险合同另有约定

之外，投保人能解除保险合同，而保险人不可以解除保险合同。保险合同在依法订立以后，就会产生法律约束力，任何一方都不可以擅自进行变更。但在合同履行期间，由于客观条件出现变化，导致原保险合同的履行不符合实际状况时，投保人和保险人经过协商一致，可以对保险合同的相关内容进行变更。保险合同的中止指的是保险合同生效后，倘若投保人违反了保险合同的某些条件，保险人依据保险合同的约定让保险合同效力暂时失效的一种方式。保险合同的终止意味着保险关系的消灭。保险公司要终止保险合同，必须要提前通知被保险人。

16.2.4 保险资金运用监管

1. 其他国家和地区保险资金运用监管简介

关保险公司的资金来源较为多样，其可运用的主要有保险公司自身的自有资金、保险准备金以及其他资金。需要注意的是，任何经济活动不但可能会带来收益，通常也存在遭受损失的可能性。所以，各国政府都会对保险资金的运用实施严格的监管。各国政府针对保险资金运用的监管包含两个方面：其一为规定保险资金的运用方式；其二是对保险资金各种运用方式进行限额管理。

2. 我国对保险资金运用的监管

在我国现行的《保险法》中，第一百零六条明确规定，保险公司的资金运用一定要稳健，需遵循安全性原则。而对于我国保险资金运用的具体方式，依据《保险法》第一百零六条，保险公司的资金运用被限制在这些形式中。一是银行存款；二是买卖债券、股票、证券投资基金份额等有价证券；三是投资不动产；四是国务院规定的其他资金运用形式。

16.3　保险财务监管

16.3.1　财务检查

财务检查是依据相关财经政策，针对保险公司的财务收支状况以及财经纪律执行情况实施的检查。其重点通常包括：是否存在偷漏各项税款及能源交通重点建设基金的情况；有没有隐瞒收入、截留利润的行为；是否存在虚盈实亏、虚增利润以及多提自有资金的现象；有无擅自扩大成本费用开支标准与范围而挤占成本费用的做法；有没有私设各种形式小金库的问题；有没有违反规定擅自提高费率的情况；资金来源与运用是否符合规定；是否依照计划和预算行事；费用开支是否合理，有无挥霍浪费和超支的情况；账账、账款、账实是否相符，以及其他的违纪问题。财务检查分为自查和他查这两种形式。自查是指保险公司系统内部组织的检查，涵盖本公司的检查、上级公司的联合检查以及重点抽查等；他查则是由有关国家部门组织的检查，不但包含保险监管部门的检查，还包括财政、税收、物价、审计等部门的检查。

16.3.2　财务核算管理

财务核算是保险公司日常管理中的一项重要内容，同时也是相关部门实施财务监管的重要基础。在我国，对于保险公司财务核算制度的依据，可以从这三个层面来理解。首先，处于第一层次的是《会计法》和《保险法》，它们乃是制定财务制度最为根本的依据；其次，第二层次为《企业财务通则》和《企业会计准则》，这是一般企业进行财务核算的依据；最后，第三层次则是如《金融企业财务规则》等其他具体的会计准则，其属于针对金融企业会计核算的专门法则。

16.3.3　财务报告及分析

1. 财务报告

保险监管部门为达成对保险公司财务的有效监管，明确规定保险公司需定期向主管财政机关等政府部门，以及其他和公司相关的报表使用者提供财务报告，这当中包含财务报表与财务状况说明书。而财务报表还涵盖资产负债表、利润表、现金流量表以及其他的附表。企业需要按季度、年度来编报资产负债表、利润表以及现金流量表等财务报表。

2. 财务分析

所谓的财务分析，就是以财务报表以及其他资料当作依据和起始点，运用专门的方法，对企业过去以及当下的经营成果、财务状况还有其变动情况进行系统性的分析与评价，其目的在于了解过去、评判现在以及预测未来。财务分析最为基本的功能在于把大量的报表数据转变为对特定决策有作用的信息，从而为决策提供较为科学的参考意见。鉴于保险公司的财务资料囊括了保险公司经营的诸多信息，并且是监管部门开展监督管理的重要依据，所以我国《保险法》明确规定，保险公司必须妥善保管好有关业务经营活动的完整账簿、原始凭证以及相关资料。财务报表提供了众多的数据，监管当局可依据自身需要，从中计算出许多具有意义的比率，以此来考核监管保险企业的运营状况。

16.4 保险公司偿付能力监管

16.4.1 偿付能力概述

偿付能力是衡量保险公司财务状况的关键指标。它反映了保险公司在未来能够履行对保单持有人赔付责任的能力。

具有充足的偿付能力，意味着保险公司有足够的资产来应对可能的赔付需求。这不仅关系到保险公司自身的稳健运营，也直接影响到投保人、被保险人的利益保障。

影响偿付能力的因素众多，包括公司的资产质量和规模、保费收入水平、风险管理策略、投资收益情况等。监管部门通常会对保险公司的偿付能力进行严格监管和评估，以确保保险市场的稳定和投保人的权益。

为了保持良好的偿付能力，保险公司需要合理配置资产、优化业务结构、加强风险管控、科学进行投资等。同时，保险公司也会通过多种方式，来提升和维持偿付能力。如增加资本金、调整业务策略等。

总之，偿付能力是保险公司生存和发展的重要基础，对于整个保险行业的健康有序发展，起着至关重要的作用。

16.4.2 预警指标体系

美国的保险监管信息系统是由美国保险监管官协会（NAIC）构建的，其主要作用是用来评估在美国境内开展业务的保险公司的财务实力。IRIS 属于一套计算机系统，会对各保险公司提交给州保险监管部门的年度财务报告予以分析。保险监管信息系统包含两个阶段。其一为统计阶段。在此阶段，监管部门会依据保险公司依规报送的年度报表来计算财务比率；其二是分析阶段。具备丰富经验的财务分析员，会针对保险公司的财务报表以及财务指标展开分析。财务指标的计算结果会对外公布，但分析阶段的结果则是保密的。

1. 财险公司监测指标

（1）综合性比率。毛（纯）保费与盈余比率：对于一个保险公司而言，其盈余可当作后备基金以用于支付损失。通常而言，毛保费与盈余比率在低于 900%，纯保费与盈余比率低于 300%时可视为处于正常范围。

纯保费增长率。该指标的正常取值范围是在-33%~33%之间。

再保险救济比率。盈余助金指的是从分出的未到期再保险费中所获取的佣金。此指标的正常范围是小于等于 25%。

（2）盈利性比率。净利润率：反映公司净利润占保费收入或营业收入的比例。

资产利润率。体现公司运用资产获取利润的能力。

保费利润率。显示每单位保费所产生的利润。

投资利润率。衡量投资活动带来的盈利水平。

综合赔付率与综合费用率之差。可直观反映公司在成本控制后的盈利空间。

每股收益。用于评估公司对股东的盈利贡献。

股东权益回报率。体现股东权益的盈利效率。

（3）流动性比率。流动性比率，是衡量财险公司短期偿债能力和流动性状况的重要指标。常见的流动性比率包括以下几点。

现金及现金等价物比率。反映公司现金及现金等价物（如高流动性的短期投资等）与流动负债的比例关系。一般认为，该比率应保持在一定水平以上，以确保公司有足够的流动性来应对短期债务。

流动资产比率。即流动资产（包括现金、短期投资、应收账款等）与总资产的比例，体现公司资产中流动性较强部分的占比情况。

速动比率（又称酸性测试比率）。等于（流动资产减去存货）与流动负债的比值，相较于流动比率，更能体现公司快速变现资产偿还短期债务的能力。

短期投资与流动负债比率。展示公司短期投资对流动负债的覆盖程度，较高的该比率通常意味着较好的短期流动性。

保费收入与现金流出比率。衡量公司保费收入转化为现金流出的及时性和充足性，反映公司在业务运营过程中的流动性状况。

（4）准备金比率

准备金比率主要反映了保险公司为应对未来可能的赔付而提取的准备金占相关风险标的或保费收入的比例。

常见的准备金比率，包括未决赔款准备金比率，即未决赔款准备金与保费收入或特定风险暴露量的比值，该比率衡量了公司对未决赔案的准备充足程度。

较高的准备金比率，在一定程度上表明公司对潜在赔付有较为充分的准备，有利于增强其应对风险的能力。但如果过高，可能也反映出公司在风险评估或业务管理方面存在某些问题；而比率过低，则可能暗示公司准备金提取不足。在未来面临较大赔付压力时，可能出现资金紧张的情况。

监管部门通常会密切关注财险公司的准备金比率，以确保其经营的稳健性和对被保险人利益的有效保障。同时，公司自身也需根据实际业务情况和风险状况合理确定和调整准备金比率，以实现风险与收益的平衡。

2. 寿险公司监测指标

寿险公司的监测指标是由 NAIC 在财产保险公司监测指标的基础上，结合寿险和健康险自身的特点而专门制定的，主要涵盖了以下这些方面。

（1）净（毛）盈余变化率。该指标的正常范围处于-10%~50%之间。

（2）净收入与总收入比率。这个指标主要是用于考查寿险公司的获利能力。其中，包含了经营利润、资本运用利润等。影响公司净收入的关键因素，包括死亡率和发病率、手续费和费用、投资收入的充足程度、法定准备金要求以及已实现的资本盈余和损失等。并且该指标的正常范围是要大于零。

（3）佣金及费用比率。此指标并没有明确规定其正常范围。在 1994 年，其平均水平达到了 13.9%。实际上，该比率会受到多种因素的影响。比如，公司的业务拓展策略、运营管理模式等。不同的寿险公司，在这一比率上可能会存在较大差异。

（4）投资收益充足率。一般而言，当投资收益率处在 125%~900%这个区间之内时，可被视为正常范围。该指标对于寿险公司的稳健运营至关重要，因为投资收益是寿险公司的重要利润来源之一，其合理水平直接关系到公司的盈利能力和财务稳定性。

（5）非认可资产与认可资产的比率。该指标的正常范围是小于 10%。如果非认可资产的规模过大，那就表明保险公司的资产结构不太合理，其清偿能力也不会高。这是因为非认可资产，可能存在较高的风险或流动性不足等问题，从而影响公司应对风险和履行赔付责任的能力。在评估寿险公司时，需密切关注该指标，以确保公司资产的质量和安全性。同时，公司自身也应注重优化资产结构，降低非认可资产的比例，提升整体资产的质量和价值。

（6）不动产投资比率。该指标正常的范围是要小于 30%。不动产投资在寿险公司的资产配置中是一个重要方面，合理的不动产投资比率有助于优化资产结构和分散风险。然而，若该比率过高，可能会使公司面临较大的市场波动风险以及流动性风险等。

（7）附属公司投资比率。对于附属公司的投资，通常会受到保险监管部门的严格把控。该指标正常范围需小于 100%。寿险公司对附属公司进行投资时，需要充分考虑到风险的分散和协同效应等因素，确保投资的合理性和安全性。而且，监管部门对这方面的严格控制，也是为了保障整个保险行业的稳定和投保人的利益。

（8）再保险救济比率。该指标存在不同的正常范围。当盈余超过 500 万美元时，其正常范围在-99%~30%之间；而当盈余小于 500 万美元时，正常范围在-10%~10%之间。再保险对于寿险公司分散风险和稳定经营有着重要意义，再保险救济比率能反映出公司通过再保险获得的支持程度。合理的再保险安排，有助于公司提升风险抵御能力和财务稳定性。同时，公司需要根据自身的盈余状况和风险特征，来确定合适的再保险策略，以确保该比率处于合理的区间内。

（9）保费收入变化率。该指标的正常取值范围在-10%~50%之间。保费收入的变化情况对于寿险公司而言，是一个重要的考量因素，它能反映出公司业务拓展或收缩的态势。当保费收入变化率处于正常范围内时，表明公司业务发展较为平稳，没有出现过度波动的情况。然而，如果变化率超出这个范围，可能意味着公司面临着市场竞争压力的变化、营销策略的调整或者其他影响业务发展的因素。同时，公司需要密切关注保费收入变化率，以便及时采取相应措施来保持业务的稳定和可持续发展。

（10）单类保险产品保费收入变化率。这个指标主要用于考核单个保险产品的稳定性，其正常范围要小于 5%。它能具体体现出某一特定保险产品在市场上的表现和受认可程度。如果该指标过大，可能表示该保险产品面临着较大的市场波动或不确定性，其销售情况不够稳定。这可能是由于产品设计、市场竞争、客户需求变化等多种原因导致的。寿险公司需要重视对单类保险产品保费收入变化率的监测和分析，以便及时调整产品策略，优化产品设计，提高产品的竞争力和稳定性，从而更好地满足客户需求和保障公司的经营效益。此外，监管部门也会关注这一指标，以确保保险市场的稳定和健康发展。

（11）单类资产变化率。该指标主要用于考查单项资产的占有量以及公司资产结构的变化情况。其正常范围是小于 5%。这一指标对于评估公司的资产配置合理性和稳定性非常重要。如果单类资产变化率过大，可能意味着公司在资产配置方面存在不合理性，或者资产结构的调整过于激进，这可能会给公司带来一定的风险。比如，可能导致流动性风险增加，或者对某些特定资产的过度依赖等。公司需要密切关注单类资产变化率，确保资产结构的优化和调整是在合理、稳健的范围内进行，以保障公司的财务健康和可持续发展。

（12）准备金变化率。该指标主要是考核寿险公司业务经营与准备金提取的稳定性。当准备金出现突然变化时，有可能是因为保险公司的产品结构或销售总量发生了变化，也有可能是准备金计算方法发生了改变。该指标的正常范围为-20%~20%。准备金变化率的合理范围，对于公司的稳健运营至关重要。如果该指标超出正常范围，可能暗示着公司在业务经营或准备金管理方面存在问题。比如，准备金提取不足，可能会影响公司未来的赔付能力；而过度提取，则可能影响公司当前的资金运用效率。公司需要通过科学的风险管理和准备金评估机制，确保准备金变化率处于正常范围内，以实现业务发展与风险防控的平衡。同时，监管部门也会对这一指标进行重点关注，以保障整个寿险行业的稳定和投保人的利益。

16.4.3 资本金要求

保险财务监管中的资本金要求，主要是指为了确保保险公司具备足够的财务实力和抵御风险的能力，对其资本金设定的一系列规定和标准。

具体而言，包括以下几点重要内容。

首先，规定最低资本金数额。这是一个基本的门槛，保险公司必须达到一定金额的资本金才能合法开展业务，以保障其有一定的初始资金来应对可能出现的风险和赔付。

其次，资本金的质量要求。资本金应主要由实收资本等高质量的资金构成，而不是大量依赖于短期借款或其他不稳定的资金来源。

再次，要根据保险公司的业务规模、风险状况等动态调整资本金要求。例如，对于经营高风险业务较多或业务快速扩张的公司，可能会提高其资本金要求，以匹配相应的风险水平。

最后，资本金的充足性要持续保持。监管部门会定期对保险公司的资本金状况进行评估和监测，确保其始终满足要求。否则，会采取相应的监管措施。如限制业务开展、要求补充资本金等。

通过这些资本金要求，可以增强保险公司的财务稳定性，保障投保人的利益，防止因资本金不足而导致保险公司在面临风险时无法履行赔付义务，维护保险市场的健康和有序。比如，一家新成立的保险公司，可能被要求有几亿元的实收资本金，并且随着其业务发展和风险变化，资本金要求也可能随之调整和提高。

16.4.4　我国保险公司偿付能力监管的基本状况

截至 2023 年 7 月，中国保险公司偿付能力监管的基本状况如下。

监管体系。中国已经建立了较为完善的偿付能力监管体系，包括法律法规、监管制度和监管指标等。《中华人民共和国保险法》，对保险公司的偿付能力提出了明确要求，中国银保监会也制定了一系列监管规定和指引，对保险公司的偿付能力进行全面监管。

监管指标。中国采用了风险导向的偿付能力监管指标体系，包括核心偿付能力充足率和综合偿付能力充足率。核心偿付能力充足率，是指保险公司核心资本与最低资本的比率；综合偿付能力充足率是指保险公司实际资本与最低资本的比率。这些指标反映了保险公司的风险状况和偿付能力水平。

监管要求。中国对保险公司的偿付能力提出了严格的要求。保险公司必须满足最低资本要求，并根据风险状况进行资本充足性评估。如果保险公司的偿付能力低于监管要求，监管部门将采取相应的监管措施，包括要求保险公司增加资本、限制业务范围、停止新业务等。

监管措施。中国银保监会采取了多种监管措施来加强对保险公司偿付能力的监管。这些措施包括现场检查、非现场监管、风险提示、行政处罚等。监管部门通过定期评估保险公司的偿付能力状况，及时发现问题并采取措施加以解决，以保障保险消费者的合法权益。

国际合作。中国积极参与国际保险监管合作，与国际保险监督官协会（IAIS）等国际组织保持密切联系。中国的偿付能力监管体系也在不断与国际接轨，借鉴国际先进经验，提高监管水平。

总体而言，中国的保险公司偿付能力监管体系在不断完善和发展，以适应保险市场的变化和风险挑战。监管部门将继续加强监管力度，确保保险公司具备足够的偿付能力，保障保险市场的稳定和健康发展。同时，保险公司也应加强自身风险管理，提高偿付能力水平，以应对日益复杂的市场环境。

16.4.5　保险保障基金

保险保障基金是指按照《中华人民共和国保险法》和《保险保障基金管理办法》规定缴纳形成，在保险公司被依法撤销或者依法实施破产的情形下，用于救助保单持有人、保单受让公司或者处置保险业风险的非政府性行业风险救助基金。

其中，财产保险保障基金由财产保险公司缴纳形成，人身保险保障基金由人身保险公司缴纳形成。该基金以保障保单持有人利益、维护保险业稳健经营为使用原则，依法集中管理，统筹使用。

中国设立了国有独资的中国保险保障基金有限责任公司，负责保险保障基金的筹集、管理和使用。该公司董事会对保险保障基金的合法使用以及安全负责。在保险公司被依法撤销或者依法实施破产等情形下，保险保障基金可参与保险公司的清算工作，管理和处分受偿资产等。

16.4.6 保险保障基金

由于保险经营存在着显著的特殊性，这种特殊性导致保费收入与赔付支出在时间上以及金额上往往不能完全保持一致。具体而言，保费通常是在保险合同签订时就收取，而赔付则可能在未来某个不确定的时间点发生，且赔付金额也难以准确预知。鉴于此，为了确保保险公司具备充足的赔偿和给付能力，各国普遍在保险法规中明确规定。保险公司在经营的过程中，必须严格依照法律要求提取各种各样的准备金。

在我国，保险公司计提各类准备金的一个主要依据便是《金融企业财务规则》。这一规则，为准备金的计提提供了重要的指导和规范。而在 2021 年发布的《保险公司非寿险业务准备金管理办法》中，更是对非寿险准备金做出了清晰明确的规定。该办法详细阐述了非寿险准备金的计提范围、方法、标准等重要内容，进一步强化了对非寿险准备金的管理和监督。通过这样的规定，一方面可以促使保险公司更加科学合理地计提准备金，保障其财务的稳健性；另一方面也能切实维护广大投保人的合法权益，确保在需要赔付时能够及时、足额地获得赔偿。这一系列法规和办法的制定与实施，为我国保险行业的健康、有序发展奠定了坚实的基础。

16.5　保险公司治理监管

保险公司治理结构监管，是随着保险行业的发展而逐渐形成和重要起来的。它是保险监管发展到特定阶段的必然产物。如今，已然成为现代保险监管制度的三大支柱之一，其在保险监管中占据着举足轻重的关键地位。

在我国，为了更好地规范保险公司治理结构，中国保监会在 2006 年 1 月特意颁布了《关于规范保险公司治理结构的指导意见（试行）》。这一指导意见明确提出了公司治理监管的基本准则，具有重要的指导意义。通过一系列具体举措，如强化主要股东应尽的义务，加强董事会的建设以提升其决策和监督能力，进一步明确监事会的职责使其能充分发挥监督效能，规范管理层的运作以确保公司运营的科学性和高效性。同时，加强关联交易的管理以避免不当利益输送，以及强化信息披露管理来保障公众的知情权等，全方位推动保险公司治理结构不断完善。

而规范保险公司治理结构及其监管的法律法规也是较为丰富和全面的，除了上述提到的指导意见外，还有《公司法》为公司治理提供了基本的法律框架;《保险法》对保险行业的特殊要求和规范进行了明确;《保险公司管理规定》则对保险公司的具体管理事项作出规定等。这些法律法规相互配合、协同作用，共同构建起了较为完善的保险公司治理结构及其监管体系，为保险行业的健康、稳定和可持续发展提供了坚实的基础。

【思政德育课堂】

中国人寿淮安分公司的违规之殇

【思考题】

1. 保险监管的目标是什么？如何通过具体措施来实现这些目标？
2. 举例说明，市场准入监管对保险行业发展的重要性。
3. 保险监管如何保障消费者的合法权益？
4. 在偿付能力监管方面，主要的监管指标有哪些？
5. 为什么要对保险费率进行监管？其意义何在？

6. 分析保险资金运用监管的重点和难点。
7. 信息披露监管对于提升保险行业透明度有怎样的作用?
8. 保险监管机构如何应对保险行业的创新业务和产品?

保险乱象：中国人寿博州分公司多项违规遭重罚

参考文献

[1] 魏华林，林宝清.《保险学》[M]. 4 版. 北京：高等教育出版社，2017.

[2] 孙祁祥.《保险学》[M]. 7 版. 北京：北京大学出版社，2021.

[3] 庹国柱.《保险学》[M]. 8 版. 北京：首都经济贸易大学出版社，2018.

[4] 胡炳志，何小伟.《保险学》[M]. 北京：中国金融出版社，2013.

[5] 张洪涛.《保险学》[M]. 北京：中国人民大学出版社，2014.

[6] 张虹，陈迪红.《保险学原理》[M]. 北京：清华大学出版社，2018.